五十音さくいん

あ……6	い……15	う……18	え……23	お……28
か……34	き……43	く……48	け……57	こ……62
さ……75	し……79	す……94	せ……100	そ……101
た……106	ち……111	つ……118	て……119	と……125
な……133	に……134	ぬ……136	ね……136	の……137
は……137	ひ……149	ふ……155	へ……173	ほ……184
ま……191	み……200	む……203	め……204	も……207
や……214		ゆ……214		よ……216
ら……217	り……224	る……233	れ……238	ろ……241
わ……249				

「本書を利用するに当たって」

・見出し語は、50音順に配列してあります。長音(ー)は、順序からはずしました。同名は年代順としました。
・人名の前にある * 印は、本巻「第1巻～第18巻」で採りあげた重要人物です。より詳しい生涯は、本巻をご覧ください。
・人名の後にある数字は、(生年～没年) を示しています。生没年に異説がある場合(/)、不明な場合(?)、あいまいな場合(頃)としました。
・251ページに「改訂新版ご利用に当たっての注意事項」を記しました。

世界
人名事典

いづみ書房

アイスキロス Aischylos（前525―前456）
　古代ギリシアの三大悲劇詩人のひとり。ソフォクレス、エウリピデスと並び称せられる。運命に抵抗する人間の英雄的なすがたを描いた。作品の中には、正義としての神がみの意志が人間の世界を貫いていることが示されている。また悲劇の形式に改良を加え格調の高いものにした。『ペルシア人』『オレステス』三部作、『しばられたプロメテウス』など7編が現存している。演劇史上の古典であり、その価値は高い。

アイゼンハワー Eisenhower, Dwight David（1890―1969）
　アメリカの軍人、政治家。第34代大統領。第2次世界大戦ではヨーロッパ方面連合軍最高司令官としてノルマンディ上陸作戦を指揮、ドイツの降伏に寄与した。退役後、2度大統領選に共和党から立ち、連続当選。1959年のフルシチョフ首相との〈雪どけ〉会談は有名。率直で誠実な人柄で、アメリカ国民にはアイクの愛称で親しまれた。著書として第2次世界大戦の回顧録『欧州十字軍』がある。

* **アインシュタイン** Einstein, Albert（1879―1955）
　アメリカの理論物理学者。南ドイツにユダヤ系ドイツ人として生まれた。「特殊相対性理論」と「一般相対性理論」の論文によって名声を得る。ノーベル物理学賞を贈られたが、1933年ナチスのユダヤ人追放にあいアメリカに亡命。第2次世界大戦中、ナチスの原爆保有を知り、世界平和を守るためにアメリカに原子力の研究をすすめた。しかし、このことが原爆使用の結果となったことに心をいため、核兵器禁止をうったえつづけた。

アウグスチヌス Augustinus, Aurelius（354―430）
　初期キリスト教会最大の教父、哲学者。北アフリカのタガステに生まれる。16歳で同棲し、18歳でマニ教に入信するなど若いころはキリスト教徒の母を悲しませる生活をつづけた。やがてキケロの著作を読んで知恵への愛に目ざめる。はじめはマニ教の研究をするが、新プラトン派の書物やアンブロシウスの説教によって霊的世界に目ざめキリスト教に回心、聖職につく。自伝的著作『告白』と『神の国』は有名。

* **アークライト** Arkwright, Richard（1732－1792）
 イギリスの発明家。ランカシャーの貧しい家に13人兄弟の末っ子として生まれ、学校に行くことができなかった。理髪師をしながら頭髪の化学染料をつくってお金をもうけ、好きな機械づくりにはげみ、水力紡績機を発明した。ハーグリーブスの紡績機を改良して機械的な動力を用いて連続作業ができるようにしたものである。企業家としての才能も豊かで、大工場を作って産業革命に大きく寄与「近代工業の父」とよばれる。

* **アショカ** Ashoka（前3世紀頃）
 インド、マウリヤ朝第3代の王、在位前268頃－前232年。チャンドラグプタの孫。祖父の領土に加え東南インドのカリンガ国を征服、インド全域を統一して最初の大帝王となる。カリンガ国征服時の大虐殺を後悔して仏教に改宗、仏法による政治の実現をめざした。また仏教を広めるため各地に伝道師をつかわしたり石柱を建てた。教典の編集にも熱心で、のちの南伝仏教の基礎をつくった。

アストン Aston, Francis William（1877－1945）
 イギリスの化学者、物理学者。バーミンガムに近いハーボーンの生まれ。キャベンディッシュ研究所で、J.J.トムソンやラザフォードのもとに、同位元素（アイソトープ）を研究。1919年に質量分析器を考案、非放射性元素の同位元素の分離と質量の精密測定に成功。水素以外のすべての同位元素の原子核の質量がプロトンの質量のほぼ整数倍であることを発見、原子核反応分析への道を開いた。1922年ノーベル化学賞を受賞した。

アダムズ Adams, Jane（1860－1935）
 アメリカの女性社会福祉事業家、人道主義者。1889年にシカゴの貧民街にハル・ハウス＝セツルメントを設ける。住宅問題、人種問題、衛生思想の普及、児童保護、婦人運動などと取り組み、これらの活動を全米的なものにした。第1次世界大戦中には、中立国政府にはたらきかけて交戦国間の調停に努力。1931年ノーベル平和賞を受賞。アダムズの活動には生涯を通じてキリスト教徒としての信念がつらぬかれていた。

＊アッチラ Attila（406頃−453）

フン族の王、在位434−453。軍事、外交の手腕にすぐれ、ゲルマン系の諸部族を征服して領土を広げ、ライン川中流からカスピ海におよぶ大帝国をつくった。はじめ東ローマをおびやかし、マケドニア、トラキアを侵略、テオドシウス2世に領土の割譲と朝貢を約束させた。のち西ローマをおびやかし、北部ガリア、北イタリアに侵入するが、西ローマ・西ゴート・フランク連合軍と奮戦、教皇レオ1世の説得などで退却。翌年急死した。

アッベ Abbe, Ernst（1840−1905）

ドイツの物理学者。アイゼナハに生まれ、ゲッチンゲン、イエナの各大学に学ぶ。カール・ツァイス、ショットとともに1884年にガラス会社をつくり、それまでの職人技術的で経験にたよる光学技術を、科学的理論にもとづくものにした。顕微鏡の液浸法の完成、プリズム双眼鏡の発明、光学ガラスの科学的研究とその改良などは有名。イエナ大学教授、同大学天文台長兼気象台長、カール・ツァイス光学器械会社社長を歴任した。

アデナウアー Adenauer, Konrad（1876−1967）

西ドイツの政治家。ケルンの生まれ。判事、弁護士をつとめたのち1917年、41歳でケルン市長となる。1933年まで市長をつづけるが、ナチスの攻撃で免職。敗戦後キリスト教民主同盟を結成、1949年西ドイツ最初の総選挙で首相に選ばれる。以後14年間に、パリ協定での主権回復、再軍備を実現させた。また、NATOや欧州共同体への加入などを「力の政策」によって押し進めた。また西ドイツの独占資本の再建に力を入れた。

アービング Irving, Washington（1783−1859）

アメリカの作家。ニューヨークの生まれ。はじめ弁護士を志したが健康にすぐれず、イギリスに渡ってイギリス文学に親しみ、文学に夢中になった。1809年『ニューヨーク史』を出版して名を知られるが、婚約者が死んでふたたびイギリスに渡り、17年間をヨーロッパ各地で過ごす。その間に書いた『スケッチ・ブック』が大人気を博し、はじめてアメリカ人の文学がヨーロッパの人びとにも認められた。ユーモアに溢れた作がおおい。

アベベ Abebe Bikila(1932－1973)
エチオピアのマラソンランナー。1960年のローマオリンピックと、次の東京オリンピックで優勝し、オリンピックマラソン史上初の2連勝を達成した。ローマオリンピックでは、はだしで走ったので「はだしの王様」とよばれた。1969年に交通事故にあい、マラソンランナーの命である下半身の自由を奪われたが、パラリンピックに車椅子で出場して不屈の精神を示し、体の不自由な人たちに勇気を与えた。

アボガドロ Avogadro, Amedeo(1776－1856)
イタリアの化学者、物理学者。トリノに生まれる。はじめ法律を学ぶが、1800年ころから物理学の研究を始める。1808年、ゲイ・リュサックは、ドルトンの原子説を補足して、気体反応の法則を発表したが、アボガドロは、この法則を矛盾なく説明するために仮説をたて、科学雑誌に発表した。「すべての気体は、同温度、同気圧、同容積中に同数の分子を含む」というアボガドロの法則は、数十年後にその重要性が認められたものである。

アポリネール Apollinaire, Guillaume(1880－1918)
フランスの詩人、小説家。ローマに生まれる。母はポーランドからの亡命者、父はイタリア人。モナコの中学校に学び、19歳でパリに出る。ジャコブ、サルモンらの詩人、ピカソ、ブラックらの画家と「ソアレ・ド・パリ」を主宰し、前衛芸術の旗手となる。第1次世界大戦に従軍して負傷。終戦まぎわに流行性感冒で死んだ。詩集『アルコール』『カリグラム』小説集『異端教祖株式会社』『虐殺された詩人』などがある。

アポロニオス Apollonios(前295頃－前215頃)
古代ギリシアの叙事詩人、学者。アレクサンドリアの生まれ。前260年ごろ、アレクサンドリア大図書館館長になり、引退後、ロードス島で余生を送る。代表作は叙事詩『アルゴナウティカ』4巻がある。ホメロスその他先人の言葉を応用し、博識だが詩的効果に欠ける。しかし、恋の芽ばえを生き生きと表現して、このころとしては新しい題材をギリシア文学に持ち込み、のちのベルギリウスの手本となった。

アポロニオス Appolonios(前3世紀後半)
古代ギリシアの三大数学者の一人。小アジアのペルガで生まれた。アレクサンドリアでエウクレイデスの後継者に教えを受けたのち、古代最高の科学書のひとつ『円錐曲線論』を著わした。円を基底とする円錐はすべて、放物線、双曲線、楕円の3種類のいずれかになることを証明し、これら円錐曲線のもつ性質のほとんどを明らかにした。そこには座標の考え方が使われている。天文学の惑星運動に関しても新説を唱えた。

アームストロング Armstrong, William George(1810－1900)
イギリスの技術者、発明家、企業家。はじめロンドン大学で法律を学ぶが、1846年に水圧クレーンを発明し、翌年工場を建てて発明家、企業家としての道を歩み始める。1850年に水力発電機を、1855年には有名なアームストロング砲を発明。大砲の射程距離、精度、発射速度などの性能を飛躍的に進歩させた。兵器会社、アームストロング社は、19世紀の末にはヨーロッパにおいてクルップ社につぐ独占企業体となった。

アームストロング Armstrong, Daniel Louis(1900－1971)
アメリカのジャズトランペット奏者、歌手。サッチモ(がま口)の愛称で親しまれた。キング・オリバーの伝統をつぐジャズの先覚者であり、初期のデキシーランド・ジャズからスイングへの橋渡しの役目を果たした。ニューオーリンズに生まれ、感化院でコルネットを覚えたのが音楽との出会いであった。1925－29年のホット・ファイブ、ホット・セブンでの演奏は有名。名実ともにキング・オブ・ジャズである。

アームストロング Armstrong, Neil Alden(1930－   )
アメリカの宇宙飛行士。1949年から朝鮮戦争に従軍。のちに航空宇宙局の前身の航空委員会に勤め、高速飛行パイロットとしての訓練をうける。1966年、ジェミニ8号の機長として標的衛星アジェナとのドッキングに成功。1969年7月21日、アポロ11号の船長として「静かの海」軟着陸に成功、人類ではじめて月面に降り立ち、2時間14分の船外活動をした。月の岩石標本の採集、観測機器の設置などを行なって無事地球にもどった。

* **アムンゼン** Amundsen, Roald（1872－1928）
   ノルウェーの極地探検家。オスロ近郊ベズテンの生まれ。母のすすめではじめ医学を学ぶが、母が亡くなると子どものころからの夢であった探検家をこころざして船員となる。1903年47トンの帆船ヨーア号で北磁極に到達、ベーリング海峡にぬけ、北西航路を開発。1911年ナンセンから入手したフラム号で、スコットに先立つこと35日、南極点に到達した。しかし、1928年友人ノビレの救出にむかう途中、北極方面で消息を絶った。

   アラン Alain（1868－1951）
   フランスの哲学者、教師、評論家。ノルマンジーに生まれる。高等師範卒業後、アンリ4世校などの哲学教師として各地で教える。第1次世界大戦に従軍ののち、ふたたび教師をつとめ、かたわら新聞や雑誌に、文学や人生、または政治のことなどについてのエッセーを発表して文名をあげた。教え子にボーボアールやシモーヌ・ベーユらがおり、主著に『幸福論』『精神と情熱に関する八十一章』『わが思索のあと』などがある。

* **アリストテレス** Aristoteles（前384－前322）
   ソクラテス、プラトンとならんで古代ギリシア最大の哲学者。トラキア地方のスタゲイロスに生まれる。前367年アテネに出てプラトンの学園アカデメイアで学ぶ。プラトンの死後、幼いアレクサンドロスの家庭教師に招かれ、のちに自ら学校をつくって弟子の教育にあたり、学問の父とたたえられる。プラトンの観念論を実証的方法で批判、検討し、また論理・生物・倫理・政治その他の学問を体系化し、後世の学問に影響を与えた。

   アリストファネス Aristophanes（前445頃－前385頃）
   古代ギリシア最高の喜劇作家。活躍した時期はペロポネソス戦争の30年間とほぼ一致する。扇動に明けくれる政治家や、ソフィストの新式教育など、当時の社会すべてを痛快に皮肉った作品がおおい。『バビロニア人』ではアテネ帝国主義をからかい、『アルカナイ人』では農民の立場から、平和を主張。『福の神』では富の分配の不公平を批判するなど、時代に密着した風刺作家であった。

* **アルキメデス Archimedes（前287頃―前212）**
 古代ギリシアの数学者、物理学者。シチリア島のシラクザに生まれ、アレクサンドリアで学ぶ。てこの原理やアルキメデスの原理の発見、放物線や球や円柱の求積法で有名。それにまつわる伝説も多い。実際の実験と理論の一致をはかる研究方法は科学的で、近代になって評価が高い。円周率の計算、大数の記名法でも成果をあげた。第2次ポエニ戦争でシラクザ陥落直後、ローマ軍の一兵士に殺された。

* **アレクサンドロス〔大王〕Alexanderos（前356―前323）**
 古代マケドニア王、在位前336―前323。フィリッポス2世の子。13歳のときから3年間アリストテレスに学ぶ。父王が暗殺されたあと20歳で王位につく。ギリシア諸都市を従えたあと、前334年ペルシアに遠征、前331年アルベラの決戦でダレイオス3世を破りペルシア帝国をほろぼし、ギリシアとオリエントを含む大帝国を建設した。東西の文化、民族の融合をはかり、ヘレニズム時代を開いた。

アレクサンドル〔1世〕Aleksandr Ⅰ（1777―1825）
ロシアの皇帝、在位1801―1825。クーデターを黙認し、父パーベル1世を暗殺ののち位につく。はじめは革新的な人物スペランスキーを用いてロシアの近代化をしようとしたが、反動的な貴族グループに反対される。1812年ナポレオンに攻められモスクワを失うが、クトゥーゾフの忍耐作戦によって勝利をえた。ウィーン会議では神聖同盟の主役となり領土を広げた。以後、保守化し、農民や進歩的な人たちを迫害。

アレクサンドル〔2世〕Aleksandr Ⅱ（1818―1881）
ロシアの皇帝、在位1855―1881。ニコライ1世の長男。クリミア戦争に敗れ、革命への動きが高まるなかで位につき、農奴解放をはじめとする近代的改革をこころみた。しかしポーランドに反乱がおきると、自治と国語を奪った。のちには国内政治でも反動化し、農民による革命をめざすナロードニキ運動をきびしく取りしまった。そのため反感をいだいたナロードニキにペテルブルクで暗殺された。

アレニウス Arrhenius, Svante August（1859－1927）
　スウェーデンの物理化学者。ウプサラの近くのビーク村で生まれた。1883年に書いた博士論文で「電圧をかけないときでも水に溶けている電解質はイオンに分かれている」という考えを示し、電離説をとなえた。オストワルトに認められ、のち協力して「物理化学」という新しい学問の分野を開いた。免疫化学、オーロラの起源、火山活動の原因の研究のほか化学反応速度にかんする「アレニウスの式」は有名。1903年ノーベル賞受賞。

アングル Ingres, Jean Auguste Dominique（1780－1867）
　フランスの画家。南フランスのモントーバンに生まれる。ダビッドに学ぶ。ローマ賞を受賞後、1806年イタリアに留学し、18年間滞在した。ルネッサンスの画家、なかでもラファエロにひかれ、デッサンにみがきをかける。1824年パリにもどり『ルイ13世の誓い』をサロンに出品して認められる。古典派の第一人者として、ロマン派のドラクロアと名声を二分した。『オダリスク』『泉』『トルコ風呂』などが代表作として知られる。

アンジェリコ Angelico, Fra（1395/1400－1455）
　イタリアの画家。フィレンツェ近郊に生まれ、若くしてサン・ドミニコ修道院に入る。生涯を深いキリスト信仰の表現者として生きたため、『受胎告知』に代表される作品は、すべて宗教画である。ゴシック末期の画家のえいきょうを受けるとともに、初期ルネサンスの感化も見られ、主題の本質をとらえる確かな構成力と、すぐれた色彩感覚で知られる。ローマのバチカン宮のニコラウス5世礼拝堂の壁画が有名。

アンダーソン Anderson, Carl David（1905－1991）
　アメリカの物理学者。ニューヨークに生まれ、カリフォルニア工科大学に学ぶ。その後、同大学の教授となり、宇宙線の研究をつづけ、1932年、陽電子を発見してディラックの理論を裏づけた。また、1937年には、ネッダーマイヤーとともに中間子を発見して、湯川秀樹が発表した中間子説を実証している。さらに、中間子の崩壊によって生じる電子のエネルギー測定にも貢献した。1936年、ノーベル物理学賞受賞。

* **アンデルセン** Andersen, Hans Christian（1805－1875）
 デンマークの童話作家。貧しい靴屋の子に生まれる。幼いときから、本好きの父のえいきょうで読書好きだったが、学校にはなじまず、中途でやめてしまった。ふとしたきっかけで役者になる夢をいだき、14歳のときに家を出た。役者にはなれなかったが、大学で勉強する機会にめぐまれ、やがて、作家になる。『即興詩人』で一躍文名を高め、『おやゆび姫』『みにくいアヒルの子』『マッチ売りの少女』『人魚姫』などの作品がある。

アントニウス Antonius, Marcus（前 82 頃－前 30）
 古代ローマの政治家。シーザー亡きあとオクタウィアヌス、レピドゥスと第 2 次三頭政治を行なう。元老院の反対者キケロを暗殺したのち、前 42 年フィリッピの戦いでシーザーを暗殺したブルータスらを破る。レピドゥスの死後、オクタウィアヌスとの対立が深まり、エジプトの女王クレオパトラと結ぶが、前 31 年アクチウムの海戦でオクタウィアヌスに敗れる。エジプトにのがれ、翌年アレクサンドリアで自殺した。

* **アンドレ・ジッド** Andre Gide（1869－1951）
 フランスの小説家。教養の豊かな大学教授の家に生まれたが、幼いうちに父を失い、信仰心の深い母に育てられた。少年時代から哲学、文学、宗教書を多く読んで文学の道をこころざし、人間の自由な生き方をたたえる『地の糧』『背徳者』を 28 歳と 33 歳のときに発表。つづいて、神の教えに従う自己犠牲を見つめた『狭き門』『田園交響曲』などの名作を世に送り「現代の良心」とたたえられた。1947 年にノーベル文学賞を受賞。

アンペール Ampère, Andre Marie（1775－1836）
 フランスの物理学者。リヨンの近くの小さな村に生まれ、18歳のとき、フランス革命で保守派についた父が処刑される。ルソーの植物書、ビュフォンの『博物誌』などを読んで科学をこころざした。1920 年エルステッドが電流の磁気作用を発見したのを受けて、1922 年「アンペールの法則」を発見した。ファラデーとともにマクスウェルの電磁理論形成の基礎をつくる。電流の単位のアンペアはアンペールの名にちなんだものである。

アンネ・フランク Anne Frank（1929－1945）

『アンネの日記』の著者。ドイツのフランクフルトで商売を営むユダヤ人の家に生まれたが、ナチスによるユダヤ人迫害が厳しくなったため、一家はオランダのアムステルダムへ移住。13歳の誕生日に日記帳を贈られ、両親と姉他の家族との2年余りにわたる息詰まる隠れ家生活を、豊かな感受性と洞察力で見事に綴る。ファッシズムと戦争を告発する書として世界的ベストセラーとなり、今なお感動と勇気を与え続けている。

安禄山（708頃－757）

中国、唐時代の軍人。父はイラン系、母はトルコ系で混血、異民族の出身。6種類の言語に通じた。皇帝玄宗に取り入り、東北部3国の節度使となる。玄宗が安禄山を宰相にしようとすると楊国忠が反対したので、755年兵をあげ、燕国をたて年号を聖武として自ら皇帝を称す。しかし勝手な行動をするようになり次男慶緒に殺される。史思明が安の志を受けて慶緒を殺したので、あわせて「安史の乱」といわれる。

*イエス・キリスト Iesous Christ（前7〜4頃－30頃）

キリスト教の創始者。ベツレヘムに生まれ、ナザレで育つ。父はヨゼフ、母はマリア。30歳ごろヨハネに洗礼を受けて神の声を聞き、神に仕えることを決心した。ガリラヤ、ユダヤ、ヨルダンの地をめぐり、神の国が近づいたことを述べ、絶対無条件の愛を説いた。イエスの教えは、ローマの圧政下にあえぐユダヤの人びとの間に広まったが、ユダヤ教司祭の反感をかい、ローマへの反逆者の名目で十字架にかけられて殺された。

イエーツ Yeats, William Butler（1865－1939）

アイルランドの詩人、劇作家。ダブリン郊外に生まれた。絵画を学んだのち文学をこころざし、叙情詩『アシーンの放浪』で世に出る。詩、戯曲、批評と幅広い文学活動をおこなうとともに、アイルランド独立運動に参加し、独立後は政界でも活躍した。夢幻的な世界から、しだいに具体的で硬質な語り口で現代の矛盾と苦悩を描くようになり、現代詩の源流のひとつと目されるにいたった。1923年ノーベル文学賞を受賞。

イサベル〔1世〕Isabel I（1451－1505）
スペインの女王。在位 1474－1504。カスチリャ国の王女に生まれ、アラゴン国王子フェルナンドと結婚。1479年、夫がアラゴン国王に即位したため、イサベルの即位とあわせて両国の王位が合体、スペイン統一への道を開いた。弱体化した王権の建て直しをはかってブルジョワジーと結び、中央集権化をすすめる。1492年にはイスラム教国グラナダを滅ぼし国土回復運動をおえる。また、コロンブスを援助し、新大陸発見を実現した。

イーストマン Eastman, George（1854－1932）
アメリカの発明家、企業家。ニューヨーク州に生まれ、銀行員などの職についた。写真に興味をもち、専門家のものであった写真術の大衆化をこころざした。写真乾板の発明を手はじめに、紙をベースにした柔軟なロールフィルム、1888年にはコダックカメラを発売した。これは、簡単な操作で写真がとれる画期的なカメラで、「ボタンを押してください。あとは会社で引き受けます」のキャッチフレーズは有名である。

イソップ Aesop（前620頃－前560頃）
古代ギリシアの寓話作家。アイソポスともいう。はじめサモス島で奴隷となるが、のち解放され、デルフォイで殺されたと伝えられる。動物や人間や神がみの登場するたとえ話を通して世俗的な道徳や処世術を教えようとした。たぶん口で語ったものらしいが、のちの時代にまとめられて『イソップ物語』の原型となった。『北風と太陽』『ウサギとカメ』『肉をくわえた犬』などはよく知られている。

イーデン Eden, Robert Anthony（1897－1977）
イギリスの政治家。イングランド北部の旧家に生まれ、第1次大戦後保守党の下院議員となる。1935年外相になったが、ファシズムに対して弱腰な首相チェンバレンに抗議して辞任。第2次大戦後チャーチルの後をうけて首相となり、ソビエト首脳の訪英を実現させ、冷戦緩和外交をとった。しかし、エジプトのスエズ運河国有化にさいして、フランスとともに出兵。アメリカの支持を得られず、議会からも激しく攻撃されて辞任した。

* **イプセン** Ibsen, Henrik（1828－1906）

ノルウェーの劇作家。豊かな商家に生まれたが、没落したため暗い少年時代を送る。クリスチャニア（オスロ）で作家活動に入るがゆきづまり、1864年国外に出て30年ちかく帰らなかった。しかし、1866年『ブラン』が成功をおさめ、以後リアリズムの手法で戯曲を発表、社会劇を作り出した。近代劇の創始者とされる。なかでも主人公ノラが一人の人間としてめざめていくありさまを描いた『人形の家』は大きなえいきょうを与えた。

イブン・サウド Ibn Saud（1880頃－1953）

サウジアラビアの初代国王、在位1932－1953。リヤドのサウド家に生まれる。宿敵イブン・ラシード家に追われ、流浪の生活をつづけたのち、1901年、50名の部下を率いて、リヤド奪回に成功。その後イギリスを後だてにアラビア一帯を支配下におさめ、1932年、サウジアラビアを建国、即位した。そして、石油開発により得た豊かな財源で、砂漠の開発、道路・鉄道の建設などをすすめ、国家の近代化をはかった。

イブン・バツータ Ibn Battuta（1304－1368/1369/1377）

イスラム教徒の旅行家。モロッコのタンジールに生まれ、21歳のころメッカ巡礼の旅に出たのを皮切りに、以後30年以上を旅にすごした。北・東アフリカ、小アジア、南ロシア、バルカン、中央アジアを経てインドに到達。さらに元朝の都にまで足をのばし、帰国後も、スペインやアフリカのニジェール地方を旅行し、地理上の発見時代以前では最大の旅行家といわれた。その見聞録は貴重な資料として伝わっている。

イワン〔3世〕Ivan Ⅲ（1440－1505）

モスクワ大公。在位1462－1505。軍事・外交の才能にすぐれ、ノブゴロド、ロストフ、トベリなどの国を併合して、ロシア国土の統一をほぼなしとげた。1480年にはキプチャク・ハン国軍を退け、ロシアの独立を達成。内政面では行政機関の整備をすすめ、豪華な宮殿の建立などで、中央集権化、君主化を確立した。また、法典を制定して、独立君主であることを示すため、「皇帝」の称号をもちいたことでも知られる。

イワン〔4世〕Ivan Ⅳ（1530－1584）
　ロシアの大公、皇帝。在位 1533－1584。3歳でモスクワ大公に即位し、17歳のとき戴冠して皇帝となる。幼いときから大貴族に苦しめられたため、絶対君主制の確立をめざし、法律整備、行政の改革、さらには軍事力の強化をすすめ、中央集権体制をかためた。また、積極的に外征に乗り出し、カザン・ハン国やアストラ・ハン国なども併合し、東方への進出をはかっている。きわめて残忍な性格のため「雷帝」とよばれた。

インノケンチウス〔3世〕Innocentius Ⅲ（1161－1216）
　ローマ教皇、在位 1198－1216。ローマの名門セニ家に生まれ、パリ大学とボローニャ大学で神学と教会法学を学ぶ。37歳のとき教皇に選ばれると、高い教養と現実的な精神で、教会指導にすぐれた手腕を見せた。また、ドイツ、フランスなどの帝位争から離婚問題にも干渉し、イギリスのジョン欠地王を破門にするなどして、教会の権威の増大にもつとめ、1202年には、第4回十字軍を派遣し、東西教会の統合に道をひらいた。

ウィクリフ　Wycliffe, John（1320頃－1384）
　イギリスの哲学者、神学者。ヨークシャーに生まれ、オックスフォード大学に学ぶ。聖書こそがキリスト教の信仰の基礎として、ラテン語聖書の英語訳をおこなった。また、ローマ教会のありかたを批判し、教会の権力の増大をいましめている。死後、コンスタンツ公会議で断罪をうけたが、神と深く結びついた真の宗教の確立をめざした考え方は、フスやルターなど、多くの宗教改革者に思想的えいきょうをあたえた。

ウィッテ　Vitte, Sergei Yulievich（1849－1915）
　ロシアの政治家。グルジア地方のトビリシに生まれる。オデッサ大学卒業後、鉄道経営の理論で名声をあげ、鉄道局長から運輸相、蔵相となる。シベリア鉄道の建設、金本位制の確立、外資の導入によって、国家資本主義経済を確立し、ロシア帝国主義の発展に貢献した。また1905年、日露戦争講和のためのポーツマス会議の政府代表となり、巧みな外交手腕を見せて、有利な講和条約を締結したことでも知られている。

ウィーナー　Wiener, Norbert（1894－1964）
アメリカの数学者。幼いころから才能をあらわし、18歳で学位を得る。その後、マサチューセッツ工科大学教授として、計算機の設計や、神経生理の研究をすすめた。そして、生物と機械の本質的な共通点を探究し、両者の境界部分をサイバネチックスと名づけている。さまざまな学問分野にまたがる共通原理を見いだそうとする発想は、総合科学の形成に大きく貢献した。また、すぐれた解析学者としても名高い。

ウィリアム〔1世〕William Ⅰ（1027頃－1087）
イギリスのノルマン王朝初代の王、「征服王」といわれる。在位1066－1087。幼くして北フランスのノルマンジー公となるが、1066年、イギリスのエドワード懺悔王（ざんげ）が死ぬと、王のいとこの子であることを理由に、王位継承権を主張した。そして、イギリスに上陸し、ハロルド2世を破って王位につき、中央集権的な封建国家の完成をめざして全国土を調査し、「ドゥームズデー・ブック」とよばれる土地調査簿を作成した。

ウィリアム〔3世〕William Ⅲ（1650－1702）
イギリスのスチュアート王朝の王、在位1689－1702。青年時代はオランダ総督兼陸海軍司令官として活躍した。その後、のちのイギリス国王ジェームズ2世の娘と結婚し、王位継承権を得る。名誉革命がおこり、議会から招かれると、ロンドンの無血占領に成功し、妻とともに王位についた。そして、議会の権力を認めて立憲君主制をとり、責任内閣制度の発展に大きく貢献し、イギリス議会政治の基礎をきずいている。

ウィルキンソン　Wilkinson, John（1728－1808）
イギリスの製鉄業者。カンバーランドの製鉄業者の子に生まれる。鉄工業の中心地ブラッドリーなどに大規模な製鉄所を持ち技術開発の能力にすぐれ、鉄の圧延法、精錬法などに多くの特許をとった。とくに1774年特許の、鉄砲の中ぐり盤の発明は、ワットの蒸気機関のシリンダーの製作を可能にしたことで高い評価を得ている。また世界最初の鉄橋の架設や、鉄製のボートの進水にも大きく貢献した。

ウィルソン Wilson, Thomas Woodrow（1856－1924）
　アメリカの政治家、第28代大統領、在職1913－1921。バージニア州に牧師の子として生まれる。プリンストン大学学長からニュージャージー州知事をへて、1912年、民主党の大統領候補となり当選。関税の引下げや、銀行制度の見直しなど大資本より民衆を大切にした政治は、ニュー・フリーダムのスローガンとともに、人びとに支持され、第1次世界大戦後は、十四か条の原則を発表し、平和な国際社会の建設をめざした。

ウィルヘルム〔1世〕 Wilhelm Ⅰ（1797－1888）
　プロイセン王、在位1861－1888。ドイツ皇帝、在位1871－1888。兄フリードリヒ・ウィルヘルム4世の摂政となり、死後王位を継ぐ。自由主義的な政策をかかげ、全ドイツ支配をくわだて、徹底的な軍備の拡張をはかった。議会との対立には宰相ビスマルクを、軍事には参謀総長モルトケを起用して軍国プロイセンをきずき、対オーストリア、対フランスとの戦争に勝利して、1871年、ドイツ統一をなしとげて皇帝に即位した。

ウインパー Whymper, Edward（1840－1911）
　イギリスの登山家。ロンドンに生まれ、初めは細密木版画家として知られた。版画制作のため、アルプスを写生旅行し、山の魅力にとりつかれ、登山家となる。グランド・ジョラス等の初登頂に成功をおさめ、とくに1865年にマッターホルンをスイス側から登頂したのは有名。その後、グリーンランドを探検し、南米エクアドル・ロッキーなどにも登った。自らさし絵を描いた『アルプス登攀記』が広く知られている。

ウェゲナー Wegener, Alfred Lothar（1880－1930）
　ドイツの地球物理学者、気象学者。ベルリンに生まれ、ハンブルクのドイツ海洋気象台部長などをつとめた。南アメリカ東海岸と、アフリカ西海岸の形が似ていることに注目し、古生物の化石や、地層の分布などから、かつて大陸はつながっていたと考え、大陸移動説を提唱。しかし原動力の説明ができず、否定された。その後、古地磁気学の進展により、ふたたび評価されたが、3度目のグリーンランド探検中に消息を絶った。

ウェーバー　Weber, Carl Maria von（1786－1826）

ドイツの作曲家、指揮者、ピアノ奏者。オイティンで生まれ、少年時代からオペラを作曲した。その後、ドイツ各地で指揮者、音楽教師などをしながら、作曲活動をつづけ、1821年『魔弾の射手』を発表して大成功をおさめ、ドイツ・オペラを国民的なものとして確立。ロマン派的傾向の強い作風は、題材、風俗などにも民族色をとり入れ、愛国精神にあふれている。『オベロン』『舞踏への勧誘』などの作品が名高い。

ウェブスター　Webster, Noah（1758－1843）

アメリカの辞書編集者、教科書著者、ジャーナリスト。コネチカット州に生まれ、イエール大学で学ぶ。独立戦争をきっかけに、政治と文化の問題に関心をよせ、政治的な独立とともに、文化的な独立の必要性を感じ、つづり方、文法、読本の三部作の教科書を著わした。その後、28年の歳月をかけて、収録語数7万という当時最大の『アメリカ英語辞典』を編集。また、著作権の確立などにも大きく貢献した。

ウェブスター　Webster, Jean（1876－1916）

アメリカの女流小説家。ニューヨーク州に生まれ、バッサー大学在学中から小説を書きはじめ、1903年、『パティ、大学へ行く』を発表。その後次つぎとパティを主人公にしたものを世に出した。そして、孤児を主人公にした書簡体の小説『足ながおじさん』を著わし、ユーモアにあふれる文体と、理想的な人物像が、多くの読者に愛され、文名を確立した。『足ながおじさん』は戯曲や映画にもなり、小説の続編も出されている。

ウェリントン　Wellington, Wellesley（1769－1852）

イギリスの軍人、政治家。ダブリンでウェズリー伯爵の5男に生まれる。フランスの陸軍士官学校をおえて軍務につき、オランダ、インドなどで活躍。1815年にはナポレオンをワーテルローで破り、全ヨーロッパで名声をはせた。28年以降、3度にわたって首相をつとめ、カトリック教徒の解放令を施行。トーリー的保守主義者であったが、変革にはあくまで反対、争うよりも公共の利益のため妥協する道をとった。

ウェルズ Wells, Herbert George (1866—1946)
イギリスの小説家、文明批評家。苦学して生物学を学び教師をへてジャーナリストとなる。1895年に空想科学小説『タイム・マシン』を発表して作家の地位を確立。やがてリアリズム小説に転じ、第1次世界大戦後は文明批評家として活躍した。生物進化論への傾倒から、社会もユートピアをめざして進化するという思想をいだくが、2度の世界大戦を経験して人類の未来に否定的となった。ほかの代表作に『透明人間』『宇宙戦争』。

ウェルナー Werner, Alfred (1866—1919)
スイスの化学者。早くから化学者をこころざし、チューリヒ大学に学ぶ。ドイツの化学者ケクレの不変原子価説に対して、新たな原子価を想定し、1893年に配位説を提唱。現実に存在する化合物をどう説明するか、という立場から化合物の性質を調べ、その性質から可能な分子構造をつきとめた。その結果、ケクレが平面的にしかとらえられなかった化合物を、立体構造としてとらえることに成功した。1913年にノーベル化学賞を受賞。

ウォーレス Wallace, Alfred Russel (1823—1913)
イギリスの博物学者、社会思想家。自然科学に興味をもって独学し、南アメリカのアマゾンを探検して学界に知られる。1852年にマライ諸島を調査し、アジアとオーストラリアの動物の種類が大きく異なることに気づき、その境界が、インドネシアのバリ島とロンボク島のあいだにあることを発見、のちにウォーレス線と名づけられた。この調査から自然淘汰説をたて、独自に同一の説をたてたダーウィンの論文といっしょに発表された。

ウ・タント U Thant (1909—1974)
ビルマの外交官、第3代国連事務総長、在職1962—1971。パンタナウに生まれ、ラングーン大学卒業後、教育関係の公職を歴任する。ビルマ独立後は首相秘書官などをへて、1957年国連代表となった。1961年、ハマーショルドが事故死したため跡をつぎ、翌年、正式に国連事務総長となった。高潔な人柄とすぐれた指導力で加盟国の信頼を受け、キューバ危機、コンゴ動乱などの調停にあたった。

エアハルト Erhard, Ludwig（1897－1977）

西ドイツの政治家、経済学者。バイエルン州フュルトに生まれ、フランクフルト大学で経済学を学ぶ。ニュルンベルクの経済研究所長となるが、ナチスへの協力を拒否したため追放された。第2次世界大戦のドイツの敗北を予想し、戦後のドイツの経済復興についての構想を立案、これがアメリカ軍に認められ、経済相をつとめて西ドイツの経済復興をなしとげた。ドイツ経済の奇跡の父といわれる。1963年には首相となった。

***永楽帝**（えいらくてい）（1360－1424）

中国、明の第3代皇帝、在位1402－1424。洪武帝の子で燕王となる。甥の建文帝が即位して諸王のとりつぶしにかかると、1399年反乱をおこし、1402年南京を攻めおとして即位。都を北京に移して積極的に侵略を進めてベトナムを征服、鄭和（ていわ）を南海に派遣した。帝位を奪ったことへの批判をさけるため学者を優遇し、図書編さん事業をおこして『永楽大典』を完成。宦官（かんがん）の重用はのちに大きなわざわいを残した。

エウリピデス Euripides（前485－前406頃）

古代ギリシアの三大悲劇詩人のひとり。アテネに生まれ、前455年に最初の作品が上演された。全作品92編のうち『メディア』『ヒッポリトス』『トロヤの女たち』など18編が現存する。当時の新しい思想家のソフィストのえいきょうを受け、合理主義と人間中心の立場から新傾向の悲劇を作りだした。とりわけ、内面の激情と理性の葛藤をうきぼりにしている。思想と作品の新しさは、アリストファネスなどから批判された。

慧　遠（おん）（334－416/417）

中国、東晋の仏僧。山西省に生まれ、儒教、老荘思想を学ぶ。のち道安に師事して仏門に入った。老荘思想と結びついた当時の仏教をしりぞけ、仏教の教理の独自性を目ざした。また、仏教の政治権力からの独立を主張。402年、廬山に宗教結社の白蓮社を結成して、きびしい戒律を定めて、念仏修行にはげみ、浄土教成立のさきがけとなった。しかし、当時の民衆には理解されず、それほど広まらなかった。中国仏教の確立者の一人。

エジソン Edison, Thomas Alva（1847－1931）
　アメリカの発明家。小学校を3か月で退学して母親に教育を受けた。ファラデーの『電気学の実験的研究』を読んで実験を行ない、電気投票記録機によって特許第1号をとる。以後、蓄音機、白熱電球、映写機などを発明。1300以上の特許を得て発明王と称される。1882年には発電機の改良と配電システムを完成、電灯会社を設立して消費者への配電を始めた。また電灯の研究から「エジソン効果」を発見、のちの真空管の発展に寄与した。

エドワード〔1世〕 Edward Ⅰ（1239－1307）
　プランタジネット朝のイングランド王、在位1272－1307。王子時代に貴族の反乱をしずめて33歳で即位、国権の強化と国家体制の確立に力を入れて政治を進めた。とくに、従来からの慣習法をととのえ、司法、立法、行政分離の初期的な形をつくりだし模範議会を現出。いっぽう外政ではウェールズを征服し、スコットランドにも兵を向けた。しかし、スコットランド貴族の反抗に苦しめられ、その遠征中に没した。

エドワード〔3世〕 Edward Ⅲ（1312－1377）
　プランタジネット朝のイングランド王、在位1327－1377。エドワード2世の子。15歳で即位、初めは母と貴族に政権をにぎられていたが、まもなくこれを討って実権を奪還、エドワード1世の遺業を受けついで国力の強化につとめた。フランスのカペー朝が絶えると、これを機に、母がカペー家出身であることを理由に王位継承を主張、フランスに侵入して百年戦争をひきおこした。ガーター勲章が制定されたのはこの王の時代である。

エバンズ Evans, Arthur（1851－1941）
　イギリスの考古学者。ロンドン近郊のハーフォードシャーに生まれる。父も考古学者。1894年に初めてクレタ島に渡り、ギリシア本土のミケナイ文化の起源は、クレタ島にあるのではないかと考えた。1900年から発掘を始め、クノッソス宮殿を発見してミノア文明と名づけた。生涯を発掘と研究にささげ、クレタ文明の全体像を明らかにした。大著『クノッソスにおけるミノスの宮殿』は、クレタ文明研究の金字塔とされている。

エマソン Emerson, Ralph Waldo（1803－1882）

アメリカの詩人、思想家。ボストンに牧師の子として生まれる。ハーバード大学を卒業して神学校に学び、牧師となる。教会のあり方に疑問をもち、辞職してヨーロッパに旅行、カーライルを知る。神と自然・人間の合一を説き、人間はそれぞれの内なる光（神性）を通して、神の示す真理に到達できると考えた。この楽天主義・個人主義は、ソロー、ホーソンなどの思想と文学に強いえいきょうを与えた。哲学的な詩に秀作が多い。

エマヌエレ〔2世〕 Emanuele Ⅱ（1820－1878）

サルジニア国王。初代イタリア国王、在位 1849－1861。北西イタリアのトリノに生まれ、21歳でサルジニア国王に即位する。カブールを首相に登用し、イタリアの統一と立憲君主国家の建設をめざした。1859年にフランスと同盟してオーストリアと戦い、ロンバルジア地方を併合。翌年、ガリバルディによるシチリア島とナポリの占領に助けられ、1861年にはイタリア統一を達成してイタリア国王となった。

エラトステネス Eratosthenès（前 273 頃－前 192 頃）

古代ギリシアの地理学者、天文学者。北アフリカのキレネに生まれ、アテネで哲学を学ぶ。プトレマイオス3世に招かれてアレキサンドリアへ行き、図書館員となった。多くの学問分野で活躍して万能選手といわれ、とくにすぐれていた地理学分野では、ギリシア人の地理的知識を集大成して『地理学』3巻を著わした。幾何学を応用して、地球の周囲を計算し、かなり正確な数値を求めたことは有名。

エリオット Eliot, George（1819－1880）

イギリスの女流作家。ウォリックシャーに生まれる。ロンドンで批評家 G. H ルイスと知り合い、いっしょに暮らし始めた。このため家族から絶縁され、苦しむ。ルイスのすすめで小説の筆をとり、子どものころの田園生活を題材として、ユーモアとペーソスにあふれた作品も発表、克明な心理描写は、イギリスの小説史に一時代を画した。代表作に『サイラス・マーナー』『ミドルマーチ』がある。

エリオット Eliot, Thomas Stearns （1888－1965）

イギリスの詩人、批評家。アメリカのセント・ルイスに生まれ、イギリスに帰化した。1922年に発表した詩『荒地』で、第1次大戦後の精神的な荒廃と絶望を表現、古代神話に託して現代をえがく神話的手法は、現代詩だけでなく、文学一般に大きなえいきょうを与えた。また批評家としてもダンテの『神曲』やフランス象徴詩の再評価を行なった。『カクテル・パーティ』などで詩劇再興の役も果たし、1948年にノーベル文学賞を受賞。

* **エリザベス**〔1世〕Elizabeth Ⅰ （1533－1603）

イギリス、チューダー朝最後の女王、在位1558－1603。ヘンリー8世とアン・ブリンとのあいだに生まれ、姉メアリー1世の死後即位した。首長令を制定して新教に復帰し、イギリス国教会の中道主義を確立。国内の毛織物工業の隆盛を背景に貿易を保護し、積極的に海外進出をはかった。そのためスペインと対立したが、1588年に無敵艦隊を破り、海外発展のきそをつくった。一生独身で通したため処女王といわれる。

エルマク Ermak, Timofeevich （?－1584/85）

シベリアを征服したコサックの首領。オビ地方開発の特許権をもつ豪商のストロガノフ家にやとわれる。1579年ウラル遠征に出発し、1581年シビル・ハン国に侵入、国王クチュム・ハンの軍をトボリ河畔に破り、82年にふたたび撃破した。首都シビリを占領、周辺地域も従えて、シベリア併合のきっかけをつくった。のちクチュム軍に夜襲を受け、イルチシ川に落ちて溺死。民謡や伝承文学の主人公として知られる。

エールリヒ Ehrlich, Paul （1854－1915）

ドイツの医学者。化学療法の先駆者。医学を学ぶいっぽう、ほとんど独学で化学を研究する。当時ドイツで盛んとなった化学染料工業に着目、生体組織を染色する方法を発見。1890年コッホ研究所に入り、免疫学の研究を進めて側鎖説を発表した。ある特定の物質は、それらと結びつく側鎖を持つ細胞にのみ、作用するという説である。1904年志賀潔とトリパンロートを、10年に秦佐八郎とサルバルサンを発見して、自説を証明した。

エレンブルグ Erenburg, Iliya Grigorievich（1891－1967）

ソビエトの作家。キエフでユダヤ系の家庭に生まれる。少年時代から革命運動に参加。のちパリに亡命して詩を書き始める。ロシア革命で帰国し、新聞特派員として国外へでた。スペイン内戦に参加し、第2次大戦ではナチス・ドイツへのペンによる戦いをつづけ、平和運動に積極的にとりくむ。1922年以後は詩から小説に転じて『パリ陥落』『あらし』などを発表。スターリンの死によるソビエトの新風をえがいた『雪どけ』は有名。

エンゲル Engel, Ernst（1821－1896）

ドイツの社会統計学者。エンゲルの法則の提唱者。ドレスデンに生まれる。労働者の家計の研究者ル・プレーと統計学者ケトレにえいきょうをうけた。統計学を独立した学問と考え、人間社会一般にかんする学問と規定。ザクセン、プロイセン王立統計局長をつとめ、統計の整備、改善を行なう。ベルギーの労働者の家計をくわしく調査し、貧しい家庭ほど家計総支出のうち食料品支出の割合が大きいという、エンゲルの法則を提唱した。

* **エンゲルス** Engels, Friedrich（1820－1895）

ドイツの科学的社会主義の創始者。ライン地方の裕福な工場主の家に生まれる。ベルリン大学で哲学を学んだのち、1844年にパリでマルクスと会って、力をあわせて運動し研究することを約束。共著で『ドイツ・イデオロギー』を書いて唯物史観を確立し、1848年には『共産党宣言』を発表した。その後は、父の工場ではたらきながらマルクスの『資本論』の執筆を援助、マルクスの死後、遺志をついで、その第2、第3巻を編集、刊行した。

袁世凱（えんせいがい）（1859－1916）

中国の軍閥。中華民国の初代大統領。河南省に生まれ、武を好んだ。1884年の甲申事変では武力で朝鮮を属国化。1898年の戊戌（ぼじゅつ）の政変では康有為を裏切り義和団を弾圧した。1911年に辛亥革命が起こると軍事の全権を握り、総理大臣として政治の実権を掌握、革命側と交渉して臨時大総統となり、清帝を退位させた。さらに国民党を弾圧して正式大総統となり、帝政を復活させようともくろんだが、国内外から反対され失敗して死んだ。

オイラー Euler, Leonhard（1707－1783）

スイスの数学者。バーゼル大学を卒業したのち、船のマストの力学に関する研究論文で、パリ科学アカデミーから受賞。以後、おもにペテルブルク学士院の教授をつとめながら、あらゆる分野の数学を研究、微積分学、剛体力学、変分学などに大きな業績を残した。この間に、初めは右眼、つづいて左眼も失明したが最後まで研究を捨てず、おおくの論文や著書を著わしたほか、運河の改築や度量衡の改定などにも力をつくした。

*<ruby>王安石<rt>おうあんせき</rt></ruby>**王安石**（1021－1086）

中国の北宋時代後期の政治家。苦学をして高等官吏登用試験の科挙に合格、進士となる。10数年、地方官を歴任したのち中央政府に迎えられ、副宰相から宰相へ就任。財政立て直し、軍事力の強化、社会不均衡の是正などのために、均輸法・青苗法・市易法・募役法・保甲法・保馬法などの制定を断行した。これを王安石の新法という。しかし旧法支持の特権階級から強い反対をうけた。詩文にすぐれ、唐宋8大家のひとりに数えられる。

王　維（699頃－761）

中国、唐の時代の詩人、画家。官吏登用試験の科挙に合格して役人となり、尚書右丞の位まで昇進。若いうちから詩人として名をあげ、とくに自然の静けさと美しさを多くうたい、唐の代表的な自然詩人とたたえられる。また、絵、音楽、書などにもすぐれ、とくに詩ととけあった山水画は、のちに文人画の祖とあおがれるようになった。絵には確実に王維の作とされるものは現存しないが、詩集には『王右丞集』全10巻が残っている。

王羲之（307頃－365頃）

中国、東晋時代の書家。名門貴族の出身。初めは政治家をめざして武人の道へ進み、将軍とよばれるまでに昇進した。しかし政治への不信から退官。書を愛し、楷書、行書、草書を芸術的な表現にまで高めて書聖とあおがれるようになった。版木に彫って印刷した代表的な刻本に、楷書の『楽毅論』行書の『蘭亭序』草書の『十七帖』などがあり、その書風は奈良時代に日本へも伝えられ、のちの日本の書に大きなえいきょうを与えた。

王建(877－943)
<ruby>王<rt>おう</rt></ruby><ruby>建<rt>けん</rt></ruby>

朝鮮、高麗王朝の初代の王。豪族の出身。新羅の国が衰え始めたときに挙兵して高麗を建国、都を開城に定めた。その後、新羅を降伏させ、後<ruby>百済<rt>こう</rt></ruby>を滅ぼして朝鮮半島を統一、1392年まで475年間にわたって続く高麗王朝の基礎をきずいた。統一後の政治では、仏教を国の宗教と定め、役人の組織をととのえ、官僚による支配体制の確立に力をそそいだ。しかし、目的を完全に果たすことはできず、豪族にも地方の支配権を与えた。

王国維(1877－1927)
<ruby>王<rt>おう</rt></ruby><ruby>国<rt>こく</rt></ruby><ruby>維<rt>い</rt></ruby>

中国、清朝の末期から中華民国の初期にかけての歴史学者。浙江省の出身。初めは外国語や西洋の思想を学んで日本へも留学。しかし、辛亥革命後は、<ruby>殷墟<rt>いんきょ</rt></ruby>文字、<ruby>敦煌<rt>とんこう</rt></ruby>文字などの古文字や史学の研究に方向を変え、中国の古代史研究に大きな業績を残した。北京の清華学校国学研究院(現在の清華大学)の教授に迎えられたのち、清朝が滅び国が乱れたことを憂えて入水自殺。著書に『観堂集林』全24巻などがある。

王昭君(生没年不明)
<ruby>王<rt>おう</rt></ruby><ruby>昭<rt>しょう</rt></ruby><ruby>君<rt>くん</rt></ruby>

紀元前1世紀頃、中国、前漢時代の女官。前漢の第9代皇帝、宣帝のころ、蒙古地方に栄えた遊牧民族の匈奴との親和政策のため、匈奴の首長<ruby>呼韓邪<rt>こかんや</rt></ruby>と結婚させられた。そして、ふたりの子を産んだが、呼韓邪の没後も帰郷がゆるされず、強いられた再婚ののち匈奴で死んだ。美ぼうのゆえに異民族のもとへ行かねばならなかった運命は、さまざまな哀話を生み、のちに伝説的な物語が書かれて、歴史に名をとどめるようになった。

汪兆銘(1883－1944)
<ruby>汪<rt>おう</rt></ruby><ruby>兆<rt>ちょう</rt></ruby><ruby>銘<rt>めい</rt></ruby>

中華民国の政治家。広東省に生まれる。若いころ日本へ留学、法政大学在学中に、中国革命同盟会に入って、革命家の道を進むようになる。帰国後、孫文のもとで革命運動に参加、国民党左派の指導者として活躍。1927年に武漢政府が樹立されて首脳となると、やがて親日政策をとり、日中戦争中の1940年には南京に親日反共の<ruby>傀儡<rt>かいらい</rt></ruby>政権をおこした。しかし、結果的には民族を裏切ったことになり、1944年、日本の名古屋で病死。

王莽(おう もう)(前45—後23)

中国、前漢末期の政治家。前漢の元帝の皇后王氏の一族。儒教を学び、王の外戚としての力で大司馬に昇進。やがて、平帝を殺害、2歳の皇太子の摂政となって政治の実権を握り、さらに帝位を奪って国号を「新」と改め、漢に代わって新朝を興した。しかし、儒教の精神にもとづき、古代の周の制度を理想として進めた政治改革は失敗に終わり、劉秀(りゅうしゅう)(後漢の光武帝)に滅ぼされた。この「新」の時代は、わずか1代15年にすぎなかった。

欧陽詢(おうようじゅん)(557—641)

中国、唐時代の書家。湖南に生まれる。儒学や歴史を深くおさめていたことから、隋の煬帝(ようだい)、唐の高祖、太宗に、高く遇された。早くから王羲之の書に学んで楷書、行書、草書の各書体に熟達、とくに楷書にすぐれ、力強く端正な筆で独自の書風を確立して、初唐の3大家のひとりとよばれるようになった。その書風は奈良朝期の日本へも伝えられ、日本の書家の手本とされた。代表作に『化度寺碑(けどじひ)』『草書千文字』などがある。

*王陽明(おうようめい)(1472—1528)

中国、明代中期の政治家、思想家。陽明学の始祖。浙江省に生まれる。27歳で官吏登用試験の進士に合格して役人となり、農民の反乱鎮圧による功で兵部尚書にまで昇進。いっぽう、若いころから、人間の徳性の完成をとなえる朱子学を修めていたが、やがてその朱子学に反対して、人間は良知をそなえ、しかも良い行ないが一致しなければいけないとする陽明学を樹立した。この陽明学は、中江藤樹によって日本にも広められた。

オーエン Owen, Robert (1771—1858)

イギリスの空想社会主義者。店員から身を起こして大規模な紡績工場主となり、みずから、労働者の生活改善につとめた。とくに『社会に関する新見解』を著わすなどして、人間性までも改良するための環境改善をとなえ、アメリカに共産村ニューハーモニーを建設した。しかし、この共産主義共同体の経営には成功せず、帰国後は協同組合運動の指導にあたるほか、全国労働組合連合の結成を提唱したが、これも不成功に終わった。

オクタウィアヌス Octavianus, Gaius Julius Caesar（前63ー後14）
古代ローマの初代皇帝。在位前27ー後14年。シーザーの養子として成長し、シーザーが暗殺されたあと、アントニウス、レピドゥスとともに三頭政治を行なった。その後、エジプトの女王クレオパトラと結んで反抗したアントニウスを破り、元老院からアウグスッス（尊厳者）の称号を受けて独裁的な帝政を開き、ローマの黄金時代をきずいた。以後、アウグスッスは、ローマ皇帝の称号となった。

オースチン Austen, Jane（1775ー1817）
イギリスの女流小説家。牧師の家に生まれ、生涯、独身生活を送って小説を書きつづけた。地方の中産階級の社会、とくにそこに生きる人びとのすがたと意識を、機智とユーモアに富む表現で的確にえがき、長編小説『高慢と偏見』を生んだ。ほかに『ノーサンガー僧院』『マンスフィールド荘園』『エマ』などの作品があり、いずれも、平凡な生活のなかで本能的にゆれ動く人間の心が、ありのままにするどくとらえられている。

オットー〔1世〕Otto I （912ー973）
ドイツ、ザクセン王朝の王。神聖ローマ皇帝、在位962ー973年。諸部族の分立と反乱をおさえて王国の統合を進め、さらに、イタリアのロンバルジア王国や、ドイツ侵略をねらうマジャール人などを討って、王権を広めた。また、司教および修道院長を支柱とした帝国教会政策を断行して王権の強化を図り、その後も数次にわたるイタリア遠征をかさね、962年に、教皇ヨハネ12世からローマ皇帝の冠を受けて、神聖ローマ帝国を開いた。

オッフェンバック Offenbach, Jacques （1819ー1880）
ドイツ生まれのフランスの喜歌劇作曲家。ケルンに生まれ、少年時代にフランスのパリへでて音楽の修業を始めた。やがてオペレッタの作曲家として才能を発揮し、自らこしらえた劇場で『天国と地獄』『美しいエレーヌ』『女公殿下』などを発表、その曲はおよそ100曲を数え、ほとんどすべてが喜歌劇曲である。しかし晩年の傑作『ホフマン物語』は本格的な歌劇曲であり、全3幕中第2幕の『ホフマンの舟歌』はとくに有名。

オッペンハイマー Oppenheimer, John Robert（1904—1967）

アメリカの理論物理学者。ニューヨークに生まれハーバード大学を卒業。ドイツ、イギリスに留学後、カリフォルニア大学教授をつとめ、原子核反応、量子力学など原子物理を研究。第2次世界大戦中はロス・アラモス研究所長として原子爆弾開発の指導にあたった。日本に投下された原子爆弾は、このとき完成されたものである。1954年、水爆製造への妨害と共産主義者との親交を理由に、原子力委員会委員などの公職を追放された。

オドアケル Odoacer（433頃—493）

古代ローマの傭兵隊長。ゲルマン族の出身。西ローマ皇帝につかえて勢力をたくわえ、476年、ゲルマン人の雇い兵をひきいて皇帝を追放、西ローマを東ローマ皇帝に返上した。以後、西ローマの総督に任じられて、やがてイタリアを支配、アドリア海にのぞむダルマチアにまで権力をのばした。しかし、イタリアに侵入してきた東ゴート王に敗れ、殺害された。イタリア支配のころは、イタリア半島に住むゲルマン人の王と称した。

オニール O'Neill, Eugene（1888—1953）

アメリカの劇作家。名高い俳優の子として生まれ、プリンストン大学を中退して放浪的な船員生活ののち劇作家の道へ入る。『地平のかなた』『アンナ・クリスティ』『奇妙な幕間狂言』などで、アメリカ最高の劇作賞であるピュリッツァー賞を4度受賞。人間の欲望、愛憎、人生への悲哀などを分析した心理劇を多く発表、アメリカの近代演劇の新生面をひらいた。1936年にノーベル文学賞を受賞。

* **オパーリン** Oparin, Aleksandr Ivanovich（1894—1980）

ソ連の生化学者。モスクワ大学を卒業。バッハ記念ソ連科学アカデミー生化学研究所へ入ったのち、1929年に母校の教授となる。早くから、地球上の生物の発生について研究をつづけ、1936年に発表した『生命の起源』によって、生物は外来の胚種から生まれたものではなく、地球上で発生進化したものであるという、生物起源科学説のとびらを開いた。パンやぶどう酒などの生化学的な研究のほか、世界平和運動にも力をつくした。

オー・ヘンリー　O. Henry（1862－1910）
アメリカの短編小説家。カウボーイ、店員、銀行員、記者などを経験したのち、公金横領の罪に問われて1898年から3年余りを獄中で過ごす。この獄中で小説を書き始めて、出獄後、作家生活に入り、生涯に約280編の短編を残した。『賢者の贈物』『最後の一葉』『警官と賛美歌』『二十年後』など、自己の豊かな生活体験を生かして人生の哀歓をえがいた作品が多く、アメリカのモーパッサンと評された。

オマル・ハイヤーム　Omar Khayyam（1048－1131）
イランの科学者、詩人。生まれつき学問を好んで数学、天文学、哲学、歴史学、医学、語学などを学び、3次方程式の研究、ジャラーリー暦の考案など幅広い業績を残し、中世における大科学者とたたえられた。また、科学研究の余暇に、人生の無常や人間の運命の皮肉などをうたった多くの詩をつくり、四行詩集『ルバイヤート』がイギリスの文壇に紹介されると、イランを代表する詩人としても、世界に知られるようになった。

オーム　Ohm, Georg Simon（1787－1854）
ドイツの物理学者。貧しい錠前屋の家に生まれ、大学は学資がつづかず1年で退学、高校教師をしながら研究を続けた。1827年、電流・電圧・抵抗の間に一定の関係がある「オームの法則」を発見。しかし、この発見は、ドイツの物理学界では長く認められず、17年後にイギリス王立協会から表彰されて、初めて脚光を浴びた。のち、ミュンヘン大学教授に迎えられて音響学を研究。電気抵抗の単位オームは発見者名にちなんだものである。

オリオール　Auriol, Vincent（1884－1966）
フランスの政治家。弁護士をへて、1914年に下院議員に当選して、社会党員として政界に入った。1936年、ブルム内閣の蔵相に就任して金融政策に活躍、つづいて法相もつとめ、第2次世界大戦下ではド・ゴールのレジスタンス運動に参加した。戦後は、国務相、立憲議会議長、ド・ゴール臨時政府閣僚などを歴任したのち、1947年に、第4共和政府の初代大統領となり、1954年まで、フランス政権の安定化に力をつくした。

オルガンチノ Organtino, Gnecchi Soldo (1533－1609)

イタリア人のイエズス会士。1570年にカブラルなどとともに日本へ渡来。フロイスを助けて布教活動に従事し、織田信長に深く信任されて京都に南蛮寺、安土にセミナリオを創設した。豊臣秀吉による1587年のキリスト教禁止に際しては、宣教師迫害を逃れて小豆島にとどまり、秀吉死後は再び京都へもどって布教に活躍。1603年に長崎へ移り、同地で、日本滞在40年にわたる布教の生涯を終えた。

オールコック Alcock, John Rutherford (1809－1897)

イギリスの外交官。清（中国）の領事をつとめたのち、1859年に総領事として日本に着任、のち公使に昇進。初めはアメリカ公使ハリスと対立したが、しだいに駐日外交団の指導者的な立場に立つようになり、1864年、日本の開市開港を迫って、イギリス・アメリカ・フランス、オランダ4国艦隊による下関砲撃を主導した。しかし、下関砲撃が本国未承認の決行であったため召還された。日本文化に関心をもち、著書『大君の都』がある。

オルコット Alcott, Louisa May (1832－1888)

アメリカの女流小説家。貧しい教育者の家に4人姉妹の次女として生まれ、家計を助けるために教師として働きながら小説を書き始める。南北戦争での看護婦の体験をもとにした『病院のスケッチ』で認められ、1868年から69年にかけて発表した『若草物語』で成功をおさめた。自分たち4人姉妹の実生活をありのままにえがいた『若草物語』は、その後の少女向け家庭小説の原典となった。

ガイガー Geiger, Hans (1882－1945)

ドイツの物理学者。エルランゲン大学とミュンヘン大学で学んだのちイギリスへ留学、実験物理学者ラザフォードの指導を受けて、ラジウムからでるアルファ線の放射現象を研究。帰国後はキール大学とチュービンゲン大学の教授となり、1928年に、ミュラーとともにガイガー・ミュラー計数管を発明した。この計数管は放射線中の粒子を数えるのに用いられ、従来の電離箱にくらべて放射線の正確な検出が容易になった。

ガウス Gauss, Carl Friedrich (1777−1855)

ドイツ、19世紀前半の最大の数学者。幼時から数学に特異な才能を示し、ゲッチンゲン大学に学ぶ。18歳のとき、定規とコンパスによる正十七角形の作図法を発見。以後、整数論をはじめ代数学、幾何学、解析学などの諸分野にわたって独自の研究を成し遂げた。また、終生、天文台長も兼務し、天文学、電磁気学、測地学などにも応用数学の面から多くの業績を残した。磁場の強さを表わす単位ガウスに、その名が残っている。

* **ガガーリン** Gagarin, Yurii Alekseevich (1934−1968)

ソ連の宇宙飛行士。人類最初の宇宙飛行に成功。少年時代から飛行士への夢を抱き、航空士官学校を卒業して宇宙飛行隊へ入る。1961年4月12日、宇宙船ボストーク1号により1時間48分で地球を1周、「地球は青かった」ということばとともに宇宙時代の幕開けを世界に告げた。このとき27歳で少佐の位が与えられ、その後、宇宙飛行部隊の司令官に昇進。しかし、34歳のとき、訓練中のジェット機で事故死した。

郭沫若(かくまつじゃく) (1892−1978)

中国の文学者、歴史学者、政治家。1914年に官費留学生として日本へ留学、九州大学医学部を卒業。しかし、耳の病気により医学を断念して文学をこころざす。北伐に参加後、国民政府の弾圧を受けて再び渡日。千葉県に住んで中国古代史を研究。日中戦争が起こると帰国して抗日文化宣伝工作に参加、中華人民共和国成立後は副総理、科学院院長として活躍した。著書に史劇『屈原』のほか『中国古代社会研究』『十批判書』などがある。

ガーシュイン Gershwin, George (1898−1937)

アメリカの作曲家。ユダヤ系ロシア移民の子に生まれ、ほとんど独学で作曲を学ぶ。1919年に作曲した『スワニー』がヒットしたのち『ラプソディ・イン・ブルー』を発表、古典音楽と現代音楽を1つにしたシンフォニック・ジャズに成功。その後、管弦楽曲『パリのアメリカ人』、歌劇『ポーギーとベス』などを作曲、芸術的な香りの高いアメリカ現代音楽の発展に、大きな功績を残した。

カストロ Castro Ruz, Fidel（1927―　　）

　キューバの首相、革命指導者。ハバナ大学に学んで革命運動に参加。反バチスタ闘争に失敗して投獄され、特赦後、メキシコに亡命して革命組織を結成。1856年にキューバに上陸してゲリラ戦を展開、バチスタ政権を倒して遂に首都ハバナ解放に成功した。革命政府樹立とともに、キューバ軍最高司令官から首相に就任。みずからマルクス主義者を宣言して、社会主義国家の建設を成し遂げた。

カートライト Cartwright, Edmund（1743―1823）

　イギリスの発明家。オックスフォード大学で神学を学び、40歳ころまでは牧師をつとめたが、アークライトの水力紡績機の発明にヒントを得て、さらに織機の改良に着手、1789年に蒸気機関による力織機の運転に成功した。その後、羊毛梳毛機、ロープ製造機、水の代りにアルコールを用いた蒸気機関なども発明、手工業から機械工業への産業革命期にあたって、イギリスの産業技術の発展に大きな役割を果たした。

カニシカ Kaniska（生没年不明）

　古代インド、クシャーナ朝第3代の王。2世紀中ごろに即位。都をプルシャプラ（現在のパキスタン・ペシャワル）に定め、北方インド、中央アジア、イランなどを支配して一大帝国を建設、クシャーナ朝の最盛期を現出した。また、仏教を厚く保護して中国への仏教伝播の基盤をつくり、さらに、東西文化交流の要地にあったことからギリシア彫刻のえいきょうを受けて、仏像彫刻を中心にしたガンダーラ文化の花を咲かせた。

＊**カーネギー** Carnegie, Andrew（1835―1919）

　アメリカの事業家。スコットランドに生まれ、少年時代に家族とともにアメリカに移住した。貧困のなかで転職をかさねるうちに鉄道に入って昇進、石油投資で資本を得て鉄鋼業に身を投じ、世界最大の製鉄所を建設して鉄鋼王とよばれるようになった。晩年は、会社の権利を売って業界から引退。私財でカーネギー財団を設立して学術や教育の振興などの社会事業に力を尽くした。カーネギー・ホールも、その私財で建設されたものである。

カフカ Kafka, Franz（1883―1924）

チェコのユダヤ系ドイツ語小説家。小学生のときからドイツ語社会で育ち、労働者災害保険公社に勤務しながら小説を書く。1922年に結核で公社を退職、2年後、ウィーン郊外の療養所で没したが、生前に発表された作品は代表作『変身』のほか『判決』『流刑地にて』など少ない。『城』『審判』『アメリカ』などの長編や手記は、死後、遺稿として発表され、現代実存主義文学の先駆者として高く評価されるようになった。

カブール Cavour, Camillo Benso（1810―1861）

イタリアの政治家。自由思想のもとに、地主として農業経営の改善と近代化に力をつくしたのち、新聞『復興』を創刊して政治活動に入った。そして、サルデニャ王国の議員、農相、蔵相をへて首相に就任。近代的な内政で王国を再建したほか外交にすぐれ、つねにヨーロッパ全土にイタリア統一の重要性を強調、1861年に、サルデニャ王国による統一の夢を果たした。19世紀ヨーロッパにおける、もっともすぐれた政治家の一人。

カボット Caboto, Giovanni（1450頃―1498）

イタリアの航海者、探検家。ジェノバに生まれる。1480年ころにイギリスに渡り、アジアとの貿易をすすめようと、イギリス王のヘンリー7世に願い出て、後援を得た。1497年、ブリストル港を出帆し、2か月ほどでケープ・ブレトンに着き、北大西洋横断に成功。コロンブスより先に、北アメリカ大陸に渡った最初のヨーロッパ人として知られている。その後は、グリーンランドなどを探検した。次男のセバスチアノも有名な探検家。

カミュ Camus, Albert（1913―1960）

フランスの小説家。アルジェリアの貧農の家に生まれる。初めは演劇をこころざしたが、第2次世界大戦中は、ジャーナリストとして対独レジスタンスに活躍。その間の1942年に小説『異邦人』を発表して小説家の道へ入った。戦後1947年には、人間の不条理と反抗をえがいた傑作『ペスト』を発表、いっぽう1951年には評論『反抗的人間』を著わして実存主義者サルトルと思想的論争を展開した。ノーベル賞受賞ののち自動車事故で急死。

ガモフ Gamow, Georgs Anthony (1904−1968)

理論物理学者。ロシアに生まれ、レニングラード大学を卒業後、イギリス、ドイツ、デンマークへ留学。1934 年、アメリカへ渡りジョージ・ワシントン大学の教授となり、アメリカ市民権を得る。原子核の $α$ 崩壊の理論、星内部の核反応による恒星の進化説などを発表。物理学の平易な解説にすぐれ『不思議の国のトムキンス』『太陽の誕生と死』などの啓蒙書を著わし、その功績によってユネスコのカリンガ賞を受賞した。

カーライル Carlyle, Thomas (1795−1881)

イギリスの思想家、歴史家。スコットランドに生まれ、エジンバラ大学で神学を学ぶ。初めは牧師をこころざしたが、文学と歴史に興味を抱いて文筆活動に入り、とくにドイツ文学を愛してゲーテやシラーなどの作品を翻訳。1833 年から 34 年にかけては、人間の魂と意志の力を強調した評論『衣装哲学』を発表して注目をあびる。その後は『フランス革命論』や『英雄崇拝論』などを著わし、やや極度な、英雄礼賛へかたむいていった。

カリエール Carrière, Eugène (1849−1906)

フランスの画家。パリの美術学校に学び、一時従軍したのちカバネルに師事。初めは、濃厚な色彩でアカデミックな絵をかいたが、早いうちに、茶、灰色などを基調にした神秘的な画法を修得、こまやかな人間感情を描出した。とくに、母性愛に満ちた母子像にすぐれ、代表作に『母性』『病める子』『十字架のキリスト』『接吻』などがある。ドーデやベルレーヌなどの肖像画をえがいたほか、石版画の作品も残している。

* **ガリバルディ** Garibaldi, Giuseppe (1807−1882)

イタリアの愛国者。青年時代から革命と解放運動に参加したが、失敗と弾圧で 2 度にわたって南アメリカへ亡命、アメリカではブラジルやウルグアイの独立運動で名をあげた。帰国後、イタリア解放戦争で義勇兵の赤シャツ隊をひきいてシチリアへ遠征、さらに南イタリアを征服して、これをサルデニャ王に献上、国民から勇気ある愛国者とたたえられた。その後もローマ攻略の兵を挙げたが失敗、晩年はカプレラ島で余生を送った。

ガリレオ Galileo Galilei（1564−1642）
イタリアの物理学者、天文学者。ピサ大学で医学を学んだが物理学と数学に興味をもつようになり、18歳のころ、礼拝堂のつりランプの揺れるのを見て振子の等時性を発見。また、物体落下の実験で、物は重さに関係なく等速で落ちるという落下の法則を証明。1609年には天体望遠鏡を自作して、太陽の黒点、土星の環、月面の凹凸などを発見。やがて地動説をとなえて宗教裁判にかけられたが、1632年に失明しても真理追究をつづけた。

カルーソ Caruso, Enrico（1873−1921）
イタリアの歌劇テノール歌手。ナポリに生まれ、機械工としてはたらくうちに美声をみとめられて、1894年にナポリのベリーニ劇場で初舞台をふんだ。1902年、モンテ・カルロの歌劇場とロンドンのコベント・ガーデン王立歌劇場に出演して絶賛をあび、世界的な名声を確立。その後、アメリカをはじめ世界の主要劇場で歌劇の主役として活躍、オペラの黄金時代をきずいた。晩年はのどから血をはき、ナポリで療養生活を送った。

カール大帝（たいてい） Karl（742−814）
フランク国王、在位768−814。父の死後初めは弟と王国を治めたが、弟の死によって統一支配者となる。772年から805年まで、およそ30年にわたって数度の遠征を行ない、ゲルマン民族の大部分を支配、西ヨーロッパ全域におよぶ大帝国を建設した。その間、800年にはローマ教皇権をむすんで西ローマ帝国の皇帝となり、キリスト教を背景にして中央集権国家を確立。西ヨーロッパ諸国発展のきそをきずいた業績は偉大である。

カルバン Calvin, Jean（1509−1564）
フランスの宗教改革者。大学で哲学を学びドイツの宗教改革者ルターの論文を読むうちに、突然の回心によって新教を信じるようになり、1534年に『キリスト教綱要』を発表。その後、ジュネーブに行って宗教改革運動に参加、聖書を教義における最高の権威とみとめて『教会規律』をつくり、神政政治的な体制をうちたてた。一般市民にもきびしい信仰生活を強要、その改革運動は全ヨーロッパに及んだ。

カルポー Carpeaux, Jean Baptiste (1827—1875)

フランスの彫刻家。バランシェンヌの貧しい石工の家に生まれ、パリにでて苦学しながら国立美術学校に学ぶ。また、リュードやデューレのアトリエにも学び、1854年に『神にわが子の守護を祈る』をサロンに出品して、ローマ賞を受賞。その後イタリアへ留学して『ウゴリーノ』などを制作、ロマン派的、絵画的な作風によって、19世紀を代表する彫刻家の一人になった。オペラ座の正面や公園の噴水をかざる名作もある。

ガレノス Galenos (130頃—201頃)

古代ローマの医学者。ガレヌスともいう。17歳ころからスミルナ、コリント、アレクサンドリアなどで医学をおさめ、故郷で外科診療にあたったのちローマへでた。やがてローマで名医の名を高め、ローマ皇帝につかえるうちに皇太子の侍医となり、その後は、侍医をつとめながら著作にはげんだ。その研究分野は、哲学、数学、文法などにまで及んだが、とくに生理学・解剖学にすぐれ、古代ギリシア医学の集大成者といわれている。

ガロア Galois, Evariste (1811—1832)

フランスの数学者。パリ郊外の町長の子として生まれ、多くは独学で数学を学んで、すでに17歳のころ、方程式論に関する論文をアカデミー・デ・シアンスに提出。しかし、やがて革命運動に加わって投獄され、出獄後、政敵との争いから決闘して、わずか21歳の生涯を終えた。死後、遺書のなかから、群の導入によって、5次以上の代数方程式は代数的には解けないことを証明する論文が発見され、ガロア理論とよばれるようになった。

* **カロザーズ** Carothers, Wallace Hune (1896—1937)

アメリカの有機化学者。イリノイ大学を卒業、大学講師をつとめたのちデュポン会社の中央研究所へ入り、有機化学部門の部長となる。1931年に合成ゴムを発明、続いて1936年には合成繊維ナイロンを発明。ナイロンは石炭と水と空気からつくられ、「くもの糸より細く、鋼鉄より強い」といわれて世界の化学者をおどろかせた。高分子化合物に関するすぐれた論文も残したが、学問上の悩みから憂うつ症にかかり41歳で自殺を遂げた。

カロッサ Carossa, Hans（1878－1956）

ドイツの詩人、小説家。医者の家に生まれ、開業医を本業としながら創作活動を続ける。そのため、残された作品数が少ない。『幼年時代』『青春変転』『美しき惑いの年』『若い医者の日』など、自己の内面と生活を見つめた自伝的なものがほとんどである。ほかに、第1次世界大戦従軍の経験から生まれた戦争文学『ルーマニア日記』があり、ドイツ戦争文学の傑作の1つに数えられている。

関 羽（かん う）（？－219）

中国、三国時代の蜀の武将。後漢の末期に劉備に仕えて戦い、魏との赤壁の戦いに武勲をたてて、蜀の建国に力を尽くした。しかし、のちに魏と呉の連合軍との戦いに敗れて捕えられ、処刑された。後世、軍神として民衆の信仰を集め、1914年に、岳飛とともに武廟に祭られた。三国時代の歴史書『三国志』に伝説、講談をくわえて書かれた歴史小説『三国志演義』のなかにも、その武勇が伝えられている。

寒 山（かん ざん）（生没年不明）

中国、唐代の詩僧。天台山国清寺の豊干禅師（ぶかんぜんじ）に師事、深く仏教哲理に通じて文殊菩薩の化身とあおがれた。しかし、世俗を越えた奇行が多く、伝説によれば、詩も、石や壁に書き散らしたという。寒山の詩とされるものは300余首あり、すべてが無題詩である。『寒山詩集』に収められている詩は、いずれも禅味にあふれて難解であるが、古くから日本へも伝えられて禅僧たちに愛唱された。

* **ガンジー** Gandhi, Mohandas Karamchand（1869－1948）

インドの政治家、民族解放独立運動の指導者。小藩王国の宰相の家に生まれ、イギリスへ留学して法律を学ぶ。1893年、南アフリカへ渡り、22年間にわたってインド人労働者への差別虐待に対する抗議運動を展開。帰国後、投獄と断食をくり返しながらインド民族解放運動の先頭に立って活躍、1948年に、イギリスからの完全独立を達成した。しかし、宗教上の民族対立から1青年に暗殺された。マハトマ（大いなる魂）とたたえられる。

韓信(かんしん)（？－前 196）

中国、前漢の高祖時代の武将。初め項羽に仕えたが、やがて高祖に従い、高祖の天下統一に功をたてて斉王となった。また、さらに項羽を滅ぼしたが、その力を高祖におそれられて楚王へ移され、前 196 年に、呂后らのはかりごとによって殺された。漢の武将の 3 傑のひとりとたたえられ、無名のころ、不良少年のはずかしめに耐えて、その股をくぐったという、韓信の股くぐりの逸話が伝えられている。

顔真卿(がんしんけい)（709－785）

中国、唐代の政治家、書家。能書家の名家に生まれ、進士に合格して役人になる。玄宗皇帝に仕えて唐朝の立て直しに力を尽くしたが、徳宗皇帝のとき反乱を起こした李希烈に捕えられて殺された。早くから書にすぐれ、楷・行・草のすべての書において、男性的な多肉な書体を創始、唐の 4 大書家のひとりとよばれるようになった。代表作に『多宝塔碑』『東方朔画賛碑』『顔氏家廟碑』などがある。

カンジンスキー Kandinsky, Wassily（1866－1944）

ロシア生まれのフランスの画家。初めは法律と経済を学んでいたが、印象派の絵画に魅せられて画家の道へ入る。1911 年にドイツで表現主義のグループ「青騎士」を結成、音楽的な構成による抽象画を発表した。1918 年に革命下のロシアへ帰国して政府の美術行政を指導したが、やがてフランスへ渡って 1939 年に帰化した。ヨーロッパ抽象絵画の創始者のひとり。芸術理論にもすぐれ『芸術における精神的なもの』などの名著がある。

* **カント** Kant, Immanuel（1724－1804）

ドイツの哲学者。貧しい馬具匠の家に生まれ、叔父や神父の助力でケーニヒスベルク大学を卒業、1770 年に同大学教授となる。初めは物理学を研究したが、しだいに哲学の世界へ進み『純粋理性批判』『実践理性批判』などを著わして、人間の理性と自覚を中心にした批判哲学をうちたてた。近代社会における個人の人格の確立をめざしたものであり、その思想はフィヒテやヘーゲルに受けつがれてドイツ哲学の全盛期をつくりあげた。

カントール Cantor, Georg（1845−1918）
　ドイツの数学者。チューリヒ大学、ベルリン大学などで数学と哲学を学び、ハレ大学の教授となった。初め、整数論で博士号を得て、つぎに実数論をとなえ、さらに、集合論をうちだして、それまでは不明確であった、数の無限および連続の概念を明らかにした。しかし、当時の数学界では無限を研究考察の対象としなかったことから、多くの数学者に反対され、不遇のうちに精神病で死んだ。

韓非子（かんぴし）（？−前233）
　中国、戦国時代末期の思想家。韓の貴族の子として生まれ、荀子に学問を学び、法家思想を説くようになる。それは、礼儀を重んじる儒教よりも法律の力で富国強兵を図り、安定した中央集権国家をきずくことを主張したものであった。しかし韓非子は、韓の使者として秦の国へ行ったとき、秦の皇帝にあたたかく迎えられようとしたことから、これをねたむ友人の李斯に裏切られて毒殺された。著書に『韓非子』がある。

韓　愈（かんゆ）（768−824）
　中国、唐代の詩人、思想家、政治家。六経（りっけい）、百家を独学で学び進士に合格して官界に入ったが、仏教で道教を批判したうえに性格が豪放すぎたことから災いを招き、不遇に終わった。しかし文才にすぐれ、漢・魏の時代に起こった華美な文体をきらって、儒教にもとづく古文に返ることを主張、その実現を図った。『昌黎先生集』（しょうれい）全40巻の詩文集を著わし、文の巧みさにより唐宋八大家の一人に数えられるようになった。

キケロ Cicero, Marcus Tullius（前106−前43）
　古代ローマの政治家、哲学者。哲学、修辞学を学び、弁護士や執政官をつとめながら政治家の不正や陰謀をあばいて名をあげる。つねに元老院側に立って雄弁をふるい、シーザーとポンペイウスの対立ではポンペイウスを支持して敗北。シーザー暗殺後、アントニウスに殺された。アントニウス弾劾演説は「フィリッピカ」として有名。ローマ最大の雄弁家としてたたえられ『弁論家論』『国家論』『義務論』『法律論』などの著書がある。

義浄（ぎじょう）(635－713)

中国、唐代の学僧。単身、海路でインドへ渡り、ナーランダ寺で仏教学を学んだほか東南アジア諸国の仏跡を巡礼、20余年後に、サンスクリット語で書かれた約400部の仏教書をたずさえて帰国した。帰国後は仏典の翻訳に専念、主として律の教典を中心に56部230巻の漢訳をなしとげ、四大訳経家の一人にあげられるようになった。旅行記『南海帰寄内法伝』『大唐西域求法（ぐほう）高僧伝』など、仏教事情を伝える貴重な資料を残している。

ギゾー　Guizot, François Pierre Guillaume (1787－1874)

フランスの政治家、歴史家。パリで歴史と文学を学び、1812年にソルボンヌ大学の教授となる。やがて、王政復古の波が起こると政界へ入り、1830年7月の七月革命ではルイ・フィリップ王政の樹立に活躍、以後、内相、文相、外相などをつとめて、1847年に首相に就任。しかし、反政府運動をおさえたことから、つぎの年に二月革命をひき起こし、イギリスへ亡命した。1849年に帰国してからは著作に専念し、多くの歴史書を残した。

徽宗（きそう）(1082－1135)

中国、北宋第8代の皇帝、在位1082－1135。政治はほとんどかえりみず趣味と道教信仰にこったため反乱が起こり、南下してきた金軍に捕えられて北満で没した。しかし、詩、書、絵などの芸術にすぐれ、とくに写実的な花鳥画は大家をしのぎ『五色鸚鵡（おうむ）図』『桃鳩図』などの名画を残した。また、書院・画院の整備、王立美術学校の開設のほか古美術の収集に力を入れ『宣和（せんな）画譜』『宣和書譜』などのコレクション目録を後世に伝えた。

キーツ　Keats, John (1795－1821)

イギリスの詩人。初めは医学をこころざしたが、叙情的な詩才が認められて詩壇へ入る。同時代に生きた大詩人ワーズワースと親しく交わり、長編物語詩『エンディミオン』に続いて『秋に』『ハイピリオン』『ギリシア古つぼの賦』など、ロマン派の純粋な詩を多く発表した。しかし、その生涯は恵まれず、失恋のすえ結核におかされて短命に終わった。美をたたえる詩は、島崎藤村など明治期の日本の詩人にもえいきょうを与えた。

ギッシング Gissing, George Robert（1857－1903）
イギリスの小説家。少年時代からすぐれた才能をもっていたが、大学生のとき不祥事件を起こして退学させられたため、その後は放浪的な生活を続けながら小説を書いた。そのため作品には、貧乏文士の悲劇をえがいた『当世三文文士街』のほか『下の世界』『数奇な女たち』など、虐げられた人びとを見つめたものが多い。自伝的な随筆集『ヘンリー・ライクロフトの手記』は、日本では明治時代から英語教科書として広く愛読されてきた。

キプリング Kipling, Rudyard（1865－1963）
イギリスの詩人、小説家。インドで生まれ、本国で学校教育を受けた間を除くと、1889年の帰国までは、この地で記者をしながら短編小説やインド印象記などを書いた。帰国後、森で動物たちといっしょに成長する少年をえがいた『ジャングル・ブック』を発表、出世作となった。『七つの海』に代表される詩集には、海外へ飛躍する当時の大英帝国主義をたたえたものが多い。1907年にノーベル文学賞を受賞した。

ギボン Gibbon, Edward（1737－1794）
イギリスの歴史家。オックスフォード大学に1年ほど在学したのち、スイスでフランス語を学ぶ。1763年に大陸旅行にでて、つぎの年にローマをおとずれ、カピトルの廃墟を見てローマ史研究を決意したといわれる。1770年ころから研究を始め1776年に『ローマ帝国衰亡史』第1巻を発表。1788年までに全6巻を完成した。これは、ローマ帝国1300年間の歴史を啓蒙的に叙述した大著で、文学的な香りの高い歴史書として高く評価された。

＊金日成（キムイルソン）（1912－1994）
朝鮮民主主義人民共和国（北朝鮮）の元最高指導者。韓国併合で日本が朝鮮を支配するようになった2年後に平安南道に生まれ、第2次世界大戦が終わるまでは、一貫して、日本の帝国主義への抵抗をつづけた。1948年に北朝鮮に共和国を樹立。1950年に南朝鮮の大韓民国とのあいだに朝鮮戦争が起こると、南朝鮮に投入したアメリカ軍を苦しめた。1972年から死去するまで国家主席。後継に長男の金正日（キムジョンイル）を指名した。

キャベンディシュ Cavendish, Henry（1731−1810）
イギリスの物理学者、化学者。ケンブリッジ大学に学んだが、極度の人嫌いのため、生涯、自分の屋敷に建てた実験室に閉じこもって研究を続けた。物理学では、静電気に関する実験で逆二乗法則を発見したほか、地球の質量を測定する実験法を考案。また化学では、水素、炭酸ガス、アルゴンなどを発見、水の成分の決定に偉大な業績を残した。しかし、研究の多くはノートに記録されたまま、およそ1世紀の間埋もれたままだった。

キャロル Carroll, Lewis（1832−1898）
イギリスの童話作家、数学者。オックスフォード大学を卒業。数学の学位を得て1855年から1881年まで同大学の数学講師をつとめる。1862年、友人リデルの3人の娘たちに自作のアリスの物語を話して聞かせ、その原稿本をリデル家へ贈った。すると、それが小説家の目にとまって『ふしぎの国のアリス』として出版され、イギリス最高の空想童話となった。ほかに『鏡の国のアリス』もある。

キュビエ Cuvier, Georges（1769−1832）
フランスの動物学者。博物学に興味をもち貴族の家庭教師をしながら海産動物を研究。やがて自然史博物館の助手から教授となり、軟体動物や魚類の解剖と分類によって比較解剖学の道を明らかにし、さらに哺乳類や爬虫類の化石の研究によって古生物学をひらいた。いっぽう、ラマルクの進化論に反対して、地球上の大異変後に生き残った生物だけが栄えたという天変地異説をとなえたが、これはのちに誤りとされるようになった。

* キュリー〔夫妻〕Curie
フランスの物理学者。夫ピエール（1859−1906）は、結晶や磁性について研究ののち、1895年にマリー・スクロドフスカ（1867−1934）と結婚。その後、夫妻は協力してウラン鉱石中に新しい放射性元素を発見、さらにラジウムだけを取りだすことにも成功。これによって1903年に夫妻そろってノーベル物理学賞を受賞した。ピエールは1906年にパリで事故死したが、マリーは研究を続けて金属ラジウム分離に成功、ノーベル化学賞も受賞。

堯(ぎょう)（生没年不明）
中国古代の伝説上の帝。五帝のひとり、帝位について、道にかなった理想的な政治をおこない、人民は、天下太平の世に生きたといわれる。とくに、自分の子はおろかであったことから帝位にはつけず、身分は低いが人望の高かった舜に譲位したことで、さらに高くたたえられるようになった。人民は太平をよろこんで腹鼓を打ち大地をたたいたという「鼓腹撃壌」の故事が伝えられている。

キリコ Chirico, Giorgio de（1888－1978）
イタリアの画家。ギリシアに生まれ、ドイツで古典芸術や哲学を学んだのち、パリへ出て神秘と幻想に満ちた作品をえがき始める。第1次世界大戦に動員されたが神経衰弱で野戦病院に入院。このとき形而上絵画を宣言、その後、シュルレアリスムの発展に大きなえいきょうを与えた。しかし、1930年代に入って古典的な画風にもどり、前衛芸術を批判するようになった。代表作に『吟遊詩人』『廃墟と馬』『預言者』などがある。

キルケゴール Kierkegaard, Sören Aabye（1813－1855）
デンマークの思想家、哲学者。コペンハーゲン大学で神学と哲学を学んだが、父親の信仰上の罪から自分が罪深い存在であることを意識するようになり、愛した女性との結婚も破棄し、社会からのがれて著作活動に入った。1843年ころから『おそれとおののき』『哲学的断片』などの発表をつづけ、晩年には、宗教的実存のあり方を追究した『死に至る病』を書き、デンマーク国教会と争った。1855年2月に街頭で倒れ、翌月死んだ。

ギルバート Gilbert, William（1540－1603）
イギリスの物理学者、医者。ケンブリッジ大学で医学を学び、エリザベス1世の侍医をつとめた。医者を本業としながら電気や磁気について研究。磁石の性質を科学的に明らかにしたほか、地球が1つの大きな磁石であることを証明して、磁気学の父とたたえられるようになった。起磁力の電磁単位ギルバートは、この電磁学の父の名にちなむものである。著書に『磁石について』があり、磁力の世界をおもしろく解説している。

キルヒホフ Kirchhoff, Gustav Robert（1824－1887）

ドイツの物理学者。ハイデルベルグ大学、ベルリン大学の教授を歴任しながら、電磁波、電磁気、力学、化学などの諸分野にわたって研究。1849年、オームの法則から発展して定常電流に関する法則と、熱放射の熱力学に関する基礎法則の2法則を発見した。これは〈キルヒホフの法則〉とよばれる。このほか、化学者ブンゼンと協力して元素固有のスペクトル線の存在を明らかにし、分光学の基礎をきずいた。

キング牧師 King, Martin Luther（1929－1968）

「インド独立の父」ガンジーに啓発され、徹底した非暴力主義で、アメリカの人種差別、公民権運動を指導。地道でありながら積極的な運動を積み重ねた結果、1964年7月「公民権法」の制定により、建国以来200年も続いてきた人種差別を終わらせることに成功、同年のノーベル平和賞受賞。しかし4年後、遊説中に暗殺された。「私には夢がある」という演説は、ケネディの大統領就任演説と並び、アメリカを代表する演説といわれる。

グスタフ・アドルフ Gustav Adolf（1594－1632）

スウェーデン国王、在位1611－1632年。グスタフ2世ともいう。軍略にすぐれ、ロシアおよびポーランドと戦って、バルト海の支配権を獲得。さらに、ボヘミアの新教徒の反乱に始まった30年戦争に参戦、ローマ帝国の皇帝軍を破って、北方の獅子と恐れられた。しかし、リュッツェンで、敵の総帥ワレンシュタインのひきいる旧教徒軍と会戦して戦死。内政では鉱山開発、軍政改革などにつとめたが、戦争によって財政難をまねいた。

* **クック** Cook, James（1728－1779）

イギリスの海洋探検家。貧農の家に生まれ、独学で数学、天文学、航海術を学ぶ。1755年にアメリカ大陸でフレンチ・インディアン戦争が始まると海軍へ入り、セント・ローレンス川などの測量に成功。以後、3回にわたる大航海をなしとげて、太平洋地域の地理的な発見に大きな業績を残したが、ハワイ諸島探検のときに原住民に殺された。残された隊員は1年後に帰国。3回の航海は約10年に及び、キャプテン・クックとよばれた。

屈　原（くつげん）（前340頃－前278頃）

中国、戦国時代末期の詩人。楚の王族として生まれ、国政に参加して功績をあげた。しかし、2度にわたって上官におとしいれられ、都を追われたのち、国を憂えながら汨羅（べきら）の淵に身を投じて死んだ。政治家としての生涯は不遇であったが詩作にすぐれ『離騒』『天問』『哀郢（あいえい）』『懐沙』など国家の前途を思いはかる詩を多くよんで、愛国の詩人とたたえられるようになった。詩集『楚辞』は、後世の中国の詩に大きなえいきょうを与えた。

＊グーテンベルク　Gutenberg, Johannes（1399頃－1468）

ドイツの活字印刷術の発明者。金細工職人として働いたのち活版印刷の研究を始め、木版の活字を金属製にすることを考案して、金融業者の出資で印刷工場を始めた。しかし『42行聖書』を印刷中に、工場は資金返済を求める出資者の所有となり、その聖書の刊行を自分の手で果たすことはできなかった。その後、独自に印刷業を続けて『32行聖書』や『カトリコン』という辞書などを出版しながら、不遇のうちに死んだ。

グノー　Gounod, Charles Francois（1818－1893）

フランスの作曲家。画家の家に生まれたが、ピアノが好きな母の感化を受けて、パリ音楽院で作曲を学ぶ。1839年に声楽曲『フェルナンド』でローマ大賞を受賞してイタリアへ留学。帰国後、歌劇や合唱曲などの作曲を続け、1859年に歌劇『ファウスト』を発表してグノーの名を不朽にした。その後、歌劇『ロミオとジュリエット』でも成功をおさめ、晩年には宗教音楽に心をよせて『アベ・マリア』などの名曲を残した。

虞美人（ぐびじん）（？－前202頃）

中国、秦代末期の楚王であった項羽が愛した姫。項羽が漢の劉邦によって垓下（がいか）で包囲されたとき、項羽が虞美人との別れを悲しんで詩を作り、その詩に合わせて歌い、舞い、頸部を切って自殺したと伝えられる。中国東部の安徽省に墓があり、死後、その血が虞美人草になったという伝説がある。また、その墓に生えた草から、虞美人草の名が生まれたともいわれている。垓下の戦いで項羽が敗れたのち、天下は劉邦のものとなった。

* **クーベルタン** Coubertin, Pierre de（1863－1937）
フランス、近代オリンピック大会の創始者。貴族の出身。イギリスに遊学中に教育におけるスポーツの重要性を認識、古代オリンピア遺跡の発掘に刺激されてオリンピックの復活を提唱。1894年に国際オリンピック委員会（IOC）を組織し、2年後の1896年に、ギリシアのアテネで第1回オリンピック大会の開催を実現した。その後もオリンピックの発展に力を尽くし、IOCの終身名誉会長に推されて生涯を閉じた。

クライスト Kleist, Heinrich von（1777－1811）
ドイツの劇作家。軍人の家に生まれ、初めは自分も軍人になったが退官して哲学を学び、創作活動に入った。しかし、生涯、真実を追求する姿勢を貫きとおしたため創作と生活の両面で苦しみが続き、諸国を放浪したのちベルリン郊外で自殺した。代表作には、ドイツ喜劇の最高傑作といわれる『こわれがめ』のほか、愛の悲劇『ペンテジレーア』や、国家と個人をえがいた『ホンブルク公子』などがある。短編小説や詩も残している。

クライスラー Kreisler, Fritz（1875－1962）
オーストリア生まれのバイオリン奏者。ウィーン音楽院、パリ音楽院で作曲やバイオリンを学び、13歳のときにニューヨークで演奏会を開いて大成功をおさめた。その後、一時音楽界を離れたが復帰後は世界各地で演奏会を行ない、1943年にアメリカに帰化した。ウィーンの伝統を受けついだ華麗な演奏は、20世紀前半を代表するバイオリン奏者と評されている。作曲にもすぐれ『愛の喜び』『ウィーン奇想曲』などを残している。

クラッスス Crassus, Marcus Licinius Dives（前114頃－前53）
古代ローマの政治家。マリウスを破って独裁官となった将軍スラ派のひとりとして活躍。マリウス派から没収した財産によって富をきずいた。前71年に奴隷剣士スパルタクスの反乱をしずめ、よく年、ポンペイウスとともに執政官になり、やがて、シーザーをくわえて、元老院に対抗するために第1次三頭政治をおこなった。前55年に執政官に再選、しかし、2年後、パルチアの遠征で戦死した。

グラッドストン Gladstone, William Ewart（1809－1898）
イギリスの政治家。オックスフォード大学を卒業し、初めは宗教家をこころざしたが父の反対で政治家の道へ進んだ。1833年に下院議員となり、やがて商相、植民相などを歴任したのち、1867年に自由党の党首に推され、その後1894年までに4回組閣、保守党とともにイギリス議会政治の黄金時代をきずいた。実際の政治では帝国主義に反対しながら貿易や教育に尽力、さらに、アイルランド人の自由のために保守党とたたかい続けた。

グラント Grant, Ulysses Simpson（1822－1885）
アメリカ、第18代大統領。オハイオ州に生まれ、陸軍士官学校を卒業して、アメリカ・メキシコ戦争、南北戦争に参戦、大いに武勲をたてた。とくに南北戦争では、北軍の総司令官としてリー将軍の率いる南軍を破り、北軍を勝利にみちびいた。その後、将軍から陸軍長官へ昇進、1868年に共和党から指名されて大統領に当選、2期8年間、国の政治を進めた。しかし、戦功にくらべると、政治家としての功績は少なかった。

グリーグ Grieg, Edvard Hagerup（1843－1907）
ノルウェーの作曲家。幼いときから母親にピアノを習い、ドイツのライプチヒ音楽院へ留学してピアノと作曲を学んだ。シューマンやメンデルスゾーンなどドイツ・ロマン派のえいきょうを大きく受けて帰国すると、国民音楽をうちたてることに力を尽くし、民族色豊かな曲を多く作った。イプセンの戯曲に曲をつけた『ペール・ギュント』や、ピアノ曲『叙情小曲集』『ピアノ協奏曲イ短調』などが、その代表作として知られる。

* **グリム**〔兄弟〕Grimm
ドイツの言語学者、文献学者。兄ヤーコプ（1785－1863）、弟ウィルヘルム（1786－1859）は、大学を卒業すると、二人ともゲッティンゲン大学の教授になった。しかし、政治を批判したことから大学を追われ、兄弟は力を合わせてドイツ各地に眠る民間伝承を調査、収集し、これを『子どもと家庭の童話』に集大成した。これがのちの『グリム童話集』である。兄弟は、このほか言語学の研究にも、多くの著書と大きな業績を残している。

グリンカ Glinka, Mikhail Ivanovich（1804－1857）

ロシアの作曲家。大地主の家に生まれ、ペテルブルクでピアノを習ったのちイタリアとドイツへ遊学して西洋音楽を学んだ。帰国後、民族音楽をきずくことをこころざして作曲を始め、名曲『イワン・スサーニン』（皇帝にささげし命）を発表して名を高めた。このほかの主要作品には歌劇『ルスランとリュドミラ』、管弦楽曲『カマリンスカヤ』などがあり、のちにロシア音楽の父とたたえられるようになった。

グルック Gluck, Christoph Willibald（1714－1787）

ボヘミア生まれの作曲家。18歳のときウィーンにでてオペラに魅せられ、イタリアで作曲を学んだ。しかし、その後すぐには帰国せず、イタリア各地をはじめウィーン、ロンドンで作曲活動を続けて、『オルフェオとエウリディーチェ』『アルチェステ』『アウリスのイフィゲネイア』などの歌劇を発表した。その様式にはイタリア、フランス歌劇の長所をとり入れ、歌手の技巧よりも劇的内容を重視、ドイツ近代歌劇のきそをきずいた。

クルックス Crookes, William（1832－1919）

イギリスの化学者、物理学者。放射性物質のスペクトル分析でタリウムを発見して、その原子量の測定に成功。また、のちにクルックス管と命名された放電管を用いて、高真空内における放電現象の実験を続けて、陰極線が電子の流れであることを確認し、これを、液体・固体・気体に対して、物質の第4の状態とよんだ。このほか、ラジオメーターの発明、螢光を用いた放射線検出装置の発明などの業績を残している。

クルップ Krupp, Alfred（1812－1887）

ドイツの実業家。鉄鋼王。14歳で父の鉄工場を受けつぎ、継ぎ目なし車輪やスプーン圧延機の発明などによって事業を拡大。さらに、鋼鉄の鋳造法を研究して鋳鋼砲の生産に成功、これをプロイセンの軍隊へ大量に納めて、大規模な軍需会社となった。その鋳鋼砲はプロイセン・フランス戦争で威力を発揮、工場は帝国の兵器工場、クルップは大砲の王者とよばれた。事業はその後も妻から子へひきつがれ、クルップ会社として発展した。

クールベ Courbet, Gustave（1819−1877）
フランスの画家。パリの美術館にかよって巨匠たちの絵に学び、ほとんど独学で画家の道へはいった。初めはロマンチックな絵にうち込んだが、やがて、リアリズムに徹する画風に変わり『石割り』『焼失』『オルナンの埋葬』などを発表して名を高めた。目に見える現実をありのままにえがくことを宣言し、その後『セーヌ河畔の女たち』をはじめ、多くの裸婦画や風景画を残す。晩年はスイスに亡命して貧困のうちに客死した。

クレー Klee, Paul（1879−1940）
スイスの画家。1920年からドイツのワイマールに開校したばかりの総合造形学校バウハウスの教授をつとめ、1931年に、ファイニンガーらとグループ「青騎士」を結成。その後、超現実主義にむかい、ドイツにおける抽象絵画の開拓者のひとりとされるようになった。1933年にナチスに追われて帰国。小画面にえがく画風は幻想に富み、代表作に『小心な乱暴者』『パルナッソスで』『朱いチョッキ』などがある。

* **クレオパトラ Kleopatra（前69−前30）**
古代エジプト、プトレマイオス朝最後の女王、在位前51−前30。父の死後、シーザーの助けを受けて弟を討ち王位に君臨、シーザーの子どもを産んだ。しかし、シーザーが暗殺されると、こんどはローマの勇将アントニウスと結婚した。ところが、アントニウスはオクタウィアヌスに敗れ、クレオパトラは毒蛇に身をかませて自殺した。教養も高く絶世の美人だったといわれ、その生涯はシェークスピアの戯曲などで多く伝えられている。

グレコ Greco, El（1541−1614）
スペインの画家。20歳をすぎたころイタリアへ行き、ベネチア派の絵を学んだ。また、ローマへでて、ミケランジェロやブェロネーゼなどの絵にも学んだ。1577年、スペインのトレド市に移り住み、教会や修道院のために絵をかきながら、この地で生涯を送った。長身化された人物を組み合わせた宗教画が特徴で、代表作の『オルガス伯の埋葬』『マリア昇天』『受胎告知』などはスペイン神秘主義の最高傑作とされている。

グレゴリウス〔1世〕Gregorius Ⅰ (540頃−604)

ローマ教皇、在位590−604。ローマの貴族の出身。初めローマ市総督をつとめたが、やがて修道士となって修道会を創立し身を布教にささげた。590年に教皇となり、民族大移動の混乱期に西方ゲルマン族の異教徒を改宗させるなど、教皇権の世界的地位の確立に力を尽くした。また、教会規則の改善を図ってローマ教会の権限強化を果たしたほか、グレゴリオ聖歌とよばれる聖歌集も定めたと伝えられている。

グレゴリウス〔7世〕Gregorius Ⅶ (1022−1085)

ローマ教皇、在位1073−1085。貧しい職人の家に生まれて修道士となり、教皇庁につとめて教会改革運動に活躍。ローマ教会助祭長を経て教皇位についた。登位後は、皇帝権よりも教皇権の優位を主張して皇帝と対立、僧職の任命権をめぐる争いからハインリヒ4世を破門した。ところが、やがて破門が解けた皇帝に追われ、南イタリアのサレルノへ亡命したのち没した。ローマ教会の粛正を進めた教皇として教会史に名を残している。

グレゴリウス〔13世〕Gregorius ⅩⅢ (1502−1585)

ローマ教皇、在位1572−1585。ボローニャ大学を卒業、スペイン駐在の枢機卿を経て教皇となる。登位後は、教会内の改革と反宗教改革運動を進め、イギリス王室に対するアイルランドの反乱への支持などをおこなって、世の批判を浴びた。1582年には、ユリウス暦に代えてグレゴリオ暦を採用、また、1585年には、日本の天正少年遣欧使節の訪問を受け、これを歓待して使節の少年たちにローマ市民権を与えた。

グレシャム Gresham, Sir Thomas (1519−1579)

イギリスの貿易商人、金融業者。ケンブリッジ大学に学び、少年時代から金融商人の仕事を見習った。1552年からオランダへ渡り、ヘンリー8世の代理人として外国における国王の財産管理業務にあたった。また、1551年からおよそ20年間は、エドワード6世とエリザベス1世の財産顧問をつとめ、その間に王立為替取引所を開設した。「悪貨は良貨を駆逐する」ととなえたことで知られ、これをグレシャムの法則とよぶようになった。

クレマンソー Clemenceau, Georges (1841－1929)

フランスの政治家。初めは医者をこころざしたが、パリの区長を経て下院議員に当選、政界へ入った。議会では左翼急進派に属して活躍。権力を恐れない勇気と雄弁をふるって政府を攻撃し、トラとあだ名された。1906年に首相となり政治と宗教の分離などの急進政策を推進。第1次世界大戦中の1917年に再び首相となったときは和平に反対して戦争を遂行、戦勝後はドイツに大きな賠償を要求した。1920年、大統領選に敗れて引退した。

グロチウス Grotius, Hugo (1583－1645)

オランダ出身の法学者、外交官。少年時代から天才といわれ15歳まえに大学を卒業、1609年に『海洋自由論』を著わして公海の自由を提唱した。宗教戦争にまきこまれて捕えられたが2年後に脱獄してフランスへ亡命、その後はフランス駐在のスウェーデン公使をつとめながら学問に励んだ。とくに、国家と国家の間にも自然法が存在することを力説して名著『戦争と平和の法』を世にだし、のちに国際法の父とよばれるようになった。

グロピウス Gropius, Walter (1883－1969)

ドイツの建築家。1907年に建築家ベーレンスの事務所へ入って新しい建築芸術の基礎を学び、3年後に自分の設計事務所を開いて近代建築家へスタートした。1911年には早くも大胆にガラスを使用したファグス靴工場を建てて注目を浴び、1919年には有名なバウハウス学園の校長に迎えられて、建築を中心に産業と美術を融合させた近代芸術運動を推進した。のちにはナチスに追われてアメリカへ渡り、組立住宅も開発した。

クロポトキン Kropotkin, Pyotr Alekseevich (1842－1921)

ロシアの革命家、無政府主義の指導者。貴族の出身。幼年学校を卒業して東シベリアの地理的調査に参加。1867年に軍を退き大学に学んでスイスへ行き、無政府主義をとなえるようになった。1874年に思想弾圧で投獄されたが2年後に脱走、やがてロンドンに落ち着いて著作に専念しながら無政府主義を宣伝した。小生産者の自主的な結合による社会の建設を理想にかかげ、『相互扶助論』『ある革命家の思い出』などの著書を残した。

グロムイコ Gromyko, Andrei Andreevich (1909－1989)

ソ連の政治家。ミンスク農業経済大学を卒業、外務省に入って外交官となる。1943年から1946年まではアメリカ大使、その後1948年までは国際連合安全保障理事会の常任代表をつとめ、イギリス大使、第一外務次官をへて1957年に外相となった。1951年のサンフランシスコにおける対日講和会議には、ソ連全権として出席、アメリカの単独講和に強く反対した。第2次世界大戦後におけるソ連外交官の代表的な人物である。

クーロン Coulomb, Charles Augustin de (1736－1806)

フランスの物理学者。パリで学び、初めは軍隊に入って技術将校として活躍したが、やがて軍を退いて科学者となった。とくに電磁気学の研究に力を注ぎ、1777年に糸のねじれによって力の大きさを測るねじりばかりを発明、さらに1785年に、そのはかりで実験を重ねて「電気力、電磁力が距離の2乗に反比例する」という法則を発見した。これをクーロンの法則という。また、電気量の単位にもクーロンの名が用いられるようになった。

* **クロンウェル** Cromwell, Oliver (1599－1658)

イギリスの政治家。清教徒革命の指導者。ケンブリッジ大学に学び、1628年に下院議員となる。1640年の議会で王権に反抗して名声をあげ、1642年に王の専制に市民が立ちあがって清教徒革命が起こると、鉄騎隊を率いて国王軍を破り、1649年に国王を処刑して共和政をうち建てた。しかし、厳格な清教徒主義をおしつけるとともに、独裁性を強めすぎたことから国民の批判を浴びるようになり、政治は失敗に終わった。

クロンプトン Crompton Samuel (1753－1827)

イギリスの発明家。貧しい家に生まれ、20歳すぎまでは綿紡工場で働いた。やがて労働の経験から紡績機の改良を考えるようになり、ハーグリーブズの紡績機とアークライトの水力紡績機のふたつからヒントを得て、紡いだ糸をよる操作と掛ける操作ができるようにしたミュール機を発明した。しかし、貧しかったため特許の申請ができず、のちになって議会の力でミュール機の使用料が取得できるようになった。

ケイ　Kay, John（1704－1780 頃）
イギリスの織機発明家。ランカシャーに生まれ、早くから父の経営する毛織物工場で働いた。1733 年、ひもを引っぱると自動的に杼(ひ)が動く飛杼の装置を発明、織機の作業能率向上に大きな役割を果たして、産業革命史に名を残した。しかし、発明後は、作業能率の向上にともなう失業者にうらまれ、さらに資本家からは特許料が支払われなかったため、貧困に追われて病死。死後、生地に記念碑が建てられた。

ゲイ・リュサック　Gay Lussac, Joseph Louis（1778－1850）
フランスの物理学者、化学者。パリの総合科学技術学校で学び、化学者ベルトレのもとで研究、1802 年に気体の体積と温度との関係についての「ゲイ・リュサックの法則」を発見した。1804 年には、気球に乗り 7000 メートルの上空に達して空気の組成や地磁気を測定。1808 年には、さらに「気体反応の法則」を発見した。その後は、硫酸製造法の改良など化学工業の分野でも活躍。晩年は科学アカデミーの院長をつとめた。

ケインズ　Keynes, John Maynard（1883－1946）
イギリスの経済学者。ケンブリッジ大学を卒業。まず『平和の経済的帰結』『自由放任の終焉』などの著書で、自由放任の資本主義は終わりをつげたことを提唱。つぎに『貨幣改革論』や『雇用・利子および貨幣の一般理論』で、物価、投資、雇用などのあり方を説き、古典派経済学に対して、ケインズ派とよばれる近代経済学の理論をうちたてた。哲学、絵画、演劇などにも造詣が深く、20 世紀における偉大な知識人の一人。

ケストナー　Kästner, Erich（1899－1975）
ドイツの詩人、小説家。3 つの大学で文学を学び、ジャーナリストとして活躍したのち創作活動に入る。初めは社会風刺をふくめた詩集で注目を集めたが、やがて小説に力を入れるようになり、とくに数多くの少年文学で名を高めた。代表作に『エミールと探偵たち』『飛ぶ教室』『動物会議』『二人のロッテ』『点子ちゃんとアントン』などがあり、各国語に翻訳され、あるいは映画化されて、世界の子どもたちに親しまれている。

ゲッベルス Goebbels, Joseph Paul （1897－1945）
　ドイツの政治家。大学で歴史、哲学を学び、初めにこころざした文筆家への道に失敗して、ナチスに入党。ベルリン管区の党指導者、党宣伝部長をへて、1933年に宣伝相、帝国文化院総裁となり、国内の新聞、放送、出版、文学、映画などの統制を断行した。演説と文才にすぐれ、大衆向けの宣伝活動で名をあげ、ナチス党の模範的な組織をつくったといわれる。ヒトラーの自殺後、自分も一家とともに自殺した。

* **ゲーテ** Goethe, Johann Wolfgang von （1749－1832）
　ドイツの詩人、小説家、劇作家。フランクフルトの裕福な法律家の家に生まれ、大学では法律を学んだ。しかし、シェークスピアの文学にひかれて叙情詩、史劇を書くようになり、25歳のときに発表した『若きウェルテルの悩み』で名声を博した。以後、小説『ウィルヘルム・マイスターの遍歴時代』叙事詩『ヘルマンとドロテア』戯曲『ファウスト』など数多くの名作を生み、世界的な文学者の地位を確立、政治家としても活躍した。

ケネー Quesnay, Francois （1694－1774）
　フランスの経済学者。初めは王公の侍医としてベルサイユ宮殿に住んだが、多くの学者と交わるうちに経済に興味をもつようになり『小作人論』『穀物論』『人間論』などを書いてフランス経済の停滞を批判した。なかでも、国の経済を豊かにするためには農業に力を入れるべきだという重農主義をとなえ、衰えていた農業再建の道として自由競争政策を主張した。重農主義の創始者とよばれている。

* **ケネディ** Kennedy, John Fitzgerald （1917－1963）
　アメリカの政治家。第35代大統領、在職1961－1963。ハーバード大学を卒業、第2次世界大戦には海軍に従軍して負傷。戦後まもなく政界に入り、1952年に上院議員に当選、1960年大統領選に民主党から出馬して共和党候補のニクソンを破り、43歳で大統領となった。ニューフロンティア精神を掲げた行動的な政治は国内外に人気があったが、大統領就任わずか3年後に、テキサス州ダラスで暗殺された。国際外交に残した功績は大きい。

ゲバラ Guevara, Che (1928－1967)

キューバの革命家。アルゼンチンで生まれ、学生時代に南米諸国を旅行したとき、圧迫されたラテン・アメリカの解放運動を決意。1954年、グアテマラの革命に協力して失敗、2年後にはカストロが率いる革命軍に参加してキューバ上陸に成功、やがてキューバ国立銀行総裁、工業相をつとめた。しかし1965年にはキューバを去り、ボリビアでゲリラ活動中に政府軍に捕えられて銃殺された。『ゲバラ日記』がその思想を伝えている。

＊**ケプラー** Kepler, Johannes (1571－1630)

ドイツの天文学者。初めは牧師をめざして神学を学んだが、コペルニクスの地動説に賛成して天文学を研究するようになった。1595年に『宇宙の神秘』を著わしたのち、天文学者チコ・ブラーエの助手となって惑星位置表の研究を続け、ブラーエの死後、火星の観測によって、惑星は太陽の周りを楕円軌道をえがいて動くなどの〈ケプラーの法則〉を発見した。また、望遠鏡や数学の研究、新星の発見などの業績も残している。

ケベード Quevedo y Villegas, Francisco Gómez de (1580－1645)

スペインの詩人、小説家。マドリードに生まれ、大学で哲学、古典語、神学を学ぶ。学生時代から詩作を始め、25歳のころには、すでに風刺詩人として名声を博した。1613年以降は、ナポリの政界でも活躍、政界批判の詩によって14年のあいだ修道院に監禁されたこともあった。風刺と機智に富んだ詩にすぐれていたほか、悪漢小説や短編集『夢』などの傑作を残している。また『神の政治』などの政治小説もある。

ケマル・アタチュルク Kemal Atatürk, Mustafa (1881－1938)

トルコ共和国の創始者、初代大統領。陸軍大学に在学中から政治運動に走り、1908年には青年トルコ党の革命に参加した。第1次世界大戦ではダーダネルズ海峡を死守して武勲をたて、戦後は外国の侵略に対する国民の武装闘争を指導、1923年に共和国を宣言して初代大統領となった。その後は15年間政権を握って文字改革、政教分離などを推進、1935年に、大国民議会からアタチュルク（父なるトルコ人）の称号が贈られた。

ケラー Keller, Gottfried (1819−1890)

スイスの小説家、詩人。初めは画家をこころざして修業を重ねた。しかし20代の半ばになっても道が開けず、詩人時代を経て小説家の道へ入った。1854年に『緑のハインリヒ』を発表して名を高めたのち、15年間は役人づとめをしながら作品を書いたが、その後はふたたび創作に専念した。『七つの聖譚(せいたん)』『マルチン・ザランダー』『チューリヒ物語』などの作品があり、とくに短編に傑作が多い。生涯、祖国スイスを深く愛した。

ゲーリケ Guericke, Otto von (1602−1686)

ドイツの物理学者、政治家。大学で法律、数学、力学などを学び、イギリス、フランスに留学して帰国後、マクデブルク市参事会員を経て同市長になった。一方、36年間にわたって市長をつとめながら物理学の研究を続け、真空ポンプの発明をはじめ気圧計、温度計、起電機などの研究に業績を残した。金属製の2つの半球を合わせて中の空気を抜くと、10数頭の馬に引かせても半球は離れなかったという実験は有名である。

ゲーリッグ Gehrig, Lou (1903−1941)

アメリカの野球選手。ニューヨーク・ヤンキースの名ファーストとして活躍。1925年から1939年までに連続出場2130試合の記録をもつほか、4番打者として終身打率3割4分1厘、本塁打494本、そのうち満塁本塁打23本の成績を残し、1939年に野球殿堂入りを果たした。生存中は鉄人とたたえられ、死後、ヤンキースでは、ゲーリックの背番号4は欠番のままになっている。3番のベーブ・ルースと100万ドル打線を形成したことも有名。

ケルビン Kelvin, 1st Baron (1824−1907)

イギリスの物理学者。アイルランドに生まれ、すでに10代で物理学と数学の論文を発表、2つの大学で学んだのち22歳でグラスゴー大学の教授になった。以後、1904年に大学総長に就任するまでのあいだに、熱力学、電気学、電磁気学、地球物理学などの広分野にわたって研究を続け、熱力学第二法則の発見、熱電気トムソン効果の発見など多大な業績を残した。1866年には、大西洋横断海底電線の敷設を指導、事業を成功にみちびいた。

ゲレス Görres, Joseph (1776－1848)
ドイツの思想家、歴史学者。フランス革命下で初めは政治家をこころざしたが、ナポレオンのクーデターによって革命が裏切られたのを見て心を変え、文筆活動に入った。ハイデルベルク大の教授をつとめ、『隠遁者のための新聞』の刊行につづいて『アジア世界の神話史』『ドイツの民話』などを発表。やがて、新たに新聞を発行して反ナポレオンをとなえ、さらに、パンフレット『ドイツと革命』をだして、プロイセンを追われた。

＊玄 奘（げんじょう）（602－664）
中国、唐代初期の高僧。幼くして出家して多くの師に学んだのち、627年（629年説もある）、さらに仏教の研究を深めるために国禁を破って国を抜け出し、西域を経てインドへ入った。ナーランダ寺で学びながら仏跡を巡礼、645年に、657部に及ぶ経典や多くの仏像をたずさえて帰国、その後は持ち帰った仏典の翻訳に余生をささげた。インド紀行は『大唐西域記』として記され、のちにこれがモデルとなって『西遊記』が書かれた。

玄 宗（げんそう）（685－762）
中国、唐朝第6代の皇帝、在位712－756。710年、中宗の韋皇后が謀反を起こして中宗を殺すと、皇后を討って父睿宗を2度めの帝位につけた。しかし712年には自分が即位して玄宗となり、官制、税制の改革、辺境の地を守るための節度使の配置など「開元の治」を進めて太平の世をきずいた。ところが、のちには楊貴妃への愛におぼれたため政治は乱れ、節度使の安禄山の反乱によって退位、失意のうちに死んだ。

乾隆帝（けんりゅうてい）（1711－1799）
中国、清朝第6代の皇帝。在位1735－1795。治世をきずいた康熙帝、雍世帝のあとを受けて24歳で即位、前2代を合わせて約130年にわたる清朝の黄金時代を現出した。内政では、とくに文化事業に力を入れ、多くの学者を集めて『四庫全書』などの大双書を完成。外政では、ジュンガル、グルカ、台湾、ビルマ、ベトナムなどへ10回の外征を行ない、漢、唐をしのぐ大帝国をうち建てた。しかし晩年は財政窮乏などで国を乱して没した。

*項羽（前232―前202）

中国、秦代末期の武将。楚の武将の家に生まれ、前209年に動乱が起こると呉から挙兵、秦軍を破って都咸陽に入城ののちみずから西楚の覇王と名のった。しかし、力を合わせて秦を滅ぼした劉邦とやがて対立、約5年にわたって死闘を続け、前203年に和約を結んで天下を2分した。ところが和約を破った劉邦に追撃され、烏江へ逃れて自殺した。死にのぞみ、愛人の虞美人との別れを悲しんだ詩は有名。

康熙帝（1654―1722）

中国、清朝第4代の皇帝。在位1661―1722。わずか7歳で即位して約60年帝位にあり、内外政に力をふるって清朝黄金期の基礎をきずいた。まず軍政では、三藩の乱や台湾を平定、ロシアには国境を定めて対抗、さらに外モンゴルやチベットを討って支配下におさめた。一方、国内政治では治山、治水などに力を入れて社会の安定を図ったほか、学問を奨励して国家的な大編さん事業を進めた。洋学も取り入れ、清朝第一の名君といわれる。

*孔子（前551―前479）

中国、春秋時代の思想家、儒教の創始者。魯に生まれ、幼いときに父母を失った。早くから学問を好み、役人になった10数年後に私塾を開いて青少年の教育にあたった。前501年、魯の国の大臣となり、自分の理想を政治に生かそうとした。しかし、貴族に反対されて国外へ逃れ、以後14年にわたって漂泊の旅を続けたのち魯へ帰り、『詩経』『書経』の編さんや弟子の教育に余生をささげた。その教えは『論語』に伝えられている。

洪秀全（1813―1864）

中国、清朝末期に太平天国を建設した指導者。役人をこころざして科挙の予備試験を受けたが失敗、キリスト教を信仰しみずからをエホバの子、キリストの弟と称して、人間の平等と邪教の排斥を説いた。1851年、信者を集めて太平天国の国号を掲げ、天主を自称して挙兵、南京を攻略して首都天京と改称した。しかし、その後は政治を託した諸王の抗争から国が乱れ、太平天国の理想郷を確立し得ないまま自殺した。

勾　践（？ー前465）

中国、春秋時代末期の越王、在位前497ー前465。春秋五覇の一人。前496年、侵入してきた呉の軍を破り王闔閭を負傷死させた。ところが前494年、父の仇を討つために薪に臥して（臥薪）好機到来を待っていた闔閭の子夫椒に敗れ、5千の兵とともに降伏して胆を嘗め（嘗胆）ながら再起をはかった。そして、しばしば呉軍を苦しめたのち、前473年に夫椒を姑蘇に包囲して自殺させ、20年前の恥をそそいで覇王となった。

高　宗（628ー683）

中国、唐朝の第3代皇帝、在位649ー683。4歳で晋王となったのち、外祖父長孫無忌のあとおしで兄をさしおいて皇太子にたてられ、21歳で即位。初めは典章制度の確立、外征による国力の充実につとめたが、655年に則天武后を皇后にむかえてからは、武后に政治の実権をうばわれた。やがて長孫無忌が殺害されるに及んで全くの傀儡となり、在位中の後半は政務から遠ざけられて終わった。則天武后は女傑として名を残している。

高　宗（1107ー1187）

中国、南宋の初代皇帝、在位1127ー1162。1127年、徽宗、欽宗が金に捕えられたため、南へのがれて南宋をおこし、岳飛らの主戦論者をおさえて、金には銀、絹などを送って和議をむすび、その後およそ20年の平和な時代を現出した。内政では荒田の開発などをすすめたが、いっぽうでは重税によって人民を苦しめたといわれる。文化人として古美術や書画にすぐれ、遺墨のほかに『翰墨志』の著を残している。

好太王（374ー412）

朝鮮、高句麗の第19代の王、在位391ー412。征服によって国土を広めたことから広開土王ともいう。即位後、南下して百済および新羅を討ち、北上してきた倭（日本）の軍も破り、朝鮮半島の大半を支配下におさめた。また、402年からは遼東へも勢力をのばして西方にも領土を広げ、高句麗の最盛期をきずきあげた。中国遼寧省の集安に「広開土王碑」が残り、約1800字に及ぶ碑文は、朝鮮の古代史を明らかにする貴重な史料である。

光緒帝(こうちょてい)（1871−1908）

中国、清朝の第11代皇帝、在位1875−1908。4歳で即位したが摂政となった母の西太后に政治の実権をにぎられ、成人後も政権をほしいままにされて、生涯のほとんどを名目上の皇帝で終えた。日清戦争に敗れたのち、康有為らをばってきして帝権の回復をはかったが、やっと手に入れた親政は、西太后の反撃によってわずか100日で崩壊、義和団事件ののち、幽閉されたまま病没した。西太后も、その翌日に没。

光武帝(こうぶてい)（前6−後57）

中国、後漢王朝の創始者、在位25−57。名は劉秀、廟号(びょうごう)は世祖。初め学問にはげみ、農業にたずさわったが、王莽(おうもう)の支配下に国が乱れると挙兵、王莽の軍を破り農民反乱軍を鎮圧して、洛陽で帝位につき、漢王朝を再興して後漢を開いた。即位後は、前漢末からの国の乱れの再建に力をつくし、中央集権化をはかりながら、行政の改革、税の軽減などを推進。また外政では南匈奴を服属させて、北辺の守りを固めた。後漢は220年に滅亡。

洪武帝(こうぶてい)（1328−1398）

中国、明朝初代の皇帝、在位1368−1398。姓名は朱元璋(しゅげんしょう)。貧農の家に生まれ行脚僧として苦労ののち、元代末期の紅巾の乱に参戦して頭角を現わし、10数年のあいだに群雄を討って南京で即位。国号を明、元号を洪武と定めた。また1382年までにモンゴルなどをほろぼしてほぼ中国全土を統一。即位後は、農業の開発によって人心の安定をはかるいっぽう、土地、人民の直轄統治を進めて皇帝独裁体制を固めた。

康有為(こうゆうい)（1858−1927）

中国、清末期の政治家、学者。儒教を新しく見なおしながら西洋事情を学び、烈強の侵略から中国を守るために、日本の明治維新にならって国会開設、憲法制定などを求める変法自強の策を提唱、皇帝に上書した。やがて光緒帝に受けいれられて戊戌変法とよばれる改革を指導、しかし100日ほどで西太后らの保守派勢力に押されて失敗に終わり、日本へ亡命した。その後再起に努力したがならず『大同書』などを著わして没。

高力士(こうりきし)(684－762)
　中国、唐代の宦官(かんがん)。15歳のころ宮中にのぼって高氏を称し、韋氏の乱の平定などに功をたてて玄宗に信任され、権勢を誇るようになった。安禄山、李林甫、揚国忠らの栄進も、すべて手中ににぎり、その後の宦官(かんがん)専横の発端になったといわれる。しかし、安史の乱が起こると玄宗とともに四川にのがれたのち巫州(ふしゅう)に流され、ゆるされて帰京の途中、没した。大きな土地を所有し、宦官(かんがん)にもかかわらず妻帯したと伝えられる。

顧炎武(こえんぶ)(1613－1682)
　中国、明末、清初期の思想家。幼いときから学問を好んだが、清の侵入によって明朝がほろんだのち、一時は反清抵抗運動に参加した。しかし強力な新政権のまえに2度の運動が失敗におわると、以後の生涯を著作にはげみながら自由人として生きた。各地を遍歴し多くの学者と交わりながら実証的な著作活動をつづけて名著『日知録』32巻のほか『天下郡国利病書』『亭林詩文集』などを編著、清朝における考証学の祖とされている。

顧愷之(こがいし)(生没年不明)
　中国、東晋の画家。江蘇省無錫(むしゃく)の人といわれ、官吏として高位にのぼり、詩文にもすぐれる画家として名を高めた。とくに人物画を得意として名士の肖像や故事人物を多くえがき、人物の精神と生命感をも表出する画法によって、中国絵画史における人物画家の最高峰と評されている。顧愷之の作と伝えられている作品に『女史箴図』(じょししんず)『洛神賦図』(らくしんふず)『列女伝図』などがあり、『画雲台山記』などの画論も残している。六朝の三大家の一人。

* **ゴーガン** Gauguin, Paul（1848－1903）
　フランスの画家。パリに生まれ、船員、株屋の店員を経験したのち、ピサロから絵を教わって画家を志した。一時、アルルでゴッホと共同生活を送ったが、1891年に一度、1895年には完全に祖国を離れて南太平洋のタヒチ島へ渡り、明るい太陽のもとで、島の風景や住民たちを情熱的な色彩でえがき続けた。1901年にマルキーズ諸島へ移り、2年後に没。『タヒチの女たち』をはじめ多くの名画があり、後期印象派の代表的な画家。

コクトー　Cocteau, Jean（1889－1963）

フランスの小説家、詩人、演出家。初めは詩人として文壇に登場したが、ピカソらと交わるうちに多彩な才能を発揮するようになった。現代的な感性と自己の古典美学を融合して創作を続け、詩集『喜望峰』小説『恐るべき子供たち』『阿片』などを著し、戯曲『アンチゴーヌ』『バッカス』でも名声を博した。また、映画『美女と野獣』『オルフェ』『双頭の鷲』の演出家としても知られ、絵画、文芸評論の分野でも活躍した。

ゴーゴリ　Gogoli, Nikolay Vasilievich（1809－1852）

ロシアの小説家。ウクライナの小地主の家に生まれる。少年時代から演劇や文学を好み、役人として生計をたてながら1831年に『ディカニカ近郷夜話』を発表して、文壇に登場。その後、人間の卑俗さを風刺した作品を多く書き、喜劇『検察官』では腐敗した官吏社会を痛烈に暴露、その結果、政府の圧迫を受けてヨーロッパへのがれた。帰国後、人間の悪をみつめた『死せる魂』を執筆、しかしその2部を執筆中に精神錯乱で死んだ。

呉三桂（ごさんけい）（1612－1678）

中国、明末、清初期の武将。遼寧省の人。初め明の崇禎帝のもとで総兵官をつとめ、南下してきた清軍を山海関でくいとめて勇名をとどろかせた。しかし、明がほろぶと大軍をひきいて清に降り、清軍を北京にみちびいたほか陝西・貴・雲南方面を平定して功をあげ、雲南地方の王に封じられた。やがて大きな軍事力を背景に清をおびやかすほどの勢力をもつと乱を起こし、1678年に帝位についたのち死亡。この乱を「三藩の乱」とよぶ。

呉承恩（ごしょうおん）（1500頃－1582頃）

中国。明代の小説家。江蘇省の人。文人の家に生まれ、幼いときから詩文にすぐれていたが科挙には合格せず、50歳をすぎて役人となったが7年でしりぞき、郷里へもどってめぐまれない生涯を送った。美しいこまやかな詩をよんだが、生まれつき怪談を好んで怪奇小説を耽読、長編小説『西遊記』を著わしたと伝えられている。『西遊記』は、唐の高僧玄奘三蔵が経典を求めてインドへ旅した史実にもとづく物語である。

コスイギン Kosygin, Aleksei Nikolaevich（1904－1980）
ソ連の政治家。労働者の家庭に生まれ、レニングラード繊維専門学校を卒業。繊維工場の支配人、繊維工業人民委員を経て共産党中央委員となり、1946年から1960年にかけて副首相を3度つとめたのち、1964年に退陣のフルシチョフのあとを受けて首相に就任した。その後は、ブレジネフと組んでソ連政府の最高指導部の安定をはかり、内政では経済の発展、外政では世界の列強国との平和共存の路線を推し進めた。

コダーイ Kodály, Zoltán（1882－1967）
ハンガリーの作曲家。ブダペスト音楽院に学び、卒業後、同じ音楽院出身の作曲家バルトークとともにハンガリー民族音楽の収集と研究を始めた。そして、その研究にあわせて、祖国の民謡を下敷きにした民族色の濃い作品を発表、現代ハンガリー音楽のきそをきずいた。代表曲に『ハンガリー詩編』『ハーリ・ヤノシュ』『ガランタ舞曲』などがある。祖国を愛して、民謡音楽を基調にした音楽教育にも力をつくした。

コッククロフト Cockcroft, John Douglas（1897－1967）
イギリスの物理学者。マンチェスター大学で数学、電気工学を学び、キャベンディシュ研究所に入って、初めは、強力磁場と低温実験に着手。しかし、やがて陽子の研究に移り、ウォルトンと協力して陽子加速装置を発明し、人工的に高速陽子をつくりだして原子核破壊の実験に成功、これによって1951年に、ウォルトンとともにノーベル物理学賞を受賞した。第2次世界大戦後は、核の平和利用と世界の平和運動に力をつくした。

コックス Cocks, Richard（？－1624）
イギリスの平戸商館長。イギリス東インド会社員として1613年に来日、肥前国（長崎県）の平戸に商館を開設して、1623年まで商館長をつとめた。その間に、江戸をおとずれて徳川家康、秀忠と会い、駿府（静岡市）と大坂にも館員をおいて、アジアでの商権拡張につとめた。しかし、オランダ商館の圧迫や幕府の外交方針の変化などによって商館閉鎖に追いこまれ、帰航の途中死去。平戸時代の日記が、大英博物館に残っている。

* **コッホ** Koch, Robert（1843—1910）

 ドイツの医学者、細菌学者。鉱山技師の子に生まれ、ゲッティンゲン大学を卒業、開業医、地区医師をつとめながら病原微生物の研究をすすめた。1876年に家畜をおそう炭疽病の病原体をつきとめ、つづいて細菌の純粋培養法などを発見して細菌学のきそを確立。1882年には結核菌を発見、ベルリン大学教授に迎えられたのち1891年に創設されたコッホ研究所の初代所長となった。1905年にノーベル生理・医学賞を受賞。

* **ゴッホ** Gogh, Vincent van（1853—1890）

 オランダの画家。貧しい牧師の家に生まれ、画商の店員、教師、伝道師などを経験しながら青春時代を苦しみ、やがて、絵筆をとることを天職とみつけて画家をこころざした。1880年、南フランスのアルルへ行って『アルルのはね橋』『糸杉のある道』『ひまわり』などの名画を生む。しかし、ゴーガンとの共同生活から自分の耳を切り落とす事件を起こし、精神病院生活を送ったのち自殺した。後期印象派の3大巨匠の一人。

胡　適（こてき）（1892—1962）

 中国の学者、思想家。安徽省に生まれ、アメリカに留学して哲学者デューイに師事、留学中に本国の雑誌『新青年』に『文学改良芻議』を寄稿して口語文を提唱、これによって中国文学革命の口火を切った。帰国後、北京大学教授をつとめながら革命を指導、思想的には保守性をつよめてマルクス主義と対立し、1948年に中共軍をのがれてアメリカへ渡った。のち国民政府の要職にたずさわって台湾で死去。著書に『胡適文存』など。

ゴードン Gordon, Charles George（1833—1885）

 イギリスの軍人。陸軍士官学校を卒業後、イギリス・フランス連合軍が中国侵略を考えたアロー戦争（第2次アヘン戦争）に参戦、北京を攻撃して勇名をはせた。しかし以後、中国人豪商などの援助のもとに創設された義勇軍の指揮官となり、太平天国の鎮圧に尽力、その功で清朝から提督の位を贈られた。1865年に帰国、やがてスーダン総督となったが、スーダンのマフディの反乱鎮圧中に戦死した。

* **コペルニクス** Copernicus, Nicolaus（1473－1543）
ポーランドの天文学者。クラクフ大学に学ぶうちから天文学に興味をもち、卒業後、イタリアへ留学して神学、天文学のほか数学、医学、法学を修めた。帰国後、教会参事会員となり、聖職と医療の2つの仕事を果たしながら天文学の研究を継続、やがて太陽系の地動説をとなえるようになった。しかし著書『天球の回転について』を出版したときは死のまぎわだった。地動説はその後の天文学にはかりしれないえいきょうを与えた。

ゴメス Gómez, Juan Vicente（1859頃－1935）
ベネズエラの軍人、独裁者。初めは牛飼いなどをして過ごしたが、やがて政治改革運動に参加、反乱軍指揮者のシブリアノ・カストロ将軍に会って革命蜂起を助けた。その後、無血クーデターによってアンドラーデ大統領を失脚させ、1908年に大統領に就任、1935年に死亡するまでのうち約20年間、独裁政治を進めた。とくに、在任中は軍部再編に力を入れて軍人を優遇、反対勢力を弾圧して、国民の不満をまねいた。

コメニウス Comenius, Johan Amos（1592－1670）
チェコ生まれの教育思想家。初め、ボヘミア同胞教団の指導にあたったが、三十年戦争で祖国が滅亡してからは、生涯、ヨーロッパ各地で亡命生活を送った。しかし、つねに社会と人間をとらえなおす夢にもえ、民族解放と無差別と世界平和の理念を基調とした学校教育改革を提唱、近代教育学の祖とたたえられるようになった。著書に『大教授学』のほか、世界最初の絵入り教科書『世界図絵』がある。

* **ゴ　ヤ** Goya y Lucientes, Francisco José de（1746－1828）
スペインの画家。少年時代から画家をこころざしたが、王立美術アカデミー奨学生試験に2度失敗、イタリアに留学して帰国後、宮廷画家になった。生涯を通じてとくにすぐれていたのは、人の心までもえがきだす肖像画であった。しかし42歳のときに全く耳が聞こえなくなってからは『1808年5月3日の処刑』などの革新的なものを多くえがいた。肖像画の代表作に『裸のマハ』『着衣のマハ』『カルロス4世の家族』などがある。

コラン Collin, Louis Joséph Raphaël (1850—1916)

フランスの画家。パリに生まれる。ブグローやカバネルに学び、1873年以来、たびたびサロンで受賞して名をなした。明快な外光描写をとり入れて、オデオン座やパリ市庁の壁画などもえがき、1902年には美術学校の教授となった。また、1909年以降は美術アカデミー会員をもつとめ、日本からパリに留学していた黒田清輝、久米桂一郎、岡田三郎助などに教えて、明治後半期の日本の画壇に大きなえいきょうを与えた。

* **ゴーリキー** Gorkij, Maksim (1868—1936)

ソ連の小説家。貧しい家具職人の家に生まれ、幼少年時代に両親を亡くして、早くから下層労働者の社会へとびこんだ。やがてマルクス主義に近づき、24歳ころから文筆活動に入って初めは短編で文壇に登場、1902年に発表の戯曲『どん底』で名声を高めた。その後の代表作に革命文学の傑作とされる戯曲『敵』小説『母』のほか、自伝小説『幼年時代』などがある。晩年はソ連作家同盟の議長をつとめ、ソビエト文学の父とよばれた。

コリンズ Collins, William Wilkie (1824—1889)

イギリスの推理小説家。風景画家ウィリアム・コリンズの子として生まれ、初め法律を学んだが、文豪ディケンズと交わって小説家の道へ入った。1860年に『白衣の女』1868年には『月長石』などを発表、矛盾した社会における人間の複雑な心理をえがいて、社会派・心理派ミステリー作家の元祖と評されるようになった。とくに『月長石』は、歴史的な推理小説の名作のひとつにあげられている。ディケンズにもえいきょうを与えた。

ゴールズワージー Galsworthy, John (1867—1933)

イギリスの小説家。オックスフォード大学で法律を学び弁護士の資格を得た。しかし弁護士の職にはつかず、小説『資産家』戯曲『銀の箱』を発表して文壇へ登場した。ブルジョア階級の実態を写実的にえがきながら、内包する矛盾を批判的にえがいたものが多く、小説『フォーサイト家物語』『フリーランド家』戯曲『闘争』『裁判』などで、20世紀初期のイギリスを代表する作家となった。1932年にノーベル文学賞を受賞。

* **コルテス** Cortés, Hernán（1485−1547）
 スペイン小貴族出身のアステカ征服者。大学を卒業するとキューバ島へ渡り、1519年に、キューバ長官の命を受け約500人の兵をひきいてメキシコへ上陸。その後、アステカ帝国の財宝に目をつけ、みずから遠征軍総司令官を名のって1521年にこれを征服、メキシコの支配者となった。しかし、3世紀にわたる植民地化のきそはきずいたものの、やがて支配権を本国から派遣の役人にうばわれ、スペインへ帰って不遇のうちに死んだ。

コルトー Cortot, Alfred（1877−1962）
 フランスのピアノ演奏家。スイスに生まれ、パリ音楽院でピアノを学んだ。19歳で音楽界にデビュー、初めは指揮者として活躍したが、1905年に結成した三重奏団の演奏によって世界的なピアニストとして名声を博した。とくに、ショパン、シューマンなどロマン派の曲の演奏にすぐれ、その豊かな感情表現は20世紀前半におけるピアノ奏者の最高とたたえられた。パリ音楽院の教授をつとめたほか、音楽教育にも力を尽くした。

ゴールドスミス Goldsmith, Oliver（1728−1774）
 イギリスの詩人、小説家、劇作家。牧師の子に生まれ、大学で医学を学んだのち、ヨーロッパ各地を放浪。帰国後、貧しい放浪の旅で得た世界観をもとにして文筆活動に入り、1766年に風刺小説『ウェークフィールドの牧師』を発表して名をあげた。以後、詩『旅人』『寒村行』のほか喜劇『お人よし』『負けるが勝ち』などを発表、歴史小説、伝記小説も残した。放浪時代から死まで、借財に苦しむ生活からぬけることができなかった。

ゴルバチョフ Gorbachev, Mikhail Serqeevich（1931−　　）
 ソ連の政治家で、1985年にソ連共産党書記長に就任。東欧の社会主義諸国が民主化するきっかけとなったペレストロイカ（改革）とグラスノスチ（情報公開）などの大改革を断行、政治・経済・文化など多岐にわたる分野で、合理化や民主化を推進したが、ソ連国内をまとめきれず、政治勢力が対立、結果的にソ連邦を崩壊へ導くことになった。西側諸国ではゴルビーの愛称で親しまれているものの、ロシア国内での評価は二分されている。

コルベール Colbert, Jean Baptiste（1619－1683）
　フランスの政治家。名もない商人の家に生まれたが、経理の才能を認められて宰相に仕え、政界へ入っていった。やがてルイ14世のもとで財務総監となり、商工、植民、海軍などの政務もつかさどって実質的には宰相の実権を掌握、国家中心の政治を断行した。とくに国家財政を豊かにすることに重点をおき、輸入を制限しながら商工業の発展を推進、海軍力の増強、文化の向上にも力を尽くす。人に冷たく大理石の男などとよばれた。

コールリッジ Coleridge, Samuel Taylor（1772－1834）
　イギリスの詩人、評論家。ケンブリッジ大学を中退。25歳のときに『老水夫行』『フビライ・ハン』『クリスタベル』などの幻想詩を発表、さらに翌年、詩人ワーズワースとの共著『叙情民謡集』を出版して、ワーズワースと並ぶロマン派詩人となる。19世紀に入ってからは、ドイツに留学してカント哲学を学んで帰国、評論家として活躍、名著『文学的自伝』をはじめ、哲学的な思索に富む数多くの評論集を残した。

コレッジョ Correggio（1489頃－1534）
　イタリアの画家。レオナルド・ダ・ビンチやラファエロらのえいきょうを受け、生涯を北イタリアで活躍した。1515年に『聖フランチェスの聖母』で名をあげたが、さらに、サン・ジョバンニ・エバンジェリスタ教会やパルマ聖堂の天井にえがいた『マリアの昇天』などで、幻想的な感覚の強い個性を発揮、イタリアバロック絵画の開拓者と評されるようになった。『ダナエ』『レダ』『イオ』などの神話・寓意画の名作もある。

コレンス Correns, Carl Erich（1864－1933）
　ドイツの植物学者、遺伝学者。ミュンヘン大学を卒業して、チュービンゲン、ライプチヒ、ミュンスターなどの大学教授をへてカイザー・ウィルヘルム研究所長に就任。その間、1894年ころから遺伝の研究を始め、1900年に、エンドウ、トウモロコシなどによって、オーストリアの遺伝学者メンデルが発表していた遺伝の法則を再発見した。このコレンスの追発見により、メンデルの法則が初めて世界の注目をあびることになった。

コロー Corot, Jean Baptiste Camille（1796－1875）

フランスの画家。初めは服地商人をしながら絵をかいていたが、25歳をすぎて正式に絵の修業を始めた。イタリアへ旅をして古典的な風景画を学んだのち『フォンテーヌブローの森』をサロンに出品して画壇に登場、以後、やわらかい光の中の風景や人物を、優雅に、詩情豊かにえがき続けた。代表作に『マントの橋』『真珠の女』『水浴のディアナ』『マンドリンを持つジプシー娘』などがある。女性の肖像画にすぐれた作品が多い。

コロディ Collódi, Carlo（1826－1890）

イタリアの作家。健全な少年文学を書くことをこころざし、子ども向きの新聞に『ピノキオの冒険』を連載、やがてフィレンツェで単行本として出版して、大成功をおさめた。これが名作『ピノキオ』である。主人公のピノキオは、もともとはあやつり人形であるが、半ばは少年としてえがかれ、自分の過失をつぐないながらよい子に成長していくすがたが、明るく物語られている。世界的に愛される児童文学の傑作である。

ゴロブニン Golovnin, Vasilii Mikhailovich（1776－1831）

ロシアの海軍軍人。イギリス海軍に派遣されて航海術を学び、1811年、軍艦ディアナ号の艦長として北太平洋調査のため千島列島へ来航。国後島測量に南下して松前藩吏に捕えられ監禁された。しかし、1813年に、ロシアが報復に捕えた高田屋嘉兵衛と交換に釈放されて帰国。日本滞在中には間宮林蔵らにロシア語、天文学、暦学などを教えたほか、1816年に『日本幽囚記』を出版して、当時の日本の事情を明らかにした。

* **コロンブス** Columbus, Christopher（1451－1506）

イタリア、ジェノバ生まれの航海者。地球の球体説にもとづいて海路西回りでアジアへ行けることを信じ、1492年にパロス港を出航、2か月余ののちサン・サルバドル、キューバ、ハイチ島などを発見、この地をインドと信じ住民をインディオと名づけて帰国。その後、1493年、1498年、1502年にも出航、4回目にはホンジュラスやパナマにまで達した。しかし、念願であったジパング（日本）への夢は果たすことができなかった。

ゴンクール〔兄弟〕Goncourt

フランスの小説家。兄エドモン（1822－1896）が題材と筋立て、弟ジュール（1830－1870）が文体を受けもって共同で創作、作品の真実性を深く追求しながら自然主義文学の傑作を残した。代表作には『尼僧フィロメーヌ』『マダム・ジェルベーゼ』『ジェルミニー・ラセルトー』などがある。弟の死後、兄は一人で執筆を続け、小説のほか日本研究書『歌麿』『北斎』や『ゴンクール日記』を発表、二人の死後、ゴンクール賞が設置された。

コンスタンチヌス〔1世〕Constantinus Ⅰ（280頃－337）

古代ローマの皇帝、在位306－337。父帝の死後、帝国四分統治制の西部正帝を受け継ぎ、324年に統一帝国の支配者となった。即位後、いっかんして専制君主制の確立をめざした政治を推進、330年には都をビザンチウムに移してコンスタンチノポリスと命名した。一方、政治の改革にあわせてキリスト教を公認、キリスト教の力による民族の精神的な統一をもはかった。ローマ帝国の再建者としてたたえられている。

コント Comte, Auguste（1798－1857）

フランスの哲学者、実証主義の創始者。数学、物理、化学、政治、道徳など幅広く学び、初めは社会思想家サン・シモンの雑誌編集を手伝って、その思想的なえいきょうを受けた。しかし、やがてサン・シモンと絶交、その後、人間の思考や推論などよりも、じっさいに経験する事実を最高のものとして社会組織や人間精神の進歩を説く実証主義を提唱、科学的な社会学をうちたてた。著作に『実証政治体系』『実証哲学講義』などがある。

コンドル Condor, Josiah（1852－1920）

イギリスの建築家。ロンドンに生まれてロンドン大学で建築設計を学び、1877年、日本政府の招きで来日。工部大学校（東京大学工学部の前身）造家学科の教師をつとめるかたわら、東京に設計事務所を設けて日本の西洋建築の発達に力を尽くした。設計にあたった建築物にニコライ堂、鹿鳴館、東京国立博物館などがあり、辰野金吾をはじめ、日本の近代建築家の育成にも貢献した。東大名誉教授となり東京で死去。

コンプトン Compton, Arthur Holly（1892－1962）

アメリカの物理学者。プリンストン大学で学位を得て、ワシントン大学の物理学部長となり、のちに同大学総長に就任。その間に、X線を研究して、物質にX線をあてたとき散乱してでてくる波長に、入射X線より波長の長いものが混じっているという「コンプトン効果」を発見、これによって1927年にノーベル物理学賞を受賞した。第2次世界大戦中は、原子力利用に関する国家委員会議長をつとめ、原子爆弾製造の指導にあたった。

蔡　倫（さいりん）（生没年不明）

中国、後漢時代の宦官（かんがん）、紙の発明者といわれる。学問にすぐれ、明帝と和帝に仕え、和帝のときに宮中の諸道具製作をつかさどる尚方令の役職についた。そして精巧な剣や器物を作ったほか、そのころまで文書を書いていた木簡、竹簡、絹布にかわって、樹皮、麻くず、ぼろきれ、魚網などで紙を製造、皇帝に献上した。これは蔡侯紙とよばれ、その後の中国の文化の発展に大きな役割を果たした。

サッカレー Thackeray, William Makepeace（1811－1863）

イギリスの小説家。植民地の収税官の子としてインドに生まれケンブリッジ大学に学ぶ。初めは画家をこころざしてパリへ行ったが、新聞記者をしながら紀行文などを書いているうちに創作を始め、36歳のときに野望と虚栄に満ちた人間像を見つめた長編『虚栄の市』を発表、ディケンズと並ぶ人気作家となった。市民社会の哀歓を写実的にえがく才能にすぐれ、歴史小説『ヘンリー・エズモンド』も残している。

ザトペック Zátopek, Emil（1922－2000）

チェコスロバキアの長距離選手。1948年の第14回ロンドン・オリンピック大会に初出場して1万メートルに優勝。続いて1952年の第15回ヘルシンキ・オリンピック大会で、オリンピック史上初の5千メートル、1万メートル、マラソンの3種目優勝を成し遂げた。いつも苦しそうに走りながら最後まで力が衰えなかったことから人間機関車とよばれた。その後1954年までに5千から3万メートルまでの世界記録をすべて書きかえた。

サボナローラ Savonarola, Girolamo (1451/52—1498)

イタリアの宗教改革者。医学を学んだのちドミニコ会の僧となり、教会の腐敗と人心の道徳的な乱れを激しく攻撃。1494年に都市国家フィレンツェに共和制をしいて指導者となり、独裁的な力で美術品などを焼き払って〈虚栄の焼却〉を断行した。しかし、ローマ教会への反抗と民衆への禁欲主義の押しつけによって、しだいに市民の支持を失い、1498年に、民衆の前で火あぶりの刑に処せられた。

* **ザメンホフ** Zamenhof, Ludwik Lazarus (1859—1917)

ポーランドの眼科医、エスペラント語の創始者。ポーランド、ドイツ、ユダヤ、ロシアなどの諸民族がいっしょに住むビアウィストク市に生まれ、民族間の争いが絶えないことから全人類相互理解のための国際語の必要を考え、1887年にエスペラント語を発表した。その後、エスペラント協会を創立、エスペラント語に翻訳した文学作品も出版、人工語としては最も広く普及した。エスペラントは「希望するもの」という意味。

サラサーテ Sarasate, Pablo (1844—1908)

スペインのバイオリン奏者、作曲家。幼いうちからバイオリンにすぐれ、10歳のときに女王イサベル2世の前で演奏、12歳でパリ音楽院に入学。17歳のときロンドンの公演に成功してから世界各地への演奏旅行を続け、みがかれた技巧による美しい音色で聴衆を魅了した。作曲にも才能を示し、ジプシーの哀歓を甘く激しく表現した『チゴイネルワイゼン』は、世界のバイオリンの名曲のひとつになっている。

サリンジャー Salinger, Jerome David (1919—2010)

アメリカの小説家。ユダヤ人を父にニューヨークに生まれ、大学中退後、第2次世界大戦には志願して従軍。すでに20歳ころから短編を書き始め、1951年に発表した、ひずんだ社会における少年の純粋な心をえがいた『ライ麦畑でつかまえて』によって、若者たちの人気を集めた。その後も、よごれたおとなと清らかな子どもを対比させた『九つの短編集』などを発表、作品をとおして現代の人間性復活を訴えつづけた。

* **サルトル** Sartre, Jeanpaul（1905－1980）
 フランスの小説家、思想家。高等師範学校を卒業して高等中学校の哲学教師をつとめ、1938年に『嘔吐』を発表して文名を高めた。第2次世界大戦では出征してドイツ軍捕虜となったが脱走して帰国、哲学論文『存在と無』、小説『自由への道』『壁』、戯曲『汚れた手』『悪魔の神』などによって、無神論的な実存主義を確立した。1960年代にはベトナム戦争反対をとなえ、1964年にノーベル文学賞にえらばれたが受賞を拒否した。

サンガー Sanger, Margaret（1833－1966）
 アメリカの女性社会運動家。産児制限運動の指導者。看護学校に学んで保健看護婦の職についたが、貧民街における母親たちの悲惨が多産によるものであることを知り、産児制限運動にのりだした。ヨーロッパへ渡って避妊法を学び、帰国後、機関誌『産児制限評論』の発行、避妊相談のための診療所開設など活発な避妊指導をつづけた。避妊禁止下であったことから何度も弾圧を受けたが屈せず、活動は日本を含め世界各国に及んだ。

サン・サーンス Saint-Saëns, Camille（1835－1921）
 フランスの作曲家。幼児からピアノと作曲に天分を表わし、すでに10歳でピアノ演奏会を行なった。13歳でパリ音楽院に入学してオルガンと作曲を学び、卒業後、1858年から1877年までパリのマドレーヌ教会のオルガン奏者をつとめながら作曲、1871年には国民音楽協会を創設して、近代フランス音楽の基礎をきずいた。作曲した名曲に歌劇『サムソンとデリラ』、組曲『動物の謝肉祭』などがあり、組曲中の『白鳥』はとくに有名。

サン・シモン Saint-Simon, Claude Henri de Rouvroy de（1760－1825）
 フランスの社会思想家。パリに生まれ、初め軍人となり自由への戦いにあこがれてアメリカ独立戦争に参加。帰国後、フランス革命期に生きて社会改革を自己の使命と考えるようになり、資本家と労働者の協力による理想的な産業国家の建設を提唱、その思想は空想的社会主義とよばれるようになった。著書に『産業体制論』『産業者の教理問答』などがあり、フランスの社会主義運動に大きなえいきょうを与えた。

サンテグジュペリ Saint Exupéry, Antoine (1900−1944)

フランスの小説家。21歳で航空隊へ入り、除隊後は、民間の航空郵便事業のパイロットとして活躍、その間に、空の体験をもとに『南方郵便機』『夜間飛行』『人間の土地』などを発表して、人間の生きる意味や尊厳を問いつづけた。第2次世界大戦では偵察飛行隊に従軍、その後も『戦う操縦士』や『星の王子さま』などを書きつづけ、1944年に、偵察飛行中に消息不明のままとなった。遺作に『城砦(じょうさい)』がある。

サンド Sand, George (1804−1876)

フランスの女流小説家。本名はオーロール・デュパン。18歳で男爵と結婚したが32歳で離婚、その後、男性名ジョルジュ・サンドで『アンディアナ』を発表して作家生活に入った。生涯を情熱的に生き、1836年から9年間は6歳下のショパンと恋愛関係にあった。作品は、恋愛小説のほか人道主義にもとづいた思想小説や、牧歌的な田園小説を多く残し、代表作に『モープラ』『魔の沼』『愛の妖精』『笛師の群れ』などがある。

サントス・デュモン Santos-Dumont, Alberto (1873−1932)

ブラジルの飛行家。18歳からの生涯の多くをフランスですごし、1898年にガソリン機関による飛行船の飛行に成功、1901年には、やはり飛行船でサン・クルーとエッフェル塔のあいだを30分で往復して、10万フランの賞金を獲得した。また、1906年には、自作飛行機によるヨーロッパ最初の飛行にも成功、1928年にブラジルへ帰ったが、自分の発明になる飛行機が第1次世界大戦で軍事利用されたことに悩み、サンパウロで自殺した。

サン・マルティン San Martin, José de (1778−1850)

アルゼンチンの軍人。7歳のころ家族とともにスペインへ渡り、早くから軍隊へ入った。1812年、故国の独立運動を知って帰国し、アルゼンチン西部で軍隊を組織、1817年にアンデス山脈を越えてチリへ軍を進めスペイン軍を連破、さらに1821年にはペルーを解放して、その守護者となった。1年後には南アメリカ北部解放の指導者ボリバルに独立戦争の指揮権をゆずって帰国したが、いまも、南アメリカ解放の英雄とたたえられている。

* **シェークスピア** Shakespeare, Wiiliam（1564－1616）
イギリスが生んだ史上最大の劇作家、詩人。劇場の雑役から演劇界へ入ったと伝えられ、俳優をへて劇作の道へ進んだ。後世に残した名作は、叙情的な『真夏の夜の夢』『ロミオとジュリエット』、喜劇『ベニスの商人』、悲劇『ハムレット』『リア王』『マクベス』など、人間世界のさまざまな分野におよび、しかも叙情性、空想性、哀愁性などすべての点に傑出している。詩の『ソネット集』もイギリス最大の愛の詩集と評されている。

* **ジェファソン** Jefferson, Thomas（1743－1826）
アメリカの政治家。第3代大統領、在職1801－1809。イギリス植民地だったバージニアに生まれ、大学卒業後、弁護士をへて植民地議会議員に選ばれて政界へ入った。大陸会議で活躍するうちに、アメリカ独立宣言を起草、独立後は、国務長官、副大統領をつとめて、第3代大統領となった。2期にわたる任期中は、民主主義の基礎を固めることに力をつくし、一方、ルイジアナ全土を買い入れて国土を広げ、西部へ発展の道をひらいた。

ジェームズ〔1世〕 James I（1566－1625）
イングランドの王、在位1603－1625。1歳のときからジェームズ6世としてスコットランドの王位にあったが、エリザベス1世の死後、血縁関係からイングランド王ともなり、イングランドとスコットランド両王国の同一の王による連合体制をつくった。しかし、王権神授説をとなえて専制政治を断行したことから、国民の自由と権利を主張する議会と対立、さらに、清教徒の迫害によって、やがて清教徒革命をまねくに至った。

ジェームズ〔2世〕 James II（1633－1701）
イングランド王、在位1685－1688、チャールズ2世の弟。1643年にヨーク公に叙せられたが、ピューリタン革命中は大陸に亡命、1660年の王政復古とともに帰国、海軍総司令官となった。5年後、子がなかった兄のあとをついでジェームズ2世として即位、旧教復活政策と専制主義を断行した。そのため、専制王権に対する名誉革命をひき起こし、フランスへ亡命、1689年にフランス軍の援助を得て王位回復を図ったが失敗に終わった。

ジェームズ James, Henry（1843—1916）

アメリカの小説家。1915年にイギリスへ帰化。幼少年時代の多くをヨーロッパですごし、1862年にハーバード大学に入学。しかし退学して創作を始め、長編『ロデリック・ハドソン』によって文壇に登場した。その後、新大陸と旧大陸の対比を背景にした『アメリカ人』『ある婦人の肖像』につづいて、人物の内面と行動に視点をあてた『鳩の翼』『使者たち』などを発表。近代心理小説の祖と評されるようになった。

シェリー Shelley, Percy Bysshe（1792—1822）

イギリスの詩人。無神論をとなえてオックスフォード大学を放校となり、その自由思想を詩に託して、初めは『イスラムの反抗』などの政治詩を創作。しかし1818年にイタリアへ移り、詩劇の大作『プロメテウス解放』を書いてからは、『西風の賦』をはじめ『ひばりに寄せて』『エピサイキディオン』などの叙情詩、恋愛詩を多く発表、理想社会における人間をうたいあげた。1822年、イタリアのスペチア湾でヨットが転覆して水死。

ジェリコ Géricauit, Jeau Louis André Théodore（1791—1824）

フランスの画家。商人の子に生まれ、16歳のころからパリのベルネの門に入って画家の道へ進む。初め牛や馬を主題にした作品を多くえがいたが、1819年にサロンに出品した『メデューズ号の筏』によって、いちやく名を高めた。実際の遭難事件にもとづいた迫真的な描出は、ドラクロアらに大きなえいきょうを与えたといわれる。馬を愛し傑作『エプソムの競馬』をえがいたが、やがて自分が落馬して倒れ、33歳の若さで死んだ。

シェリング Shelling, Friedlich Wilhelm Joseph von（1775—1854）

ドイツの哲学者。牧師の子に生まれ、ヘーゲルと交わりながら大学で神学、哲学を学ぶ。卒業後、イエナ、エルランゲン、ミュンヘン、ベルリンなどの各大学教授を歴任、その間に、個人の意識を基礎にした自我哲学から出発して、人間の精神と存在の価値を融合させて自然哲学をうちたてた。この自然哲学は、のちの実存哲学の先駆となったと評されている。著作に『自然哲学への理念』『人間自由の本質』などがある。

シェーレ Scheele, Karl Wilhelm (1742−1786)

スウェーデンの化学者。薬剤師としてはたらきながら、独力で化学を学び、化学実験によって、多くの物質を発見した。なかでも最大のものは空気中にある酸素の発見である。このほか、塩酸にマンガンを作用させて塩素、骨灰から燐、螢石から弗化珪素、白砒から砒酸などをつきとめ、その化学的業績は大きい。酸素の発見者はイギリスのプリーストリーとされているが、シェーレの方が、その存在を早く知っていた。

シェンキエビッチ Sienkiewicz, Henryk (1846−1916)

ポーランドの小説家。ロシア占領下の愛国的な家庭に育ち、早くから、実社会の事件をもとに愛国と人道を訴える短編を書き始めた。一時アメリカへ渡ったが、帰国後、歴史物3部作とされている『炎と剣』『大洪水』『パン・ボウォディヨフスキ』を発表。さらに、1896年には『クオ・バディス』、つづいて1900年に『十字軍の騎士』を発表して、1905年にノーベル文学賞を受賞した。いずれも愛国心をたたえる戦争と冒険の物語である。

* **ジェンナー** Jenner, Edward (1749−1823)

イギリスの医者、種痘法の発明者。牧師の子として生まれ、15歳から医学を学んで24歳のときに故郷で開業。牛を飼う農民のうち牛痘にかかった人は天然痘にはかからないことを知って、その研究に着手、8歳の少年に牛痘の内容液を接種する人体実験に成功して種痘法を開発。王立協会では初めは成果を認めようとしなかった。しかし1803年にロンドンにジェンナー協会が設立されて種痘法が普及、日本へは1849年に紹介された。

シェーンベルク Schönberg, Arnold (1874−1951)

オーストリア生まれの作曲家。ユダヤ人の商人の子に生まれ、ほとんど独学で音楽を学んだ。初めは『清められた夜』など後期ロマン派風の曲を作ったが、しだいに調性のない無調音楽へ近づき、1921年に、12個の音で作曲する十二音技法を創案した。1933年にヒトラー政権が誕生すると、ユダヤ人迫害をのがれアメリカへ亡命して作曲活動を続けた。十二音技法による代表曲に『管弦楽の変奏曲』『ワルシャワの生残り』などがある。

* **始皇帝**(しこうてい)（前259―前210）

中国、秦王朝の第1代皇帝、在位前247―前210。12歳で王位につき、しだいに韓、燕、趙、魏、楚、斉などを滅ぼして前221年に中国最初の統一王朝を建設、王制を改めて皇帝の称号を定め、自らを始皇帝とした。在位中は、郡県制の採用、土地や人民の直轄統治、儒家の弾圧などによって専制君主政治をすすめ、北の守りのためには万里の長城をきずいた。しかし晩年は中央集権に対して人心が離反、始皇帝の死後3年で秦は滅んだ。

* **シーザー** Caesar, Gaius Julius （前102頃―前44）

古代ローマの軍人、政治家。カエサルともいう。修辞学を学び弁論にすぐれ、ローマ政界に入って紀元前60年に三頭政治を始めた。しかし、三頭のひとりクラッススが死ぬと、もうひとりのポンペイウスを討ってローマを占領、また、エジプトに進撃して愛人クレオパトラを女王につけ、さらに小アジアを征服して前44年に独裁者となる。ところがその直後、共和派に暗殺された。文人としてもすぐれ『ガリア戦記』などの著作もある。

シスレー Sisley, Alfred （1839―1899）

フランスの画家。イギリス商人を両親にパリで生まれ、生涯をフランスですごしたことから、フランスの画家とされている。初め商人になったが、1862年にグレールのアトリエへ入り、モネやルノワールと交わって、自然を明るい外光のもとでとらえた風景画を多くえがいた。とくに、水や木立のきらめきの描出にすぐれ、ピサロとともに、印象画の風景画を代表する一人となった。代表作は『ポール・マルリーの洪水』。

拾　得(じっとく)（生没年不明）

中国、唐代の隠者。一般には同じ隠者の寒山とともに「寒山・拾得」とよばれる。寒山が文殊菩薩の化身といわれるのに対して、拾得は普賢菩薩の化身とされている。天台山国清寺の僧に拾われ育てられたことから拾得の名が生まれたと伝えられ、諸国放浪の旅をつづけてきた寒山との脱俗的な交わりが、伝説的に語りつがれてきた。寒山のほか雲水の豊干(ぶかん)をあわせた『三隠詩集』があるほか、中国・日本画の『寒山・拾得図』は多い。

* **シートン** Seton, Ernest Thompson (1860−1946)

 アメリカの動物文学者。イギリスに生まれ幼いうちに家族とともにカナダへ移住。青年時代に絵と生物学を学んだのち野生動物の観察を続け、1898年に『私の知っている野生動物たち』を著わしたほか多くの動物物語を発表、自分でさし絵もえがく動物文学者として名を高めた。すべての物語が動物たちへの深い愛情にあふれ、日本では、シートンの『動物記』として広く親しまれている。子どもを愛しボーイ・スカウトの団長もつとめた。

司馬光（しばこう）（1019−1086）

 中国、北宋の政治家、学者。19歳で科挙に合格。神宗が即位して王安石が新法による富国強兵策を断行したとき、これに反対して中央を去り、中国歴代王朝の盛衰記『資治通鑑』を編さんした。神宗のあとを継いで哲宗が即位すると宰相となって新法の改革にとりくんだが、政治手腕を発揮しないまま宰相就任8か月後に病死した。賢さを伝える話として、幼いとき、水がめに落ちた子どもをかめを割って救ったという逸話が残っている。

* **司馬遷**（しばせん）（前135頃−前93頃）

 中国、前漢の歴史家。幼いころから『春秋左氏伝』などの歴史書を読み、また20歳をすぎると諸国を巡歴して史料を収集、前108年に太史令となった。ところが、匈奴に捕えられた将軍李陵を弁護したことから武帝の怒りにふれ、宮刑に処せられた。しかし、刑が終わると屈辱に耐えて歴史書の編さんにとりくみ、全130巻に及ぶ『史記』を完成した。年代記と伝記による記述形式は紀伝体とよばれ、のちの中国の歴史書の手本となった。

シベリウス Sibelius, Jean (1865−1957)

 フィンランドの作曲家。ヘルシンキ音楽院に学び、ベルリン、ウィーンへ留学、帰国後、母校の教授をつとめながら作曲活動に入った。祖国の民話や伝説を素材にした民族色の濃い曲を多く作り、1900年に初演の交響詩『フィンランディア』で国民的作曲家の地位をきずいた。代表作には、交響詩『四つの伝説』『タピオラ』組曲『カレリア』などがある。バイオリン協奏曲やピアノ曲も残し、フィンランド最大の作曲家とされている。

ジーメンス Siemens, Werner von（1816－1892）

ドイツの電気技術者、発明家、事業家。初めは軍隊へ入って技術将校となったが、やがて電気通信の将来性に目をつけ、31歳のときジーメンス・ウント・ハルスケ商会を設立した。1868年から1870年にかけて、ヨーロッパとインド間に電線を敷設する大事業を完成、さらに自励式直流発電機、多重電信装置など数多くの電気機器の発明と改良に大きな業績を残した。後半生は下院議員をつとめ、ドイツの物理科学の発展にも力をつくした。

* **シャカ**（前566頃－前486頃）

仏教の開祖。インド北部カピラバスツのカピラ城で、シャカ族の王子として生まれ、29歳のとき生死解脱の法を求めて出家。35歳で仏陀への道をきわめて悟りをひらいた。その後は、80歳で入滅するまでインド各地を布教、その弟子は1000人をこえたといわれる。人間の生存そのものが苦であることを教え、苦を滅却するためには、欲望を捨て去らねばならないことを説いた。釈迦牟尼、釈迦牟尼如来などともよばれる。

シャガール Chagall, Marc（1887－1985）

ロシア生まれのフランスの画家。両親はユダヤ人。ペテルブルクで絵を学び、1910年にパリへ出てエコール・ド・パリの一員となる。第1次世界大戦の開戦とともに一時帰国、また第2次世界大戦中はドイツのユダヤ人迫害からのがれてアメリカへ渡ったが、多くはフランスで活躍。幼時の思い出につながる故郷の風物や、幻想的な愛の情景などを濃い色彩で詩情豊かにえがき、超現実主義絵画の先駆者として名声を高めている。

ジャクソン Jackson, Andrew（1767－1845）

アメリカの政治家、第7代大統領、在職1829－1837。両親を早く亡くしたが、1775年に独立戦争が始まると義勇軍として参戦、大功をたてて英雄となった。やがて独学で弁護士から政治家の道へ入り、勇敢さや庶民性に対する農民、労働者の支持を得て61歳で大統領選挙に当選。大統領としては、民衆の声を聞き資本家をおさえるなどの民主主義政治を進め、その政治はジャクソニアン・デモクラシーとよばれた。

ジャコメッチ Giacometti, Alberto (1901－1966)
スイスの彫刻家。ジュネーブの美術学校で彫刻を学び、1922年以後は終生パリに住んで制作をつづけた。初めは目に見える物の印象を造形したが、やがて空想力による空間造形の世界へ入り、抽象・幻想的な彫刻でシュールレアリストとして名を高めた。とくに、従来の具象的な彫刻からいっさいのむだをけずりとった、細長い肖像彫刻が注目を集め、1962年にベネチア・ビエンナーレでグランプリを受賞。素描家としても評価が高い。

シャトーブリアン Chateaubriand, François René de (1768－1848)
フランスの小説家。初めは軍人となり、つぎには反革命運動に身を投じたが、1802年にキリスト教を高揚した『キリスト教精髄』を発表して名を高めた。とくに、この大著の一部の『アタラ』『ルネ』で、恋愛至上や若者の虚無を美文でつづり、19世紀フランスロマン主義文学の道をひらく。その後は外交官をつとめて一時は外務大臣にまでなった。晩年には自叙伝『墓のかなたからの回想』を残した。

シャルダン Chardin, Jean-Baptiste Siméon (1699－1779)
フランスの画家。パリに生まれ、コアベルに絵を学んだ。29歳のとき静物画『赤えい』を青年画家展に出品して認められ、王立アカデミーの会員に迎えられた。造形性の高い静物画で名声を高めたのち、写実的なきびしい構図によって市民の日常生活を多くえがき、市民画家として愛された。その代表作に『御用聞きの女』『洗濯女』『食前の祈り』などがある。晩年には、パステル画の肖像画にも秀作を残している。

シャルドンネ Chardonnet, Louis Marie Hilaire Bernigaud (1839－1924)
フランスの化学者。パリ工芸学校に学んで土木技師となった。しかし化学に興味をもち、人造絹糸の研究に着手して植物繊維からレーヨンの製造に成功。1884年に特許をとり、1889年にパリで開かれた世界博覧会に出品して注目を集め、故郷のブザンソンに世界最初の人造絹糸工場を建設して工業化に入った。これは人造繊維の先駆をなすものであり、1914年にパーキン・メダルを受けた。

シャルル Charles, Jacques（1746−1823）

フランスの物理学者。初めパリで税務官をつとめたが退官して物理実験に専念した。1783年、水素を使って気球を作り、自分が乗りこんで世界で初めて水素気球の飛行に成功。1787年には、一定圧力における気体の体積は絶対温度に比例するという「シャルルの法則」を発見。フランス科学アカデミー会員に迎えられたほかパリ工芸学校の教授となり、各種の物理実験器具の発明や改良にも力をつくした。

シャルル〔7世〕Charles Ⅶ（1403−1461）

フランス国王、在位1422−1461。シャルル6世の子。1338年に始まったイギリスとの百年戦争の最中に王位につくが、初めは、王国分裂の危機の中で失意がつづいた。しかし、ジャンヌ・ダルクのオルレアン解放後はイギリス軍を後退させ、1453年のカスティヨンの勝利によって百年戦争を終結させた。その後は、フランス王国の再建をめざして、財政の改革や軍制の充実のほか、貿易の振興にもとづく商業の発展にも力をそそいだ。

＊ジャンヌ・ダルク Jeanne d'Arc（1411/1412−1431）

百年戦争に活躍したフランスの少女。東部フランスの農家に生まれた。フランスを救えという神託を受けたと信じ、1429年、国王シャルル7世から軍をあずかって参戦、イギリス軍に包囲されていたオルレアンの解放に成功した。しかし、翌1430年に味方の陰謀で捕えられてイギリス軍の宗教裁判にかけられ、異教徒の魔女として火刑に処された。死後、再審で聖者の列に加えられ、救国の英雄とたたえられるようになった。

シャンポリオン Champollion, Jean Francois（1790−1832）

フランスのエジプト学者。10歳でいろいろなオリエント語を理解したほど語学にすぐれ、わずか19歳でグルノーブル大学の教授になった。1822年、1789年にナイル川の支流ロゼッタ川の河口でナポレオン遠征軍によって発見されていたロゼッタ石の、銘文解読に成功、古代エジプト学の道をひらいた。ヒエログリフ、デモチック、ギリシアの3種の文字がきざまれたロゼッタ石は大英博物館に所蔵されている。

周恩来(しゅうおんらい)(1898－1976)

中国の政治家。日本およびフランスに留学、帰国後、黄埔軍官学校の政治部主任をつとめた。1927年には北伐軍に参加、1936年の西安事件では内戦停止と国共合作に活躍、翌1937年に始まった日中戦争では国共間の調整にあたった。1949年に中華人民共和国が建設されると国務院総理（首相）、共産党副主席として内政、外政に手腕を発揮、とくに1954年のジュネーブ会議で平和五原則を提唱するなど、国際会議に大役を果たした。

朱　子(しゅ　し)(1130－1200)

中国、南宋の儒学者。本名は朱熹、朱子は尊称。19歳で科挙に合格したが28歳で役人をしりぞき、49歳で再び役人にもどるまでの約20年間、学問に専念。一貫して『大学』『中庸』『論語』『孟子』の四書を経典として宇宙万物の生成を考え、多くの著書を残して新しい儒教哲学をきずいた。これが、国を治め天下を平和にするための実践道徳を説いた朱子学であり、日本へも鎌倉時代に伝えられ、江戸時代には幕府の御用学となった。

朱舜水(しゅしゅんすい)(1600－1682)

中国、明朝末期から清初期にかけての儒学者。明朝復興運動に失敗して、1659年に日本へ亡命。初めは筑後国（福岡県）柳川藩の儒者安東省庵のもとへ身を寄せたが、1665年、徳川光圀に招かれて水戸藩の賓客となった。以後、水戸学派の学者たちに、中国の古学にもとづく礼儀を伝えたほか、農業や学制についても指導、幕府に仕える木下順庵や山鹿素行らにも大きなえいきょうを与えた。著書に『舜水先生文集』『朱徴君集』がある。

朱全忠(しゅぜんちゅう)(852－912)

中国、五代の後梁の建国者。在位907－912。梁の太祖ともいう。唐末期の黄巣の乱に参加したが、やがて唐に寝返って全忠の名を賜り、節度使に任ぜられて黄巣を討った。901年、唐より梁の王位を授けられ、907年には唐の哀帝をしりぞけてみずから即位、国号を梁、開封を東都、洛陽を西都と定めた。しかし、税役の軽減や農業の開発などを進めたものの諸侯の反乱が続き、在位5年後に実子の朱友珪に殺害された。

朱　徳（しゅとく）(1886－1976)

　中国の軍人、革命家。貧しい農家に生まれ、早くから中国革命同盟に入って辛亥革命、第三革命で活躍した。1928年に毛沢東と中国工農紅軍を組織、日中戦争では八路軍総司令として戦いを勝利にみちびき、戦後は人民解放軍総司令をつとめた。1949年に中華人民共和国が建設されると全国人民代表大会常務委員会の委員長にえらばれ、中国共産党では8全大会で党副主席となり、毛沢東のそばにあって文化大革命の推進に力をつくした。

シュトラウス〔父子〕Strauss, Johann

　オーストリアの作曲家、指揮者、バイオリン奏者。父（1804－1849）はワルツの父とよばれ、自分の管弦楽団を結成して『ラデツキー行進曲』など数多くのワルツや舞曲を作曲、演奏。一方、長男のヨハン（1825－1899）はワルツの王とよばれ、自分の楽団で活躍したのち宮廷舞踏会楽長をつとめ、ワルツの名作をつぎつぎ世に送った。『美しき青きドナウ』『ウィーンの森の物語』『皇帝円舞曲』などのほか喜歌劇曲にも名曲がある。

シュトラウス Strauss, Richard (1864－1949)

　ドイツの作曲家、指揮者。宮廷管弦楽団のホルン奏者だった父に早くから音楽を学び、21歳でマイニンゲン管弦楽団の楽長、指揮者となった。その後、ワグナーやリストのえいきょうを受けてロマン主義的な交響詩を作曲、ウィーン歌劇場の指揮者として活躍したほか世界各地へ演奏旅行を行なった。代表作に交響詩『ドン・ファン』『ドン・キホーテ』『英雄の生涯』、歌劇『エレクトラ』『サロメ』『ばらの騎士』などがある。

シュトルム Storm, Theodor (1817－1888)

　ドイツの詩人、小説家。大学で法律を学んで弁護士となったが、やがて判事をつとめながら詩や小説を書くようになり、1849年に叙情的な小説『みずうみ』を発表して名を高めた。1864年には故郷シュレスウィヒ・ホルシュタイン州知事に就任したが、その後も晩年まで北ドイツの自然の中で創作を続け、死の年に、北海の沿岸に生きる住民たちをえがいた傑作『白馬の騎士』を残した。甘く感傷的な詩や、写実的な短編にも名作が多い。

シュニッツラー Schnitzler, Arthur（1862－1931）

  オーストリアの小説家、劇作家。ユダヤ人の子として生まれ、初めは医者になった。しかし30歳をすぎたころから創作中心の作家生活へ入り、戯曲『アナトール』小説『死』などによって文壇に登場。退廃したウィーンに生きる人びとの運命や愛欲を、医者としての鋭い観察や心理分析を駆使してえがき、若きウィーン派の代表的作家となった。小説『テレーゼ、ある女の一生』のほか、多くの短編や戯曲を残している。

* **シュバイツァー** Schweitzer, Albert（1875－1965）

  フランスの神学者、哲学者、音楽家、医師。牧師の子に生まれ、大学で神学、哲学を学んで神学者となった。また幼いころからオルガンを習い、オルガン奏者としても有名になった。21歳のとき人類への奉仕を決意、やがて医者の資格を取得、38歳の年にアフリカへ渡った。その後は、約半世紀にわたって原住民への伝道と医療活動に従事、アフリカの聖者とよばれた。晩年は各国の核兵器実験に抗議、1952年にノーベル平和賞を贈られた。

* **シューベルト** Schubert, Franz Peter（1797－1828）

  オーストリアの作曲家。小学校の教師を父にもって生まれ、宮廷教会聖歌隊の養育をかねた国立神学校に学び、16歳で早くも『交響曲第1番』を作曲した。この少年時代の作曲熱はすさまじく、18歳のときには『野ばら』『魔王』など145曲の歌曲を作曲。一時は創作力が衰えたが、その後『未完成交響曲』『美しい水車小屋の娘』『アベ・マリア』『白鳥の歌』などを残して、31歳の短い生涯を終えた。歌曲の王といわれる。

* **シューマン** Schumann, Robert Alexander（1810－1856）

  ドイツの作曲家。大学で法律、哲学を学んだが、20歳のときから音楽家をこころざしてピアノの練習を始めた。ところが指を痛めて作曲家へ転向、ピアノ曲『謝肉祭』組曲『子供の情景』歌曲集『詩人の恋』のほか『ピアノ協奏曲イ短調』『チェロ協奏曲』などの名曲を残した。また音楽評論家としても活躍、ショパンやブラームスなどを世に送りだしたが、情熱的なあまりに精神錯乱を招き、ライン川に投身ののち精神病院で死去した。

シュライデン Schleiden, Matthias Jakob（1804－1881）

ドイツの植物学者。大学で法律を学んで弁護士となったが、人生観の問題から法律を捨てて自然科学の研究を始めた。1838年に論文『植物発生の研究』を発表して植物生体は細胞からなるという細胞説を確立。1850年からはイエナ大学教授、1863年からはドルパト大学教授をつとめ、標本分類による植物研究を否定して顕微鏡観察による物理学的な研究を提唱、細胞説とともにその後の植物研究に大きなえいきょうを与えた。

＊シュリーマン Schliemann, Heinrich（1822－1890）

ドイツの考古学者。牧師の子に生まれ、少年時代に読んで感動したホメロスの叙事詩の実証を心に秘めて成長。商人として成功ののち、1871年にトルコのヒッサルリクをトロヤと推定して発掘を始め、莫大な財宝とともにホメロスの世界を掘りあてた。その後、ボイオチア、ミケナイ、オルコメノス、チリンスなどの発掘も行なってエーゲ文明の研究に大きく貢献、旅行中にナポリで急死した。自叙伝『古代への情熱』がある。

ジュール Joule, James Prescott（1818－1889）

イギリスの物理学者。父のあとを継いで醸造業をいとなみながら、生涯、自宅の研究室で科学の研究を続けた。とくに精密測定に力を注ぎ、1840年に「電流により導体内に生じるエネルギーは、電流の強さの二乗および導体の抵抗の強さに比例する」という「ジュールの法則」を発見。のちには、さらに気体膨張に関する「ジュール・トムソン効果」も発見。仕事・エネルギーの単位ジュールは、業績を記念して名づけられたものである。

荀　子（前298頃－前235頃）

中国、戦国時代末期の儒家。趙の出身。50歳のころ斉へ遊学して老師として尊敬され、のちに楚へ行って役人をつとめながら自宅で儒学を教えたといわれる。門下から韓非子や李斯らを輩出したが、その教えは孔子の思想を受けつぎ、人間の本性は悪であるから徳をそなえた君子が、礼によって人びとを導くべきであると説いた。著書に『荀子』20巻があるが、すべてが荀子の手で書かれたものかどうかは疑問視されている。

シュンペーター Schumpeter, Joseph Alois（1883－1950）
オーストリア生まれのアメリカの経済学者。ウィーン大学で経済学を学び、大学教授、蔵相、銀行総裁などを歴任したのちナチスをのがれてアメリカへ亡命、ハーバード大学教授となって帰化。オーストリア在国中から『理論経済学の本質と主要内容』『経済学史』などを著して名を高めていたが、アメリカへ帰化してからも『資本主義・社会主義・民主主義』などを発表、技術革新に対する独創的な学説をきずきあげた。

ショー Shaw, Bernard（1856－1950）
イギリスの劇作家、批評家。貧しい穀物商の家に生まれ、独学で音楽、美術、文学を学んだ。20歳のころロンドンで働きながら小説を書き始めたが成功せず、やがて社会主義団体に属してから演劇や美術の評論家として名声を高めた。劇作家としてはイプセンに傾倒して1892年ごろから『やもめの家』『人と超人』『ピグマリオン』などをつぎつぎ発表、その人物描写にすぐれた思想劇によって1925年にノーベル文学賞を受賞した。

ジョイス Joyce, James Augustine Aloysius（1882－1941）
アイルランドの小説家。初めはイエズス会の学校に学んで僧職をこころざしたが、青年時代に文学者の道へ転向してヨーロッパを放浪、貧困とたたかいながら小説を書いた。1914年に、意識の流れを写実的にえがいた短編集『ダブリン市民』を発表、続いて『若き日の芸術家の肖像』と『ユリシーズ』の出版によって20世紀の文学史に残る名声を確立した。ほかに、難解な心理主義文学と評される『フィネガンス・ウェーク』を残している。

蒋介石（しょうかいせき）（1887－1975）
中国の政治家。1907年に日本の陸軍士官学校へ留学、留学中に中国革命同盟会へ加入した。1911年に辛亥革命が起こると帰国して活躍。1926年には国民革命軍総司令として北伐を指導、その翌年に反共クーデターを起こして南京に国民政府をうち立て、主席となった。日中戦争中は抗日のため国共合作を認めたが、戦後はふたたび中国共産党と対立、内戦に敗れて1949年に台湾へのがれ、中華民国総統として大陸反攻を叫びながら病死した。

* **諸葛孔明**（しょかつこうめい）（181－234）
    中国、三国時代の蜀の政治家。幼くして父を失ったが、早くから学問と兵法にすぐれ、26歳ころ、蜀の劉備の3度にわたる礼をつくした招き（三顧の礼）に応じ軍師となった。その後は、魏を討って蜀の建国に力をつくし、劉備の死後も幼帝の劉禅に仕えた。234年、魏との再度の戦いに出陣して病死したが、その高潔な人柄は天下の忠臣とたたえられた。出陣に際して劉禅にささげた『出師（すいし）の表』は悲壮な名文として名高い。

* **ショスタコビッチ** Shostakovich, Dmitrii Dmitrievich（1906－1975） ソ連の作曲家。母からピアノを習い、1919年にペトログラード音楽院へ入学、その卒業作品『交響曲第1番』で早くも名声を高めた。しかし、スターリンによる社会主義リアリズム政策が強化されてくると、歌劇『ムツェンスクのマクベス夫人』などの近代性が批判されるようになり、以後は社会主義路線にそい民族伝統をふまえた曲を書いた。『交響曲第5番』、オラトリオ『森の歌』のほか数多くの交響曲、室内楽曲がある。

* **ショパン** Chopin, Frédéric Francois（1810－1849）
    ポーランドの作曲家、ピアノの奏者。幼いときからピアノ演奏と作曲に天才的な才能を示し、ワルシャワ音楽院に学んだのち外国への演奏旅行を行なって名声を博した。21歳になった年からパリに住んで作曲と演奏に活躍、ピアノの詩人とたたえられるようになる。しかし、結核におかされ、二度と祖国の土をふまないままパリのアパートで短い生涯を終えた。『別れの曲』『雨だれ』など残された名曲のほとんどがピアノ曲である。

* **ショーペンハウアー** Schopenhauer, Arthur（1788－1860）
    ドイツの哲学者。大学で哲学、医学、また卒業後にインド哲学を学び、1819年に『意志と表象としての世界』を著わして、その翌年にベルリン大学の講師となった。しかしヘーゲルの名声におされて退職。1831年以降は在野の学者としてすごした。一貫して説いた哲学は、人間は生への意志の否定によって苦しみから解脱することができるとする、厭世思想を根本にしたものであり、青年時代のニーチェらに大きなえいきょうを与えた。

ショーロホフ Sholokhov, Mikhail Aleksandrbvich（1905－1984）
ソ連の小説家。1917年、12歳のときにプロレタリアによる十月革命が起こると赤軍に加わってドン地方を転戦、1920年にソビエト政権が樹立されると革命委員会へ入って文化運動に活躍した。その後モスクワで革命を背景に多くの短編を書いて文壇に登場、長編『静かなドン』『開かれた処女地』『人間の運命』などで歴史の流れの中の人間をえがいて、ソ連最大の作家となった。1965年にノーベル文学賞を受賞。

ジョンソン Johnson, Samuel（1709－1784）
イギリスの小説家、詩人、批評家。オックスフォード大学を中退。1755年に独力で『英語辞典』を編集して世の注目を集め、一方では、風刺に富んだ詩『人の望みの空しさ』や教訓的な小説『ラセラス』などを発表して文名を高めた。また、文学クラブをつくって多くの芸術家と交わり、晩年には生涯の最大業績といわれる全10巻の『イギリス詩人列伝』を残した。ボズウェルが書いた『サミュエル・ジョンソン伝』は伝記文学の傑作。

ジョンソン Johnson, Lyndon Baines（1908－1973）
アメリカの政治家、第36代大統領、在職1963－1969。テキサス州の出身。教師をしたのち議員秘書を経て政界へ入り、1937年に下院議員、1949年に上院議員、1960年には副大統領、そして、1963年にケネディが暗殺されると大統領に就任した。大統領としては黒人差別を撤廃する公民権法の制定や社会保障の充実などに力をつくしたが、ベトナム戦争の拡大によって国内外の批判を受け、引退に追いこまれた。

シラー Schiller, Friedrich（1759－1805）
ドイツの劇作家。初め軍医の身で処女作『群盗』を発表して名を高めた。しかし作品で自由への戦いをえがいたことから軍を追われ、史劇や悲劇を書きながら各地を放浪、やがてゲーテの推せんでイエナ大学の歴史学教授となった。大学は数年でしりぞいたが、その後はゲーテと共同で詩を発表したほか『ワレンシュタイン』『ウィルヘルム・テル』などの戯曲を書き、独自のドイツ古典劇を確立、国民詩人としても尊敬されている。

シンガー Singer, Isaac Merrit (1811－1875)

アメリカの発明家。少年時代に家出をして職をいくつか変えたのち、ボストンの機械工場へ入った。1851年、それまでの裁縫機械に布の自動推進装置を導入してミシンを考案、ただちに特許を得てミシン会社を創立した。その後、この新式の裁縫機はシンガー・ミシンの名でまたたくまに世界に普及、販売の上では月賦制度を発案、これが現代における月賦販売システムのさきがけとなった。

神　宗（しんそう）（1048－1085）

中国、北宋第6代の皇帝、在位1067－1085。第5代皇帝英宗の長男として生まれ、父の死後、19歳で即位。遼などの圧迫のもと、財政危機にあった宋を立て直すため、王安石を宰相に起用して新法とよばれる改革を進め、富国強兵につとめた。その後、みずから政務にはげみ、有能な官吏を育てて、財政の好転をはかり、国家権力の強化には成功、しかし、交趾（こうし）などへの外征には失敗して、失意のうちに死んだ。

スウィフト Swift, Jonathan (1667－1745)

イギリスの小説家。アイルランドに生まれ、牧師となったのち政治に近づき、ロンドンにでてホイッグ、トーリー両党の政争に論客として活躍。やがて故郷へ帰って聖パトリック教会の司祭となり、1726年に、きびしく人間を風刺した『ガリバー旅行記』を発表。しかしその後は、風刺とかいぎゃくが過激になって、人口問題解決のために赤児の食肉などをとなえ、晩年は精神に異常をきたした。散文文体の美しさがたたえられている。

* **スカルノ** Soekarno, Ahamed (1901－1970)

インドネシア連邦共和国の政治家。オランダ植民地時代のスラバヤに生まれ、バンドン工科大学を卒業した2年後に、早くもインドネシア国民党を組織して民族独立運動を始めた。しかし、オランダ政府の力で投獄、流罪にあったことから、日本軍と結んで運動を展開、第2次世界大戦が終わった1945年8月17日に独立を宣言、その後さらに4年にわたる独立戦争をへて、1950年に初代大統領となった。反共勢力の台頭で1967年に失脚。

スキピオ Scipio Africanus Major, Publius Cornelius（前236―前184／833）
古代ローマの政治家。通称大スキピオ。第二ポエニ戦争に参戦、前210年に執政官代行となり、スペインのカルタゴ軍を破り、さらに前210年にアフリカへ侵入してハンニバルを討ち、戦争を終結させてアフリカ征服者の称号を得た。戦後、元老院議員首席にえらばれ、のちに小アジアへ遠征してアンチオコス3世との戦いにも勝利をおさめた。しかし帰国後、保守派と対立して引退。息子を小スキピオとよぶ。

スコット Scott, Walter（1771―1832）
イギリスの詩人、小説家。初め法律を学んで弁護士となったが、スコットランドの伝説や歴史に興味をもつようになり、『最後の吟遊詩人』『湖上の美人』などの物語詩によって、詩人としての名を高めた。やがて散文小説から歴史小説へ移り、『墓守爺さん』『ラマムアの花嫁』『アイバンホー』『僧院』などをつぎつぎに発表、ユゴー、スタンダールらにえいきょうを与えた。晩年は事業失敗で借財を負い、乱作をかさねて死んだ。

* **スコット** Scott, Robert Falcon（1868―1912）
イギリスの海軍士官、南極探検家。13歳で海軍へ入り、1901年から1904年にかけて南極の科学調査を体験、しかし南極点へは行かなかった。1910年、こんどは科学調査よりも世界最初の極点征服をめざして、テラ・ノバ号で南極へ向かい、2年後の1月17日に極点へ到達、ところが、すでに約1か月前にノルウェーのアムンゼンに先を越されていた。帰途、雪あらしにおそわれて遭難、「国の名誉のために」という言葉を残して凍死した。

スーザ Sousa, John Philip（1854―1932）
アメリカの吹奏楽者。海兵軍楽隊のトロンボーン奏者を父にワシントンで生まれ、少年時代からバイオリン奏者、楽団指揮者として活躍。26歳で海兵軍楽隊長となったが、38歳のときにスーザ吹奏楽団を結成、国内外への演奏旅行によって名を高めた。『星条旗よ永遠なれ』『ワシントン・ポスト』をはじめ100曲にのぼる行進曲を作曲、アメリカの行進曲王とたたえられている。オペレッタ、舞曲、組曲の作品も残している。

スタインベック Steinbeck, John (1902－1968)
アメリカの小説家。カリフォルニア州に生まれ、苦学をつづけた大学を中退して作家活動に入り、1932年に貧しい農民をえがいた『トーティア台地』を発表して文壇にでた。その後『はつかねずみと人間』で名を高め、砂嵐に土地を奪われた人びとの悲惨をえがいた『怒りの葡萄』でピュリッツァー賞を受賞。さらに、未来を夢見る若者たちの物語『エデンの東』などでノーベル文学賞を受け、社会主義リアリズム作家の地位をきずいた。

スタニスラフスキー Stanislavskii, Konstantin Sergeevich (1863－1938)
ソ連の俳優、演出家。芝居好きな一家に育ち、14歳のとき兄弟を中心にアマチュア劇団を結成。その後、劇団での体験をとおして革新的な演劇を提唱、1898年にモスクワ芸術座を創設して、以後の生涯をその指導にささげた。ゴーリキーやチェーホフの作品を演出して、自分も出演、科学的な近代俳優術によってスタニスラフスキー・システムとよばれる俳優術を樹立、世界の俳優教育に大きなえいきょうを与えた。

＊ **スターリン** Stalin, Iosif Vissarionovich (1879－1953)
ソ連の政治家。貧しい靴職人の家に生まれ、父の死後、母のすすめで神学校へ入った。しかし、在学中から革命運動に加わり、19歳でのちのソ連共産党へ入党。そして逮捕投獄をくり返すうちに党中央委員をへて書記長に就任、レーニンの死後、ソ連の最高指導者となった。その後は、近代国家への5か年計画をたてて農業、工業の発展につとめ、1936年にはスターリン憲法を発布。死後、その独裁に対してスターリン批判がおこった。

スタンダール Stendhal (1783－1842)
フランスの作家。初めナポレオンのもとで軍隊生活を送ったが、ナポレオン没落後はミラノに住み、1830年の7月革命後はイタリア領事をつとめながら創作をつづけた。恋の経験から『恋愛論』を書いたのち名作『赤と黒』を発表。しかしこの名作も当時はほとんど評判にならず、1839年に『パルムの僧院』を刊行して初めて名を高めた。つねに恋愛し、つねに自我の発揚をねがい、心理主義にもとづくフランス近代小説の祖と評される。

スタンリー Stanley, Henry Morton (1841−1904)

イギリスの探検家。アメリカ人の商人の養子になってアメリカ市民権を得たジャーナリスト。1869年、行方不明になった探検家リビングストン捜索のため、新聞社の委嘱を受けてアフリカへ渡り、2年後にリビングストンを発見。その後も探検をつづけてナイル川上流、コンゴ川流域などを調査、コンゴ自由国建設のきそをきずいた。晩年、イギリス国籍に復帰、国会議員をつとめてナイトの称号を贈られている。

＊**スチーブンソン** Stephenson, George (1781−1848)

イギリスの鉄道技術者。炭鉱の蒸気機関の火夫の子に生まれ、自分も火夫助手、機関手をつとめながら、独学で蒸気機関を研究。生涯をとおして蒸気機関車の実用化と改良に力をそそぎ、1825年にダーリントンとストックトンの間にロコモーション号、つづいて1830年にはリバプールとマンチェスターの間にロケット号を走らせた。息子のロバートも鉄道技術者となり、セントローレンス川にビクトリア橋を架けたことで知られる。

スチーブンソン Stevenson, Robert Louis (1850−1894)

イギリスの小説家。エジンバラに生まれる。病弱であったことから静養のためイタリア、フランス、アメリカなどへ旅行、晩年は南太平洋のサモアに住んで多くの作品を書いた。冒険小説『宝島』によって名をなし、その後『ジキル博士とハイド氏』『誘拐されて』『バラントレーの若殿』などを発表、寓意をふくむ幻想的、象徴的な作品によって独自の文学世界をひらいた。『ロバと道づれ』などの旅行記もある。

スッペ Suppè, Franz von (1819−1895)

オーストリアの作曲家。ベルギー系の家に生まれ、ウィーンにでて歌劇場の指揮者、音楽監督を歴任。39歳ころからオペレッタの作曲にとりくみ、1864年に『スペードの女王』を発表してから『詩人と農夫』『軽騎兵』『美しきガラテア』『ボッカチョ』などをつぎつぎに書き、軽妙で明るい歌劇によってオペレッタ全盛時代をきずいた。『軽騎兵』は、その序曲だけが独立した形でクラシックファンに広くしたしまれている。

ストー Stowe, Harriet Beecher（1811−1896）

アメリカの女流小説家。牧師の子としてコネチカット州に生まれ、結婚後、7人の子の母親となってから多くの作品を書いた。とくに名声を博したのは『アンクル・トムズ・ケビン』である。キリスト教的人道主義の立場から、黒人奴隷たちの悲惨な境遇を写実的にえがき、とくに子どもたちに愛読される世界的な名作のひとつになった。ほかに『オールドタウンの人びと』『牧師の求婚』などの郷土小説もある。

ストラビンスキー Stravinsky, Igor Feodorovich（1882−1971）

ロシア生まれの作曲家。ペテルブルク大学に在学中にリムスキー・コルサコフに師事、作曲を学ぶ。初め交響曲を書いたが、1910年から1913年にかけて、バレエ曲『火の鳥』『ペトルーシカ』『春の祭典』を発表して、名声を不動にした。またジャズ的手法などもとり入れた室内楽『兵士の物語』『プルチネラ』などで新古典主義の大家となり、晩年は宗教音楽を多く作曲した。ロシア革命後、アメリカへ帰化。

ストリンドベリ Strindberg, August（1849−1912）

スウェーデンの小説家、劇作家。私生児としてストックホルムに生まれ、生まれながらに懐疑的な心をいだいて成長。1879年に自伝的な社会批判小説『赤い部屋』を発表して名声を高め、その後も数度にわたる結婚の失敗などから生まれた危機感を赤裸々に告白、小説『結婚』『地獄』、戯曲『令嬢ジュリー』などによって北欧の代表的作家となった。晩年は神秘主義に到達して『ダマスカスへ』『死の舞踏』などの戯曲の名作を残している。

スパルタクス Spartacus（前109頃−前71）

古代ローマの奴隷反乱の指導者、奴隷剣士。共和制末期の紀元前73年、イタリア中部、南部の農園や牧場から脱走する奴隷たち約10万人を結集して、ローマ政府軍と交戦、初めは勝利をおさめたが前71年にクラッススに敗れて戦死した。ガリア、ゲルマニアなどから連れてこられた奴隷たちの、自国帰還を意図したものであったが、敗北後、多くの捕虜たちがはりつけになった。しかし、その後の奴隷使用にはえいきょうを与えた。

スピノザ Spinoza, Baruch de（1632ー1677）
オランダの哲学者。アムステルダム生まれのユダヤ人。ユダヤ人学校に入ったがユダヤ教を批判して破門され、貧しい境遇に耐えて哲学を学び、デカルトの合理主義に立脚して独自の汎神論をとなえた。それは、物心二元論に反対して、神の知的愛こそ最高のものとするものである。生存中と死後1世紀のあいだはほとんど受け入れられなかったが、やがてスピノザ主義とよばれてドイツ哲学に大きなえいきょうを及ぼした。

スピリ Spyri, Johanna（1827ー1901）
スイスの女流児童文学作家。医師の子として生まれ、24歳で弁護士と結婚して、その15年後ころから家庭人のかたわら作品を書き始めたといわれる。とくに家庭的な教育物語に力をそそぎ、1879年から1895年にかけて『子供たちと子供好きな人たちのための物語』全16巻を発表、世界に名を残した。なかでも、この物語におさめられている『ハイジ』は、アルプスの大自然を背景にした傑作として、広く愛読されている。

スペンサー Spenser, Edmund（1552頃ー1599）
イギリスのルネサンス期を代表する詩人。ケンブリッジ大学に学んだのち、エリザベス1世の宮廷につかえ、1579年に処女詩集『羊飼いの暦の歌』を発表。1580年からはアイルランド総督の秘書として任地で暮らし、その間に、10数年の歳月をかけても未完に終わった大作『神仙女王』の創作にとりくんだ。このほか『恋愛小曲』『四つの賛歌』など絵画的な詩情にあふれ、のちのロマン派詩人にはかりしれないえいきょうを与えた。

スミス Smith, Adam（1723ー1790）
イギリスの社会学者、経済学者。スコットランドに生まれる。1751年から12年間にわたってグラスゴー大学の教授をつとめ、論理学、道徳哲学、法学を講義。1759年に『道徳感情論』を発表して名を高めた。大学を辞してからは経済学の研究に没頭、自由主義的経済学を主張して、1776年に経済学を初めて科学的に体系づけた『国富論』を刊行、イギリス古典派経済学の創始者とたたえられるようになる。晩年はグラスゴー大学総長。

スメタナ Smetana, Bedřich (1824－1884)

チェコの作曲家。1848年、オーストリアからの独立革命運動に参加、一時はスウェーデンに渡ったが帰国、国民歌劇の創作に力をつくした。新しい民族音楽の指揮者として国民歌劇場のために作曲、1866年に喜歌劇『売られた花嫁』を発表して名を高めた。1874年から1879年にかけては、6曲からなる交響詩『わが祖国』を作曲、祖国愛をうたいあげて、チェコ国民楽派の祖、ボヘミア音楽の父とたたえられた。精神病で没。

スーラ Seurat, Georges Pierre (1859－1891)

フランスの画家。パリの美術学校を中退、しっかりしたデッサン力を身につけ、色彩学理論にもとづいて、点描による独自の画法を創始、新印象主義をひらいた。代表作に『ポーズする女たち』『パレード』『グランド・ジャットの日曜日』などがあり、とくに女体群像にすぐれている。その芸術は、純粋な詩情にあふれ、しかも知的で、生前はあまり評価されなかったが、のちに、未来派、立体派にえいきょうを与えた。

＊スレイマン〔1世〕 Suleyman I (1494－1566)

オスマン帝国の第10代スルタン、在位1520－1566。26歳で即位して13回におよぶ遠征を行ない、ペルシアを侵略、ハンガリーへ侵攻、地中海の制海権もにぎってエジプトを再征服、ヨーロッパ全土をふるえあがらせて帝国の黄金時代をきずいた。いっぽう内政では教育制度や法制を整備するほか学問や芸術を保護、トルコ人からは立法者、ヨーロッパ人からは荘厳者とたたえられた。晩年は王子の反乱などをまねき、ハンガリーで病死。

西太后(せいたいこう) (1835－1908)

中国、清朝咸豊帝(かんぽう)の皇后。同治帝の生母。1861年に咸豊帝が死に同治帝が6歳で即位すると、反対勢力を一掃して摂政となり、太平天国の乱以後の清朝支配にあたった。また、同治帝没後は、甥にあたる幼い光緒帝を強引に立てて、さらに摂政をつづけ、帝の成人後も政権をにぎって保守政治を断行した。1900年に義和団の乱が起こると、その農民闘争を利用して列強国に宣戦、しかし敗れて、清朝の失墜をまねいた。

* **セザンヌ** Cézanne, Paul（1839－1906）

 フランスの画家。南フランスに生まれ、初めは法律家をこころざしたが、やがてパリへでて絵を学び、印象派に属して『首つりの家』『ショケ像』などをえがく。しかし、外光描写を重んじる印象派に満足しなくなり、対象の表面よりも内面、色彩よりも構成を重視する画風を開拓、画法も厚塗りから薄塗りへかわって『赤いチョッキの少年』『大水浴』などの傑作を残した。後期印象派の代表、20世紀絵画の祖とされている。

 セネカ Seneca, Lucius Annaeus（前1頃－後65頃）

 ローマの後期ストア派の哲学者。ローマで修辞学、哲学、弁論術を学んで雄弁家として名をなし、国家財務官などをつとめたのち、幼いネロの師となり、ネロ即位後も政治を助けた。しかし引退後、反逆の疑いを受けて自殺。魂と肉体を区別し、肉体はいかに不幸であっても魂はよく生きることができるという思想は、禁欲を理想としたストア哲学を、さらに発展させた。シェークスピアにもえいきょうを与えた悲劇9編を残している。

* **セルバンテス** Cervantes Saavedra, Miguel de（1547－1616）

 スペインの小説家。1570年から10年間は、ほとんど軍隊生活と捕虜生活を送り、1585年に処女作『ラ・ガラテナ』を発表。しかし、その後20年は成功せず、58歳になった1605年に『ドン・キホーテ』前編を出版して、初めて名を高めた。騎士道の理想のもとに生きるキホーテを主人公にした物語は、風刺、ユーモア、空想に満ち、後編は10年後に発表。ほかに中短編をまとめた『模範小説集』、幕間劇『忠実な見張番』などの秀作がある。

 荘 子（前369頃－前286頃）

 中国、戦国時代の思想家。名は周。中国の歴史書『史記』によれば、宋国の漆を作る畑の小役人であったといわれる。孟子とほとんど同じ時代に生き、儒教が説く人為的な礼儀や道徳などを否定し、人間は無為自然にかえらなければならないことを主張した。一般に、老子と合わせて老荘とよばれ、その思想は儒教とともに東洋思想の大きな源流となった。著書『荘子』は中国の道教を伝える根本経典とされている。

曹雪芹（そうせっきん）（1724頃－1763頃）

中国、清朝中期の小説家。南京市の富豪の家に生まれたが、幼くして家が衰え、北京市で貧しい生活を送る。晩年の10年あまりを、大貴族の家庭が没落していくさまを克明にえがいた長編小説『紅楼夢』の著作に打ちこんだ。『紅楼夢』は、曹家の盛衰の歴史と、雪芹（せっきん）の体験をもとにえがいたもので、中国の封建制度に対する抵抗の書物といわれ、明の『水滸伝』と並び、中国古典文学の最高傑作のひとつといわれている。

曹　操（そう　そう）（155－220）

中国、後漢末期の武将、政治家。三国魏の創設者。黄巾の乱の平定にあたり、董卓（とうたく）の横暴には兵をあげて戦い、後漢の皇帝の献帝を助けた。やがて袁紹（えんしょう）を破って華北を統一し、魏の王になるが、皇帝位にはつかなかった。才能のあるものを適材適所に任用し、屯田制を実施して、経済力や軍事力をつけた。また、六朝文化の創始者としても知られ、五言（ごごん）、七言（しちごん）を一句とする歌謡形式の文学を、芸術の域に高めたといわれる。

則天武后（そくてんぶこう）（623頃－705）

中国、唐の第3代皇帝高宗の皇后。中国史上唯一の女帝、在位690－705。14歳のとき太宗の後宮に入り、太宗の死後、その子の高宗の妃となり、翌年の655年には皇后となった。660年からは病弱の高宗に代わって実権を握り、683年に高宗が死ぬと、子の中宗、睿宗（えいそう）を即位させた。690年に聖神皇帝と称して、みずから皇帝となり、国号を周とあらためた。仏教を保護し、官名、地名を整理して、武周新字を作ったことでも知られている。

＊ソクラテス Sokrates（前469頃－前399）

古代ギリシアの哲学者。自らの著作はないが、その行動は、プラトンの『対話編』や、クセノフォンの『思い出』により知られている。問答によって青年たちに人間としての生き方を説き、大きなえいきょうを与えた。自分の無知を自覚させ「なんじ自身を知れ」というのが、主張の中心である。しかし、反対者たちに、国家公認の神を否定するものだと告発され、死刑の判決を受け、法に従い毒の入った杯をあおって死んだ。

蘇　軾（1036－1101）
そ　しょく

中国、北宋の詩人、書家。号は東坡。父蘇洵、弟蘇轍とともに唐宋八大家の一人に数えられる。蘇洵を老蘇、蘇軾を大蘇、蘇轍を小蘇という。有能な官吏であったが、王安石のおこなった国政改革に反対したため、地方に転出させられるなど、不遇な官界生活に終わった。詩人としては宋代第一といわれ、豊かな知識をもとに清新な作品を書き、とくに『赤壁賦』は有名である。また、行書と楷書の書にもすぐれていた。

蘇　秦（？－前317頃）
そ　しん

中国、戦国時代の政治家、戦術家。斉の鬼谷子に学び、初めは秦の恵文王につかえようとしたが失敗。つぎに秦に対抗する趙、燕、韓、魏、斉、楚の6国の合従策を成功させ、6国の宰相を兼任したといわれる。このため秦は、東方への進出をはばまれた。しかし、合従策は公孫衍に破られ、蘇秦は諸国を流れ歩き斉で殺されたという。秦と各国のあいだにそれぞれの連合を策した連衡策の張儀とともに、すぐれた戦術家として名高い。

ソディー　Sody, Frederick（1877－1956）

イギリスの物理学者、化学者。ラザフォードと共同で放射能を研究、ラムゼーとともに、ラジウムがヘリウム原子核を放射して崩壊することを実証した。1913年には、放射性元素の変位法則を発見し、初めて同位元素（アイソトープ）の存在を明らかにしている。放射性物質と同位元素の研究により、1921年にノーベル化学賞を受賞した。主な著書に『放射能元素の化学』『原子エネルギーの話』などがある。

ソテロ　Sotelo, Luis（1574－1624）

スペインのフランシスコ会宣教師。1603年、ルソン通商使節として来日。徳川家康と秀忠に会見するなど、日本とスペインの貿易拡大に力をつくした。また、江戸と浦賀に教会を建て、浅草に救らい院を設立。1613年には、通商条約を結ぼうとする仙台藩主伊達政宗の命を受けた藩士支倉常長をスペインに案内した。キリシタン禁制ののちもふたたび来日したが、長崎で捕えられて、1624年に火あぶりの刑に処せられた。

ソフォクレス Sophokles（前496頃―前406）

古代ギリシアの3大悲劇詩人の一人。美しい容姿とすぐれた才能により、その一生はアテネ市民として、また、作家として、輝かしいものであった。生涯に123編の作品を書いたと伝えられるが、『オイディプス王』『アイアス』など7編が現存しているにすぎない。上演に際して、背景画の採用など、技術的な改良をこころみ、しっかりとした構成とともに演劇的効果を高めた。作品は、すぐれた性格描写で古典悲劇の典型といわれる。

ゾ ラ Zola, Emile（1840―1902）

フランスの自然主義作家。パリに生まれ、貧しい少年時代を送った。1867年、最初の自然主義小説『テレーズ・ラカン』を書いて認められた。そのご、20余年の歳月をかけて、全20巻からなる壮大な社会史小説『ルゴン・マカール双書』をつづった。双書のなかの『居酒屋』『ナナ』『大地』などが名高い。つねに弱者の立場に立って社会悪と闘う態度をつらぬき、スパイ容疑のドレフュス大尉を、弁護しつづけたことは有名である。

ソロー Thoreau, Henry David（1817―1862）

アメリカの思想家、随筆家。エマソンの超越主義にえいきょうをうけて、人間にとって真の生活とは何かを理解するため、ウォルデン湖畔に小屋を建て、2年余りを過ごした。そのときの生活記録『ウォルデン』は、アメリカ文学の古典として広く読まれている。社会に対しても目を向け、奴れい制度を認める政府に対して、無抵抗の抵抗の必要性を説いた『市民の反抗』を1849年に発表し、多くの人に深い感銘をあたえた。

ゾロアスター Zoroasther（生没年不明）

古代ペルシアのゾロアスター教の始祖。この宗教は聖火を守っているため、拝火教ともよばれている。前7世紀後半から前6世紀の人物とされるが、くわしい経歴はわかっていない。伝統的な宗教書『デーンカント』によると、20歳のころから宗教生活に入り、30歳になると神の意思を告げる預言者となって、今までの宗教を悪魔の教えとして非難し、新宗教を宣教した。42歳のころイラン東方で布教に成功、77歳で殉教したといわれる。

ソロモン Solomon（生没年不明）

古代イスラエル王国第3代の王。ダビデの末子。オリエント文化の粋とされた王宮や神殿を建て、軍備の強化とともに貿易の拡大を行ない、いわゆるソロモンの栄華を誇った。ぜいたくな宮廷生活は、国民に租税と労働を課すことになり、死後まもなく王国は南北に分裂したが、のちの世では理想化されて、聖王とたたえられた。機知と博識に富み、そのすぐれた知恵は、ソロモンの知恵として名高い。

ソロン Solon（前640頃－前560頃）

古代ギリシアの政治家。ギリシア7賢人の一人で、アテネ最古の叙情詩人。前594年、執政官として貴族と平民の争いを調停し、国の大改革を行なった。肉体を抵当にして金品を借りることを禁止し、さらに市民を財産によって4等級に分け、各級ごとに参政権や兵役義務を与える財産政治を実現させたという。最下級の者でも、民会に参加できるようにして、貴族政治から民主政治への第一歩をきずいたともいわれている。

孫　権（182－252）

中国、三国呉の初代皇帝、在位222－252。父と兄のあとをついで、周瑜らの補佐により豪族として力を誇った。208年の赤壁の戦いでは蜀の劉備と同盟を結び、魏の曹操を破る。しかし、領土争いから蜀と対抗、魏に味方するようになった。220年に曹操の子の曹丕が魏王朝を開くと、2年後に新しい年号をたてて、229年には都を南京におき、呉の大帝とよばれて、江南の開発を積極的に行なったといわれる。

＊孫　文（1866－1925）

中国の政治家、革命家。1894年、清朝打倒を叫んで革命団体の興中会を組織し、広州で最初の挙兵をするが失敗。日本に亡命し、民族・民権・民生の三民主義を指導理念とする中国革命同盟会を結成。1911年に辛亥革命がおこり、清朝が倒れると、中華民国の臨時大総統として活躍した。しかし、革命派内の対立で政権が袁世凱のものになると、反抗して中国国民党をつくり、労働者や農民を救う政策で、新しい革命をめざした。

大院君(たいいんくん) (1820−1898)

朝鮮、李氏朝鮮末期の王族、朝鮮近代初期の政治家。李朝第26代李太王(高宗)の父。1863年、李朝第25代哲宗の死後高宗が即位すると、王父大院君となり、人事の刷新、書院制度の撤廃など、政治の改革を進めた。そして、キリスト教を弾圧し、アメリカ、フランス船の侵攻をげき退するなどの徹底した攘夷政策を進めたが、その政策は人民の不満を高め、王妃の実家、閔(びん)一族によって政権をうばわれる結果となった。

太公望(たいこうぼう) (生没年不明)

中国、西周初期の武将、政治家。黄河の支流の渭水で釣りをしていたとき、周の文王と出会い、その師となった。文王の祖父太公が待ち望んでいたほどの賢人であったことから、太公望とよばれるようになった。周による殷の討伐に大活躍し、斉に領地を与えられると、商工業の発展や国土の拡大につとめ、異民族の多い山東地方をよく統治して、斉の基礎をきずいた。またその名は故事により釣り人の異称として、広く知られている。

太宗(たいそう) (598−649)

中国、唐朝第2代の皇帝、在位626−649。姓名は李世民。618年、父の高祖が唐をたてて皇帝となると、秦王としてじっさいの政治をまかされた。8年後、玄武門の変で、兄の建成と弟の元吉(げんきつ)を殺して皇帝に即位すると、すぐれた人材を集め、政治制度をととのえ、均田法にみられる土地制度、租・庸・調の税役制度などを進めた。のちの世から〈貞観(じょうがん)の治〉とたたえられ、帝王の模範とされるほどの統治であったという。

*ダイムラー Daimler, Gottlied (1834−1900)

ドイツの機械技術者。ガソリン自動車の発明者。1876年、4サイクルガス機関をオットーと協力して完成させ、ついで今日の自動車用エンジンの原型となる高速ガソリン機関を製作した。1885年にはオートバイを走らせ、翌年にはガソリン自動車で、時速18キロメートルを出すことに成功。1890年、自動車会社を設立し、妹の名前からとったメルセデス号の製作を始めた。自動車の父とよばれている。

ダーウィン Darwin, Charles (1809－1882)

イギリスの博物学者。進化論の確立者。22歳のとき、海軍の測量艦ビーグル号に乗り、南アメリカやガラパゴス諸島などをめぐり、地質や動植物の調査をした。このときの記録をまとめた『ビーグル号航海記』を1839年に出版し名声を得る。のちに生物は下等なものから高等なものへ進化すると説明した進化論をまとめた『種の起源』を書き、初め批判をあびたが、生物学の研究と普及が進むにつれ、その自然選択説は定説となった。

タキツス Tacitus, Cornelius (55頃－120頃)

古代ローマの歴史家。執政官(コンスル)をつとめ、弁論家としても知られる。主著『ゲルマニア』のなかで、ゲルマニア人の素朴で力強い生活をたたえ、ローマの腐敗した政治を批判した。共和政時代を理想とし、皇帝支配に疑問を投げかけ、風刺をこめた簡潔な文体で、帝政ローマ初期の歴史を書いた。古代ギリシアのアテネの歴史家、トゥキディデスとともに正確な歴史家として有名。ほかに『年代記』『歴史』などの著書がある。

ダゲール Daguerre, Louis, Jacques, Mandē (1787－1851)

フランスの写真発明家、画家。1829年からニエプスとともに写真術の改良を手がけ、10年後、ダゲロタイプとよばれる銀板写真法を完成した。これは、銀板の表面にヨウ素の蒸気をあてて感光させるもので、簡単に精密な写真ができるため、写真の大衆化に大きく貢献した。また、オペラなどの背景画に、照明を利用したジオラマ手法を生みだし、舞台効果を高めた人としても知られている。

タゴール Tagore, Rabindranath (1861－1941)

インドのベンガル語の詩人、小説家、劇作家。8歳のころから詩作を始め、詩集『ギーターンジャリ』により、世界的に認められた。1913年、東洋で最初のノーベル文学賞を受賞。その作品は、宗教的意識を背景とした人道主義に根ざしている。詩集『新月』小説『ゴーラ』戯曲『郵便局』など多数の作品がある。文学のほか、インドの文化の発展と教育の向上に大きく貢献、インドの国歌『ジャナガナマナ』を作詞・作曲したことも有名。

ターナー Turner, Joseph, Mallord, William（1775−1851）

イギリスの風景画家。幼いころから絵画の才能を発揮し、17世紀のオランダの風景画や、フランスのクロード・ロランから学びとり、19世紀イギリス最大の風景画家となった。海や空のある風景を好み、光の美しさを表現して独自の画風をきずいた。輝かしい色彩と明暗を、たくみに使い分けた絵画は印象派にも大きなえいきょうを与えた。代表作には『戦艦テメレール』『雨・蒸気・速度』『奴れい船』などがある。

ダヌンチョ D'Annunzio, Gabriele（1863−1938）

イタリアの詩人、小説家、劇作家、政治家。ヨーロッパ・デカダンス運動の代表者の一人として、同世代にえいきょうを与えた。第1次世界大戦直後、義勇軍をひきいて、ダルマチアの港フィウメを占領し、国家主義運動の花形となる。多くの作品は官能的で音楽性に富み、その華れいな作風が特に知られている。詩『空と海と大地と英雄の賛歌』小説『死の勝利』劇作『ヨリオの娘』『フランチェスカダリミニ』などがある。

ダビッド David, Jacques Louis（1748−1825）

フランスの画家。27歳のときから5年間イタリアに遊学し古典美術を研究した。ナポレオンに認められて、一連の英雄賛美の作品をえがき、当時のフランス画壇を制した。フランス古典主義の創始者・指導者といわれ、迫真的な写実であるが、感情に乏しいと指摘する声もあった。ナポレオン失脚後は、ベルギーに亡命してブリュッセルで没した。『ホラチウス兄弟の誓い』『マラーの死』『ナポレオンの戴冠式』などの作品がある。

ダビデ David（生没年不明）

古代イスラエル王国第2代の王、在位前1000頃−前960頃。初代の王サウルの後継者となり、サウル王の死後、ユダ国とイスラエル国を統合。エルサレムに都を置いて、政治・軍事・宗教の中心地とし、イスラエル史上最大の王国をきずいた。詩と音楽の才能にあふれ『旧約聖書』の「詩編」をつくったといわれ、堅琴の名手としても名高い。聖書で、イエス・キリストの母マリアの夫であるヨセフの祖先とされる。

ダランベール D'Alembert, Jean Le Rond（1717－1783）

フランスの科学者。哲学者。女流作家タンサンの子として生まれたが捨てられ、貧しいガラス職人に育てられる。若くして数学の才能を発揮、1743年に『力学』によって、動力学を静力学に変換する「ダランベールの原理」を発表した。その後、ディドロとともに『百科全書』の監修を手がけて序論を書き、数学や文学の項目を担当し、理性によって問題の解決をはかろうとする啓もう思想の普及に、大いに貢献した。

ダ　リ Dali, Salvador（1904－1989）

スペイン生まれの画家。シュルレアリストの代表的な一人。キリコやカラの形而上絵画のえいきょうを受けるとともに、正統的写実にも才能を発揮し、相反する2つの表現方法をたくみに活用して、独自の幻想的な画風をきずいた。1940年からアメリカに定住し、歌劇やバレエなどの衣装を手がけ、商業美術の世界に入った。代表作に『記憶の固執』『内乱の予感』『燃えるキリン』などがあり、著作の自伝も有名である。

*** 達　磨**（ダルマ）（5－6世紀頃）

インド生まれの仏僧。中国禅宗の祖。南インドの王族の出身とされ、海路から中国に入り、各地で禅を伝えたという。魏の国の嵩山少林寺で、壁に向かって座禅を組んでさとりを開き、面壁九年の伝説を生んだ。また、弟子の慧可が入門の際、片腕を切断して忠誠を示したという伝説もあるが、不明な点が多い。日本へは鎌倉時代中期に教えが伝わり、禅宗のもととなった。赤い衣を着た達磨像は、七転び八起きの縁起物として有名。

ダレイオス〔1世〕 Dareios Ⅰ（前558頃－前486）

ペルシア帝国アケメネス朝第3代の王、在位前522－前486。ダリウス1世ともいう。東はインダス河畔、西はマケドニアに至る広大な大帝国をきずいた。全国を20の州に分けて総督を任命し、中央集権政治を確立。道路網を整備して駅伝制を設け、ナイル河と紅海を結ぶ運河を建設して、商業、貿易の発展につとめたが、ギリシアとの間にペルシア戦争をおこして敗れた。豪壮な首都ペルセポリスの建設でも知られている。

タレス　Thales（前 624 頃－前 546 頃）

古代ギリシア初期の哲学者。立法、商業、貿易など多方面に活躍し、ギリシア 7 賢人の一人とされる。自然哲学の祖といわれ、万物の根源は水であると説いた。日食の予言やピラミッドの高さの測定を行なったとされることでも有名。エジプトの測量術を取り入れ、幾何学的知識の基礎をつくったともいわれている。のちに、アリストテレスが、あらゆる存在の原理を追求した最初の人と評している。

タレーラン　Talleyrand-Perigord, Charles Maurice du（1754－1838）

フランスの政治家、外交官。フランス革命の直前、三部会の聖職者議員をつとめ、革命が進むとアメリカに逃れた。1796 年、帰国すると外相になりナポレオンを支持したが、その将来に見切りをつけるとロシア皇帝に近づき、ブルボン王朝の復活を策した。1814 年のウィーン会議では、たくみなかけひきで正統主義を会議の原則とさせ、敗戦国フランスの利益を守ることに成功。節操のない策略家との評も受けた。

ダンカン　Duncan, Isadora（1878－1927）

アメリカの女流舞踊家。幼いころから古典舞踊を学んだが、慣習的な動きに満足せず、自由な創作舞踊を考えだした。タイツやバレエシューズを捨て、古代ギリシア風の衣装をまとい、はだしで踊るなど、伝統の打破に力をそそいだ。1905 年のロシア訪問では、フォーキンをはじめとするバレエの改革をめざす若い世代に大きなえいきょうを与えたが、霊感的な舞踊のため、よい後継者を育てることはできなかったといわれている。

段祺瑞（だんきずい）（1865－1936）

中国、清末期から中華民国初期の政治家。袁世凱の腹心の部下として北洋新軍の創設につとめた。辛亥革命後、中華民国陸軍総長、国務総理などを歴任したが、袁の帝制復活に反対して辞任。袁の死後、軍閥戦争をくり返したのち北京政権を掌握し、南方の革命派を弾圧するため、日本の寺内内閣から借款による援助を受けた。1926 年 3 月 18 日、北京の学生運動を弾圧し、魯迅に「民国以来もっとも暗黒な日」といわせた。

* **ダンテ** Dante, Alighieri（1265－1321）

  イタリアの詩人、政治家。フィレンツェ生まれ。9歳のときにであった美少女ベアトリーチェを、ひそかに愛し続けたことを主題に『新生』を書いた。1295年から政治活動に没頭し、1300年には、フィレンツェ最高の行政職の一人になった。しかし、反対派によっておとしいれられ、故郷を永久追放となり、イタリア各地を放浪しながら『饗宴』『俗語論』などを書いた。なかでも壮大な長編叙事詩『神曲』は有名。

  ダントン Danton, Georges（1759－1794）

  フランスの政治家。フランス革命の指導者。革命前は王室顧問会議付弁護士。革命が始まるとジャコバン・クラブに加わり、革命運動の指導的役割を果たした。1792年、共和制の成立とともに法相となり、公安委員会委員として反革命派の鎮圧を行なったが、いつも汚職のうわさが絶えず、1794年にロベスピエールらによって処刑された。状況の把握と柔軟な政治感覚をもっていたが、信念に欠けた政治家といわれている。

  ダンロップ Dunlop, John Boyd（1840－1921）

  イギリスの発明家、企業家。スコットランドに生まれ、獣医をしていたが、子供の三輪車のパンクを修理していて、固型ゴムの代りに圧縮空気を入れてクッションとすることを思いついた。自転車用の空気入りタイヤの発明へと結びつけ、1888年に特許を得た。その後、自動車にも用いられるようになると、1899年にダンロップ・ニューマティックタイヤ会社を設立し、マレー半島に大規模なゴム樹園を経営した。

* **チェーホフ** Chekhov, Anton Pavlovich（1860－1904）

  ロシアの小説家、劇作家。モスクワ大学医学部在学中から、生活のために『悲しみ』『たわむれ』など数多くの短編を書いた。やがて、作家としての自覚にめざめ『わびしい話』『曠野』などを発表。つねに文学に新しいものをもちこみ、事実の客観的な証人となることにつとめ、社会的な深みのある作品を書きつづけた。『かもめ』『ワーニャ伯父さん』『三人姉妹』『桜の園』の4大戯曲や『6号室』『可愛い女』など。

チェンバレン　Chamberlain, Joseph（1836－1914）
　イギリスの政治家。企業家としての成功をおさめたバーミンガムで、市長に就任して数多くの改革を行なった。その後、1876年に自由党の下院議員となって中央政界へ進出。商務院総裁、地方行政院総裁を歴任。しかし、1886年、アイルランドに自治を与えようとしたグラッドストン首相に反対して辞職した。そして、保守党と手を結んで内閣を倒すと、イギリス帝国の団結強化をめざし、植民相としてブーア戦争を指導した。

* **チオルコフスキー　Tsiolkovskii, Konstantin Eduardovich（1857－1935）** ソ連の科学者。9歳のころ伝染病にかかって耳が聞こえなくなったが、数学や科学を独学で学び、やがて中学校の教師となる。その後、宇宙旅行の夢をえがき、ロケットの利用を考え、理論的研究を進めた。人工衛星や人類の月面到達、さらに多段式ロケットなどを、飛行機が登場する以前から考えた、近代宇宙工学の先駆者の一人である。1917年には科学アカデミー会員となった。

チチアーノ　Tiziano, Vecellio（1488頃－1576）
　イタリアの画家。ルネサンス期のベネチア派の代表。ジョルジョーネのもとで学び、初期は叙情あふれる写実的な作品『聖愛と俗愛』などをえがいた。また、中期には動的なリズムと、豊かな色彩によって『ペザロの聖母』『キリスト埋葬』『聖母昇天』などの聖母画や肖像画を残し、晩年には、精神主義的表現を重視した。情念と視覚的体験を表現しようとしたことは、のちの西欧絵画に大きなえいきょうを与えた。

* **チトー　Tito（1892－1980）**
　旧ユーゴスラビアの政治家。本名はヨシプ・ブロズ。チトーは党員名。貧しい農家に生まれ、第1次世界大戦でロシアの捕虜となり、ロシア革命を経験した。1920年に帰国して共産党に入党。第2次世界大戦のとき、パルチザンの指導者としてドイツ軍と戦い、1945年に首相、1953年に大統領となる。国内の自主管理社会主義、外交の非同盟主義など、独自の中立主義国家建設をめざして、世界の第三勢力の大きな役割を果たした。

チマブエ Cimabue, Giovanni（1240 頃－1302 頃）
イタリアの画家。ルネサンス美術の先駆者的存在とされる。ビザンチン様式に、新しい構図とドラマチックな人物の表情などを加え、柔らかい情感にあふれた作品をえがいた。アッシジのサン・フランチェスコ聖堂上院にある『キリスト磔刑図』の大壁画は、悲劇的感情にみなぎり、最大の傑作とされる。代表作に『玉座の聖母子』『十字架の聖キリスト』などがあり、ジョットの師としてフィレンツェ派の始祖といわれている。

チムール Timur（1336－1405）
中央アジア、イランのチムール朝の創設者。自らチンギス・ハンの後継者と名のり、大モンゴル帝国の再建に情熱をかたむけた。1369 年、西チャガタイ・ハン国を征服し、翌年にはサマルカンドを都とするチムール朝を開いた。1402 年には、アンゴラの戦いでオスマントルコを破り、中央アジアから西アジアにおよぶ大帝国の皇帝となる。征服地からすぐれた学者や職人を集め、都を世界の中心都市にしたことでも知られている。

* **チャイコフスキー** Chaikovskii, Pëtr Iliich（1840－1893）
ロシアの作曲家。ペテルブルク音楽院に入学し、ルビンシテインに師事。卒業後、モスクワ音楽学校教授となり作曲活動に入る。哀愁にあふれる曲、激しい情熱をもつ曲、叙情的な美しい曲など、ロシアの民族的なものと西ヨーロッパ音楽の伝統様式をあわせもつ旋律は、多くの人に愛された。代表作に『くるみ割り人形』『白鳥の湖』『眠れるの森の美女』『悲愴』などがあり、晩年は指揮者としても活躍した。

* **チャーチル** Churchill, Winston Leonard Spencer（1874－1965）
イギリスの政治家。軍人、従軍記者として活躍後、政治家となる。第 1 次世界大戦の勝利に軍需相として貢献。第 2 次世界大戦では、海相から首相に就任。強い個性と意志で国民を指導し、勝利にみちびいた。1951 年から 1955 年にも首相をつとめ、ソビエトの脅威を「鉄のカーテン」とよんで、世界の注目を集めた。画才にすぐれるほか、著作も多く『第 2 次大戦回顧録』で、1953 年にノーベル文学賞を受賞している。

* **チャップリン** Chaplin, Charles Spencer（1889－1977）

  イギリス出身の映画俳優、監督、映画作家。ロンドンの貧しい寄席芸人の子として生まれ、幼いときから舞台にたつ。アメリカへ渡って映画俳優となり、多数の喜劇映画に出演した。その後、自作自演に監督を兼ね、映画界を代表する存在となる。不正に対する鋭い批判や人間愛にあふれた出演作品は、多くの人に深い感動を与えた。『街の灯』『ライムライト』『モダン・タイムズ』『殺人狂時代』などがある。

チャドウィック Chadwick, James（1891－1974）

イギリスの原子物理学者。マンチェスター大学を卒業後、ラザフォードの指導のもとに放射能の研究を始める。1919年、キャベンディシュ研究所に移り、放射性現象、原子核物理学の分野で業績をあげた。1932年にベリリウム原子核に α（アルファ）粒子をあてる実験などで中性子を発見し、3年後にノーベル物理学賞を受賞。第2次世界大戦中はアメリカへ行き、ニューメキシコ州のサンタ・フェ実験所において、原子力兵器の研究に参加。

チャペック Čapek, Karel（1890－1938）

チェコの劇作家、小説家。早くから現代社会の悪と矛盾に目をむけて作家活動に入り、1920年に戯曲『R. U. R（ロッサムの万能ロボット）』を発表、機械技術の発達が人間を滅ぼしかねないことを風刺して、世の注目を集めた。ロボットという語は、この作品によって生まれたものである。このほか『虫の生活』で物質主義を、『山椒魚戦争』でナチスのファシズムを批判するなど、作品をとおして人間愛を訴えつづけた。

チャールズ〔1世〕 Charles I（1600－1649）

イギリス国王、在位1625－1649。ジェームス1世の次男。兄ヘンリーの死後皇太子となり、のちに即位。しかし、対外政策に失取して1628年に権利請願を議会から出され、1度は認めたものの翌年議会を解散、以後11年間にわたり専制政治を強行。清教徒にもイギリス国教を信じるように強制し、クロムウェルらと対立して、スコットランドの反乱をきっかけにした清教徒革命で捕えられ、ロンドンで処刑された。

チャンドラグプタ Candragupta（生没年不明）

インド、マウリア朝の創始者、在位前317頃－前293頃。北インド最大の勢力マガダ国を滅ぼし、北インド全域を支配して、東はベンガル湾から西はアラビア海まで達するインド人による最初の統一大帝国マウリア朝を開いた。パータリプトラを都とする中央集権政治を行ない、強力な軍隊をもっていたといわれる。しかし、成功のかげには『アルタシャーストラ』を著わした賢明な宰相カウチリヤの力が大きいとされている。

紂　王（生没年不明）

中国、殷王朝の最後の王。殷の前の王朝、夏の桀王とともに桀紂とよばれ、代表的な暴君といわれている。飲酒にふけり、美女におぼれ、人びとから重い租税を取り立てるなどの乱行をくり返し、民衆の心が離れたため、周の武王に滅ぼされた。しかし、悪行は周の人びとによって伝えられたもので、すべてが事実とはいえない。祖先の祭りごとを厳格に行なっていたとする話や、地方を統治したことなどが明らかになっている。

張　儀（？－前309頃）

中国、戦国時代の政治家、戦術家。合従策をとなえた蘇秦とともに、斉の鬼谷子に師事した。秦の恵文王のもとで宰相をつとめ、のちに魏の宰相となり、趙・燕・韓・魏・斉・楚のそれぞれの国が秦と東西に同盟を結ぶ連衡策をとなえた。そして魏の襄王と秦を結びつけることに成功し、ふたたび秦の宰相となったが、恵文王の死後、武王が立つと魏に逃れたのち没した。蘇秦と並び、すぐれた戦術家として知られている。

趙匡胤（927－976）

中国、宋朝の初代皇帝、在位960－976。太祖。五代の後周につかえ世宗に認められ、禁軍の総帥となる。世宗の死後、部下におされて即位し、都を開封に定めて、国号を宋とあらためた。軍事力を皇帝直属のものとし、行政も改革してすべての権力を皇帝に集中させるなど、君主独裁体制を確立。科挙制度を整備し、宮中で皇帝が試験官となる殿試を創設し、文治政策を進めたが、天下統一前に弟に毒殺されたといわれている。

* **張騫**（ちょうけん）（？－前114）

中国、前漢時代の旅行家。漢の武帝の命をうけ、同盟して匈奴を討つため、月氏のもとへの使者となるが、匈奴に捕えられて10年を過ごした。そして脱走して大月氏国へ入ったものの豊かな地に安住している月氏には戦意のないことを知り、使命は果たせず帰国。しかし、国を出てから13年におよぶ旅により、西南中国からインドを経て、バクトリア方面までの道を明らかにして、漢と西域諸国をむすぶとびらを開いたと伝えられる。

チョーサー Chaucer, Geoffrey（1340頃－1400）

イギリスの詩人。ロンドンの商家に生まれ、宮廷につかえてイギリス王のもとで公的生活を送り、フランス文学『薔薇物語』の翻訳を手がけた。ボッカチョなどのイタリア文芸にえいきょうを受け、トロイ戦争に題材をとった物語詩『トロイルスとクリセイデ』を発表。また『カンタベリー物語』によって、イギリス近代国民文学の先覚者となり、フランス風の韻律法を英詩に確立するなどして、英詩の父ともよばれている。

張作霖（ちょうさくりん）（1875－1928）

中華民国の軍人。北洋軍閥奉天派の首領。21歳のとき馬賊に加わり、辛亥革命などで力を得て、奉天市の実権を握った。その後、各地に出兵して中国東北部を制し、日本と手を結んで華北地方への進出をくわだて、1926年には北京政府を支配するほど勢力をのばした。しかし、しだいに日本と対立、2年後、蔣介石のひきいる国民革命軍に敗れて奉天への帰路、日本軍によって、乗っていた列車を爆破されて死んだ。

張飛（ちょうひ）（？－221）

中国、三国の蜀漢の武将。早くから劉備に従い、建国を助けたといわれ、関羽とともに武勇の名が高い。208年には、曹操に追われた劉備を救い、赤壁の戦いののちは、荊州各地を転戦して勝利をおさめ、蜀漢の建国後、車騎将軍などを歴任した。しかし、部下にきびしくしたため、怨みをかって暗殺されたと伝えられている。小説や戯曲では、劉備以上の活躍をする人物としてえがかれ、民衆に愛されてきた。

張良（？－前168）
ちょう　りょう

中国、漢の高祖劉邦の功臣。韓の貴族の出身。秦の始皇帝に滅ぼされた祖国のあだを討とうとするが失敗、隠れているとき黄石老人から兵法書を授かったといわれる。秦が衰えたころに劉邦の軍師となってさまざまな奇策を用い、項羽と劉邦が会見をした鴻門の会では劉邦の危機を救った。漢の首都を秦の関中へ定めることを支持して、先見の明のあるところを見せ、漢帝国の建設に大きな役割りを果たしている。

＊チンギス・ハン Chinggis Khan （1162頃－1227）

モンゴル帝国の建設者。元の太祖。名はテムジン。氏族の長であった父を幼いときに失ったが、ケレイト部族のオン・ハンの助けを得て、キヤト氏族の長となった。その後、諸部族を征服して、全モンゴルを統一、1206年にオノン河畔でチンギス・ハンを名のり、馬を使った戦法でさらに西夏や金の国を攻略。中央アジアに大帝国をきずきあげた。ヤサとよばれる基本法を定めるなど、統治者としてもすぐれていたといわれる。

陳独秀（1879－1942）
ちんどくしゅう

中国の政治家、思想家。東京高等師範学校速成科卒業。1915年『青年雑誌』を創刊し、その後、北京大学文科学長となり、新文化運動の先頭に立つ。マルクス主義に心を寄せ、1921年の中国共産党結成に参加、初代委員長となる。しかし、国共合作をつづけようとしたため、右翼ひより見主義者との批判をあびてトロツキストとして除名処分を受けた。その後、国民党政府により投獄されたが、日中戦争開戦とともに出獄し、5年後に没。

チントレット Tintoretto （1518－1594）

イタリアの画家。ベネチアの染物業者の子として生まれた。幼くしてすぐれた画才を発揮し、師のチチアーノに嫉妬されたといわれる。ミケランジェロのデッサンとチチアーノの色彩を理想と考え、さらに明暗法や遠近法を駆使して、立体的で劇的な表現を追求しつづけた。代表作に『聖マルコの奇跡』『天国』などがあり、スペインのグレコやベラスケスに大きなえいきょうを与え、近代絵画成立への道をひらいたとされる。

ツェッペリン Zeppelin, Ferdinand von（1838－1917）
ドイツの軍人。航空技術者。20歳のときから30年以上も軍人生活を送り、53歳で退役後、硬式飛行船の研究に着手した。多くの困難をへて、1900年に第1号船を完成。1937年のヒンデンブルグ号の大事故発生まで、ツェッペリン型は、119隻建造され、第1次世界大戦ではドイツの有力な武器となった。金属の骨組みのある気球に水素をつめ、プロペラで進む飛行船は、大量の荷物が運べるため、飛行機の発達前には大活躍した。

ツキジデス Thukydides（前460頃－前400頃）
古代ギリシアの歴史家。前431年のペロポネソス戦争にアテネ軍の将軍として出陣したが、軍事的失敗によりアテネを追放された。20年におよぶ亡命生活中に各地を歩き、資料を集めてペロポネソス戦争史を書いた。『歴史』全8巻におさめられた内容は、正確さと深い洞察力によって、ヘロドトスの物語的歴史に対して実用的歴史とされており、世界最初の学問的な歴史記述の書といえるものである。

ツルゲーネフ Turgenev, Ivan Sergeevich（1818－1883）
ロシアの作家。大地主の家に生まれ、ペテルブルク大学に学ぶ。農奴制に反対し、抗議の意味をこめて連作の短編小説『猟人日記』を書き名声を得る。その後、新旧世代の思想的な対立をえがいた『父と子』を発表して論争をよんだ。ロシア社会をきらい、生涯の大部分を国外で暮らしている。二葉亭四迷の翻訳により『あひびき』などが紹介され、近代日本文学にもえいきょうを与えた。ほかに『初恋』『うき草』などがある。

ツワイク Zweig, Stefan（1881－1942）
オーストリアの作家。富裕なユダヤ系実業家を父にウィーンに生まれ、20歳で叙情詩集『銀の弦』を発表した。第1次世界大戦中は、ロマン・ロランらと反戦活動を行ない、その後、小説・戯曲・評論と多方面で活躍。なかでも『マリー・アントアネット』『ジョゼフ・フーシェ』などのすぐれた伝記文学で知られている。第2次世界大戦のとき、ナチスに追われて亡命、ブラジルで自殺した。国際的平和思想家としても名高い。

デ・アミーチス De Amicis, Edmondo（1846－1908）
イタリアの作家。陸軍士官として独立運動に参加し、体験から『軍隊生活』を出版。軍隊をしりぞくと各地を旅して『モロッコ』『スペイン』などの旅行記を書いた。その後、少年の目から見たイタリアの生活をえがいた『クオレ』が世界的に有名となり、コロディの『ピノキオ』とともに、イタリア児童文学の傑作とよばれた。教育的、道徳的意図をもった作品を多く残し、文学と教育の接点に位置する作家として知られている。

ディアス Dias, Bartolomeu（？－1500）
ポルトガルの航海者。1487年、国王ジョアン2世の命により、アフリカを周航してインドにいたる航路の発見に出発。アフリカ大陸西岸を南下し、初めて南端の岬の迂回に成功、あらしの岬と名づけたが、インドまでは到達できなかった。その後、バスコ・ダ・ガマによりインド航路が開かれ、あらしの岬は喜望峰と改名された。1500年、カブラルのインド航海に参加したが、嵐におそわれて喜望峰沖で遭難死した。

ティエール Thiers, Louis Adolphe（1797－1877）
フランスの政治家、歴史家。大学で法律を学び、パリに出てジャーナリストとなる。1830年の7月革命では王制の確立に貢献し、以後、2度首相をつとめた。1848年の2月革命後は保守派の指導者として、ナポレオン3世を支持したが、のちに対立して亡命。しかし1年後に帰国し、1871年にパリ・コミューンが起こると弾圧を加え、フランスの再建のために、第3共和制の初代大統領となった。著書『執政政府と第一帝政の歴史』がある。

ディケンズ Dickens, Charles（1812－1870）
イギリスの作家。幼いころから貧しい生活を送り、弁護士の書生、新聞記者をへて作家となる。1836年に『ピクウィック・クラブ』を発表して認められた。その後、貧しい人びとの生活を、たくましい空想力によってえがき、ユーモアとペーソスに風刺をまじえた作品は、多くの読者の共感をよんだ。社会悪をにくみ、社会のひずみをえがいた作品が多く、代表作には『クリスマス・キャロル』『二都物語』などがある。

程　顥（てい　こう）(1032－1085)

中国、北宋の儒学者。弟の程頤とともに周敦頤に学び、すぐれた地方官になったが、仁を尊び誠実こそ第一と考え、王安石の新法には、功利的すぎると反対。新しい儒学の形成に力をそそぎ、洛学の祖として、朱熹らに大きな思想的なえいきょうを与えた。程頤と合わせて二程子とよばれ、主な著作は『二程全書』におさめられている。温和な性格で、広い心を持ち、人民に父のように慕われたと伝えられている。

*ディズニー　Disney, Walt（1901－1966）

アメリカの映画製作者。シカゴに生まれる。新聞配達をしながら小学校を終え、その後も苦学を重ねて広告映画からまんが映画製作の道へ入り、『ミッキー・マウス』で大成功をおさめた。つづいて『白雪姫』『ピノキオ』『バンビ』など数多くの長編色彩映画によって、世界のまんが映画王となり、さらに『砂漠は生きている』などの作品で、みずみずしい記録映画の世界もきりひらいた。ディズニーランドの建設者としても知られる。

ディズレーリ　Disraeli, Benjamin（1804－1881）

イギリスの政治家。イタリア系ユダヤ人、父の代からキリスト教徒になる。作家としていくつかの小説を発表。その後、政界入りして、保守党を代表して蔵相、首相をつとめ、グラッドストンの自由党とともに、2大政党による議会政治を行なった。スエズ運河株の買収、ビクトリア女王へのインド女帝の称号授与、ベルリン会議でのロシアの南進阻止とキプロス島獲得など、帝国主義政策をすすめたことで知られている。

*ディーゼル　Diesel, Rudolf（1858－1913）

ドイツの機械技術者。ミュンヘン工業大学を卒業後、空気の液化で有名なリンデの冷凍機製造会社につとめた。仕事のかたわら、内燃機関の発明をめざして努力を重ね、1893年に圧縮着火方式のディーゼル機関の原理を発表し、4年後に製作に成功、蒸気機関より効率の良い内燃機関として、注目を集める。その後、さらに改良を試みるが、1913年にイギリスへ向かう船上から姿を消した。事故死か自殺か不明である。

ディドロ Diderot, Denis(1713－1784)
フランスの啓蒙思想家。百科全書派の代表的人物。パリで自然学、哲学、文学などを学んだのち、文筆活動に入る。チェンバーズの百科事典のフランス語訳を頼まれたのを機会に、タランベールらと『百科全書』の出版を計画した。ルソーら、多くの知識人を動員して1751年に第1巻を刊行、1772年に全17巻を完成させた。無神論者、唯物論者として知られ、『運命論者ジャック』『ラモールの甥』などの社会批判の小説も書いている。

ディラック Dirac, Paul Adrien Maurice(1902－1984)
イギリスの理論物理学者。ケンブリッジ大学で学び、量子力学に関するすぐれた論文を発表した。その後、コペンハーゲンのボーア研究所に移り、相対論的電子論の研究につとめ、電子の素粒子がもつ基本的な量の存在を基礎づけている。また、統計力学や放射場の理論にも貢献し、現代物理学の理論的先駆者といわれ、1933年には、シュレーディンガーとともに、ノーベル物理学賞を受けた。『量子力学の原理』の著作でも知られる。

ディルタイ Dilthey, Wilhelm(1833－1911)
ドイツの哲学者。ベルリン大学で、哲学・歴史などを学び、ドイツ各地の大学教授となった。自然科学に対して、精神科学を方法論として明らかにしようと、生の哲学を提唱、歴史哲学や精神史の研究をもとに、精神構造の考察を哲学的に深めた。生を体験・表現・了解の連なりとして考え、現代哲学やウェーバーの社会学に大きなえいきょうを与えている。著書に『精神科学序説』『体験と創作』などがある。

丁　玲(てい れい)(1906－1986)
中国の女流作家。湖南省に生まれる。辛亥革命以後の変革期に少女期をすごし、1927年に処女作『夢珂(む か)』を発表して注目され、『莎菲女士の日記(さ ひ)』で若い読者をとらえ、作家の地位を確立。その後、左翼作家連盟に加わり、農民暴動をテーマとした『水』を書いた。国民党の追求をのがれて延安へ行き、解放後の1951年には『太陽は桑乾河(そうこん が)を照らす』でスターリン賞を受賞したが、その後、反共産党的人物として批判されている。

鄭　和(てい　わ)（1371－1434頃）

中国、明代初期の武将。雲南省出身のイスラム教徒。永楽帝のもとに宦官(かんがん)としてつかえ、靖難(せいなん)の役で活躍した功績により太監となる。1405年、南方貿易に力を入れようとした永楽帝の命で、大船隊をひきいてインド西岸のカリカットまで遠征、以後、約30年間にわたって、あわせて7回の遠征を行なった。この7回にわたる遠征は、中国人に南海諸国への目を開かせ、その交流を活発にするもととなった。

テオドシウス〔1世〕Theodosius I（346/347－395）

古代ローマ皇帝、在位379－395。379年、西ローマ帝国の正帝グラティアヌスにより東ローマ帝国の正帝に選ばれた。ゴート族が帝国に侵入すると、和解して同盟を結ぶなど外交面にすぐれ、394年には、西の正帝をめぐる内乱に勝利し全帝国を支配した。のちに、帝国を2分して子のアルカディウスとホノリウスにゆずったため、ふたたび帝国は東西に分離した。キリスト教を国教とし、オリンピックを禁止したことでも知られる。

＊**デカルト** Descartes, René（1596－1650）

フランスの哲学者、数学者。貴族の子に生まれ、イエズス会の学院で教育を受けるが、すべてを神から説明するスコラ哲学に疑問をいだき、確実な原理を求めるために数学を学んだ。そして、哲学にも数学的な考え方を応用し、あらゆることを疑い、どうしても疑えない確かなものは、疑っている自分の存在だと結論づけた。『方法叙説』『哲学の原理』などを著わしたほか、解析幾何学の分野でも大きな業績を残している。

デスピオ Despiau, Charles（1874－1946）

フランスの彫刻家。パリの装飾美術学校などで学び、ロダンに認められて師事した。ロダンの作品『シャバンヌの胸像』などの助手をつとめ、1898年に『B氏の胸像』を発表。誠実な性格は作品にもあらわれ、簡潔で上品な作風は、多くの人に愛された。代表作に『アントワネット』『ワロキエ夫人』などがあり、とくに1926年の作品『ドラン夫人の胸像』は宗教的な境地に達したものとして高く評価されている。

テニソン　Tennyson, Alfred（1809－1892）
イギリスの詩人。ケンブリッジ大学に学び、1832年『詩集』を発表して注目を集め、大学時代からの親友ハラムの死をしのび、長詩『イン・メモリアム』を出版して、ワーズワースのあとを受け継いで王室直属の桂冠詩人となった。洗練された韻律、えらびぬかれた言葉、広い大衆性などにより、ビクトリア朝の代表的詩人といわれる。アーサー王の伝説に主題を得た『国王牧歌』、物語詩『イノック・アーデン』などが有名である。

デバイ　Debye, Peter Joseph Wilhelm（1884－1966）
アメリカの物理学者、化学者。オランダ生まれ。ライプチヒ大学などの教授をへて、ベルリンのカイザー・ウィルヘルム物理学研究所長をつとめ、1940年にアメリカへ渡り帰化。その間に固体比熱の理論、有極性分子の研究などで多くの業績をあげ、1936年には、同年分子構造論の研究で、ノーベル化学賞を受賞した。また、X線回折のデバイ・シェラー法や、強電解質溶液のデバイ・ヒュッケル理論などに、その名を残している。

デフォー　Defoe, Daniel（1660頃－1731）
イギリスの政治ジャーナリスト、作家。ロンドンに生まれる。若いころから政界に近づき、民衆の偏見や政党の宗教政策を風刺する詩などを書き、定期刊行物『レビュー』を発行して、政治評論にも筆をふるった。1719年、無人島での生活をえがいた冒険小説『ロビンソン・クルーソー』を出版して大評判を得た。また写実的な手法で正確に描写した『モル・フランダース』『疫病流行記』は、イギリスの近代小説の草分けといわれる。

デモクリトス　Demokritos（前460頃－前370頃）
古代ギリシアの哲学者。トラキア地方の富裕な家に生まれ、オリエント諸国を旅行して見聞を広めた。レウキッポスの原子論を発展させて、世界は無数の原子の結合と分離の運動によって成り立っていると説明した。また、人間にとって魂を構成する原子の安定した状態が快楽と考え、人生の目的をそこに求めた。豊かな知識をもっていたことから「ソフィア」とよばれたといわれ、近代原子論の祖として知られている。

デューイ Dewey, John（1859－1952）

アメリカの哲学者、教育学者。ジェームズらのプラグマチズムを発展させ、知識を生活に役だつものとしてとらえ、ものごとの正否は行動の結果によって決まると考え、経験を重視した。また、理論は生活のための道具にすぎないとする道具主義を唱えている。そして、教育とは哲学の実験場であるとして、創造的教育論を展開し、いちじはアメリカ思想界をリードした。主な著書に『経験と教育』『民主主義と教育』などがある。

＊デュナン Dunant, Jean Henri（1828－1910）

スイスの社会事業家、国際赤十字の創始者。イタリア統一戦争の激戦地ソルフェリノにおける死傷者の惨状を見て、戦傷者を救済する国際組織の設立を考え『ソルフェリノの思い出』を書いた。1864年、ジュネーブ条約が結ばれ、国際赤十字が成立したあとも、慈善事業につくし、1901年には世界最初のノーベル平和賞を受賞している。また、人種差別に反対して黒人奴れいの解放を主張したことでも知られる。

デュフィ Dufy, Raoul（1877－1953）

フランスの画家。ル・アーブルに生まれる。苦学して美術学校に通い、パリに出て印象派やフォービスムをへたのち、マチスのえいきょうを強く受ける。リズミカルなタッチと明るい色彩の独自な作風を確立し、自由で明快な様式の作品を数多く発表し、壁紙、服地などの装飾美術の分野でも活躍した。また、水彩画の名手としても知られている。風景画にすぐれた作品が多く、代表作に『ニース』『競馬場にて』がある。

＊デュマ〔父子〕Dumas, Alexandre

フランスの作家、劇作家。父ペール（1802－1870）は大デュマともよばれる。パリに出てオルレアン公につかえながら、戯曲『アンリ3世とその宮廷』を書き有名となる。その後に『モンテ・クリスト伯』『三銃士』など多くの名作を発表した。子のフィス（1824－1895）は小デュマとよばれ、大デュマの私生児として生まれた。社会主義を主張する風俗劇を写実主義手法で書き、小説『椿姫』、戯曲『金銭問題』などの代表作がある。

デューラー Dürer, Albrecht(1471－1528)
　ドイツの画家、版画家。ウォルゲムートに絵と木版を学び、鋭い写実力と深い思索により、すぐれた作品を残した。ドイツ後期ゴシックとイタリア・ルネサンスを統一して発展させ、ドイツ・ルネサンスの完成者といわれる。きびしい写実主義を特色として、ドイツで初めての絵画理論をきずいた。彫刻家としても有名。代表作には絵画の『4人の使徒像』、木版画の『ヨハネ黙示録』などがあり、遠近法に関する著書もある。

テレシコワ Tereshkova, Valentina Vladimirovna(1937－　　)
　ソ連の宇宙飛行士。18歳のころから、航空クラブでパラシュート降下を学び、1963年6月、ボストーク6号に乗り、女性として初の宇宙飛行に成功した。地球を48周、約70時間の飛行中に「私はカモメ」と、地球によびかけたことはよく知られている。宇宙飛行士ニコラエフと結婚し、宇宙結婚第1号といわれた。その後、ソ連婦人委員会議長、ソ連共産党中央委員、ソ連最高会議幹部会員などを歴任している。

ドイル Doyle, Arthur Conan(1859－1930)
　イギリスの作家。エジンバラに生まれる。1887年、開業医をしながら、名探偵シャーロック・ホームズを主人公にした探偵小説『緋色の研究』を書いた。その後、雑誌に連載したホームズ物の短編が評判となり、1冊にまとめた『シャーロック・ホームズの冒険』で人気を博し、ポーの創り出した推理小説の形式を完成したと評された。また、怪奇冒険小説や、戯曲『ウォータールー物語』、歴史小説『ホワイト・カンパニー』も有名。

トインビー Toynbee, Arnold Joseph(1889－1975)
　イギリスの歴史家。ロンドンに生まれ、オックスフォード大学で古代史を学び、のちにロンドン大学教授となる。歴史上にあらわれた文明の成立、発展、没落の過程を比較研究して、世界史の展望を構想した『歴史の研究』全12巻を書いた。西ヨーロッパ中心の歴史観をあらためて、それぞれの文明の独自性を認め、人間の自由な意志と行動による歴史と文化の形成を主張した。主な著書に『試練に立つ文明』『世界と西欧』などがある。

陶淵明（とうえんめい）（365－427）

中国、東晋から宋代にかけての詩人。生活のために役人をつとめ、41歳のとき彭沢（ほうたく）の県令となるが、数か月で辞職し『帰去来の辞』を詠んで帰郷した。酒と菊を愛しながら送った田園生活の中で、農民の生活や自然の風景を素直な言葉であらわして数かずの名詩を生み、人生の真実を追い求めた素朴な生活態度とともに、多くの人びとに愛された。代表作に『園田の居に帰る』『飲酒二十首』『桃花源記』などがある。

董仲舒（どうちゅうじょ）（前179頃－前104頃）

中国、前漢の儒学者。若いときから公羊春秋（くよう）を学び、景帝の時代に博士となった。そして、武帝の賢良対策によって役人に登用されると、儒学による思想の統一を主張し、儒学の国家的地位の確立に力をそそいだ。その後、武帝の兄の易王と膠西王（こうせい）につかえ、王をよくみちびいたといわれる。また、自然現象の異変が人間生活と密接な関係があるとする天人相関の思想をとなえ、自然界のように政治にも徳と刑の両面が必要だとした。

ドガ Degas, Hilaire Germain Edgar（1834－1917）

フランスの画家。銀行家の子としてパリに生まれる。美術学校でラモートに学んだのち、イタリアに遊学してルネサンスの作品にえいきょうを受け、精密で的確なデッサンを習得した。その後、印象派に加わったが自然の光への固執に賛同せず、都会の人工照明の下で生活する芸人や踊り子などをテーマにした。瞬間の動作をとらえる力にすぐれ、記憶と想像力によってえがいた『アラベスクの幕切れ』『三人の踊子』などの名作がある。

* **ド・ゴール** de Gaulle, Charles（1890－1970）

フランスの政治家。第2次世界大戦には国防次官として活躍。祖国がドイツに降伏したのちも、ロンドンから徹底抗戦をよびかけた。連合軍によってパリが解放されると、臨時政府首相となったが、憲法問題で議会と対立して引退。その後、アルジェリア独立問題がおこると首相に復帰し、憲法を改正して第5共和制の初代大統領に就任、およそ10年間、フランスの栄光を高めるために大胆な政策をおし進めた。

ドーズ Dawes, Charles Gates(1865−1951)
アメリカの財政家、政治家。弁護士をへて実業界に入る。第1次世界大戦後、ドイツの賠償・金融に関する問題の国際専門家委員会の委員長として、ドーズ案を立案した。通貨の安定、財政の立て直し、支払能力を考えた賠償額の決定などにより、ドイツ経済の復興に大いに貢献したといわれる。以後、クーリッジ政権下の副大統領やイギリス大使などを歴任し、1925年には、ノーベル平和賞を受賞した。

トスカニーニ Toscanini, Arturo(1867−1957)
イタリアの指揮者。パルマ音楽院でチェロと作曲を学ぶ。19歳のころ巡業先のブラジルで、歌劇指揮者としての才能を認められ、帰国後はイタリア各地で歌劇を指揮し『道化師』などの初演を手がけて名声を集めた。その後、ニューヨーク・フィルハーモニー管弦楽団、NBC交響楽団などの常任指揮者となり、楽譜に忠実で、迫力と情熱にあふれる指揮ぶりで知られた。極度の近視のために音譜を暗記して指揮をしたといわれる。

トスカネリ Toscanelli, Paolo dal Pozzo(1397−1482)
イタリアの天文学者、地理学者、数学者。1464年ころ、フィレンツェの大聖堂建設に助言をあたえ、太陽の子午線通過の測定を行なうために日時計を設置させた。また、地球球体説を主張し、1474年ころ、コロンブスに西へ向かって航海すればインドに達するとした手紙を送り、大西洋航海のきっかけを与えたといわれる。古代ギリシアの天文学、地理学の復興をねがい、海図や世界地図も製作している。

* **ドストエフスキー** Dostoevskii, Fëdor Mikhailovich(1821−1881)
ロシアの作家。初め軍人となるが1年でやめて創作活動に入る。1846年『貧しき人びと』を発表して認められたが、やがて空想的社会主義者のグループに参加し、逮捕されてシベリアに送られた。許されて帰ると、獄中の体験記『死の家の記録』などを書き、文壇での地位を確立。雄大なスケールで人間の本質を追求した作品は、世界の文学と思想にえいきょうを与えた。ほかに『カラマーゾフの兄弟』『罪と罰』などが代表作。

ドッジ Dodge, Joseph Morrell（1890－1964）
アメリカの銀行家、財政金融専門家。1933年にデトロイト銀行頭取となる。第2次世界大戦中は、軍需契約価格調整委員長を務め、戦後はドイツ占領アメリカ軍司令官の金融顧問となり、西ドイツの通貨改革を行なった。1949年には日本占領軍総司令部の財政金融顧問として来日し、ドッジ・ラインとよばれる超均衡予算を日本政府に実施させ、日本の経済の安定と自立に大きな貢献をした。その後、連邦予算局長などを歴任。

ドーデ Daudet, Alphonse（1840－1897）
フランスの作家。父の破産で幼いころから苦労をした。18歳のとき、感傷的詩集『恋する女たち』を発表して注目を集める。その後、短編小説集『風車小屋便り』で脚光をあび、この中の1編『アルルの女』は戯曲化され、ビゼーの作曲で好評を得た。自然主義のえいきょうを受け、温かくて人間味のあふれる作品は、多くの人びとに感動を与えている。プロバンス人をえがいたタルタラン三部作や『月曜物語』などが代表作。

ドナテロ Donatello（1386頃－1466）
イタリアの彫刻家。フィレンツェに生まれ、ギベルチに師事した。豊かな才能と徹底したリアリズムによって、ルネサンス的な、自然の美しさと力強さをもった人間像を表現して、ルネサンス様式の彫刻の創始者といわれる。大理石、青銅、木材など、あらゆる材料を使ったことでも知られており、大理石で製作した『洗礼者ヨハネ』、青銅による『ダビデ』などが代表作。ミケランジェロとともに、近代彫刻のもとをきずいた。

ドビュッシー Debussy, Achille Claude（1862－1918）
フランスの作曲家。10歳のころパリ音楽院に入り、おもにピアノと作曲を学んだ。22歳で、カンタータ『蕩児』により、ローマ大賞を受賞しローマに留学。帰国後、ボードレールの詩法やモネなどの絵画のえいきょうを受けて、印象派音楽を創造し、1894年に管弦楽曲『牧神の午後への前奏曲』を発表して、独自の楽風を確立した。洗練された美しさをもった作品が多く『ペレアスとメリザンド』『子どもの領分』などの代表作がある。

ド・フリース de Vries, Hugo（1848－1935）

オランダの植物学者、遺伝学者。アムステルダム大学の教授として、呼吸作用や遺伝など、植物の生理学を研究した。1886年からオオマツヨイグサの観察を始め、生物には突然その性質が変化して、子孫にまで伝えられていくことがあるとした「突然変異説」を5年後に発表。また、1900年には、メンデルの遺伝の法則が正しいことを再発見した。『種と変種。突然変異によるその起源』などの著作でも知られている。

ド・ブロイ de Broglie, Louis Victor（1892－1960）

フランスの理論物理学者。名門の貴族ブロイ家の出身。ソルボンヌ大学に学び、兄モーリスらのえいきょうを受けて物理学の道へ進む。1923年、光と同じように、物質の粒子の運動には波の運動がともなうとする説を、フランス学士院報告に『波動と量子』と題して発表、シュレーディンガーによる波動力学の先駆者となった。1929年にノーベル物理学賞を受け、科学哲学や科学史に関する著述も多い。

* **杜甫**（とほ）（712－770）

中国、盛唐期の詩人。幼いころから詩作をつづけ、23歳のとき科挙に落ちてから各地を放浪し、すでに詩人として名高い李白と知り合う。その後、役人となるが安禄山の乱により不遇な生活を送る。民衆の苦しみや、人間への思いやりをこめた多くの詩をよみ「国破れて山河在り」ではじまる『春望』などで、律詩体の完成者といわれている。中国最高の詩人とされ、李白の「詩仙」に対して「詩聖」とよばれる。

* **ドボルザーク** Dvořák, Antonín（1841－1904）

チェコの作曲家。早くから楽才をあらわし、ほとんど独学で作曲を学んだ。スメタナの民族性の強い音楽にえいきょうを受け、個性的なメロディーとハーモニーを生かした曲でブラームスらに認められ、作曲家としての地位を確立。1892年からニューヨークの音楽学院の院長をつとめ、黒人霊歌をとり入れた交響曲『新世界』を発表した。また『スラブ舞曲』『謝肉祭』などの管弦楽曲にすぐれた作品が多い。

トマス・アキナス Thomas Aquinas（1225/26－1274）

イタリアのスコラ哲学者、神学者。1245年、ドミニコ会に入りアルベルツス・マグヌスに師事。アリストテムス哲学を学び、キリスト教会の理性的な教義の確立をめざすスコラ哲学を大成させた。それは、人間が自然にそなえている理性と、神にみちびかれる信仰を区別したうえで、哲学と神学の融和を図ろうとしたものであり、中世ヨーロッパにおけるカトリック教会の全盛をきずくもととなった。『神学大全』ほか多くの著書がある。

ドーミエ Daumier, Honoré（1808－1879）

フランスの画家、版画家。貧しい生活のなかで画家をこころざし、ルーブル美術館へ通い、ブータンに師事した。クレヨン1本でできる石版画を政治風刺誌に発表したが、1832年には国王ルイ・フィリップを風刺して刑罰を受けた。政治や社会を鋭く風刺した石版画の数は4000点にのぼるといわれる。また、油絵には、庶民の日常生活を写実的にとらえた『三等列車』『洗たく女』などの、印象派的な作品が多い。

トムソン Thomson, Joseph John（1856－1940）

イギリスの物理学者。28歳でケンブリッジ大学キャベンディシュ研究所教授となり、その後、真空放電中の陰極線の性質を研究し、物質をつくっている最小の単位と考えられていた原子の中に、電子の存在を確認した。また、原子模型の提案や質量分析器の製作など、原子物理学の分野に大きな功績をあげ、1906年にノーベル物理学賞を受けた。長男のジョージも、電子の波動性の実証で、1937年にノーベル賞を受賞している。

ドライサー Dreiser, Theodore（1871－1945）

アメリカの作家。貧しい家庭に育ち、多くの職業についたのちバルザックの小説とスペンサーの進化論にえいきょうを受けて『シスター・キャリー』を書くが、不道徳な作品と評された。その後は、弱肉強食の論理をアメリカ社会にあてはめて、現代を鋭く批判した作品を書き、とくに『アメリカの悲劇』は大きな話題を呼び映画化された。晩年、資本主義を批判して共産党に入党。ほかに『ジェニー・ゲアハート』などの作品がある。

ドラクロア Delacroix, Eugéne(1798−1863)

フランスの画家。16歳のころゲランに師事し、のち美術学校に学ぶ。友人ジェリコーのえいきょうを強く受けてロマン主義的作品をえがくようになり、1822年『ダンテの小舟』を発表。2年後、ギリシア独立戦争に取材した『キオス島の虐殺』では、自由な色彩と技法により「絵画の虐殺」と攻撃されたが、その力強い動きと情熱によって、ロマン主義を確立させたといわれる。また、評論集など多くの美術史上貴重な文献も残している。

ドラン Derain, André(1880−1954)

フランスの画家。パリ郊外に生まれる。ブラマンク、マチスらと知り合い、自由な発想と大胆な色彩のフォービスム運動を始めた。しかし、数年後には落ち着いた色調となる。その後、黒人彫刻を知って、キュビスム的絵画を描く一方、セザンヌにもひかれた。1912年ころからは、イタリアのゴシック芸術、フランスの伝統的絵画に目を向け、知性的な描写の作品をかいた。『コリウール風景』『ピエロとアルルカン』など。

トリチェリ Torricelli, Evangelista(1608−1647)

イタリアの物理学者、数学者。初めカステリに数学を学び、ガリレオの『新科学対話』に感動して、力学の研究を始めた。そしてガリレオの死の前3か月を助手としてはたらき、その後はトスカナ大公に数学者として仕えた。1643年、ガラス管と水銀を用いて「トリチェリの真空」をつくりだし、最初の気圧計を製作して大気圧の存在を発見、その実測に成功した。液体の流出速度に関する「トリチェリの定理」の確立でも知られている。

* **トルストイ** Tolstoi, Lev Nikolaevich(1828−1910)

ロシアの小説家、大地主の名門貴族の家に生まれたが、農奴に同情をよせて豊かな自己を否定、さらに既成の政治や宗教や教育にもそむき、矛盾に満ちたロシア国家を背景に数多くの名作を生んだ。近代ロシアの歴史をえがいた『戦争と平和』や貴族社会を舞台に人間のあり方を見つめた『アンナ・カレーニナ』などの大作のほか、求道の書、人生論、民話なども発表、その人道主義が世界に与えたえいきょうは計りしれないものがある。

ドールトン Dalton, John（1766−1844）

イギリスの化学者、物理学者。少年時代から気象学に興味をもち、生涯に2万回以上の観測を行なったといわれる。30歳ころから化学の研究に入り、混合気体の分圧に関する「ドールトンの法測」を発表した。また、原子説によって化学変化の説明をこころみて『化学の新体系』にまとめ、倍数比例の法則を予想し、原子量の計算をしたことでも知られる。原子論によって、近代化学の土台をきずいた功績は大きい。

トルーマン Truman, Harry S（1884−1972）

アメリカの政治家。第33代大統領、在職1945−1953。ミズーリ州に生まれ、郡裁判所判事から上院議員となる。1944年、副大統領に当選し、翌年4月ルーズベルト大統領の急死にともない大統領に就任した。第2次世界大戦では、広島と長崎への原子爆弾の投下を認めて、戦争の終結を早めたといわれる。戦後、内政的には福祉重視のフェアディール政策をとり、外交では共産圏に対する封じ込め政策を進め、1948年に再選された。

ドレーク Drake, Francis（1543頃−1596）

イギリスの航海者、提督。1570年から、エリザベス1世の特許を得て、スペインの商船や植民地をおそい、物品を略奪し、スペインの独占的海上はけんへの挑戦をつづけた。そして、1877年には世界周航に出発し、3年後に無事帰国してマゼランにつぐ快挙を成しとげ、ナイトの称号を受けた。また、スペインの無敵艦隊を撃破して国民的英雄となり、さらに、南アメリカ大陸南端にはドレーク海峡の名を残している。

トレビシック Trevithick, Richard（1771−1833）

イギリスの機械技術者。鉱山で働きながら、鉱山用ポンプや水圧機関の研究と製作につとめた。その後、蒸気機関の改良と応用をすすめ、高圧蒸気機関の特許を得て、製糖、製粉、鉄の圧延などの分野で大いに貢献した。そして、1804年には最初の蒸気機関車の製作と運転に成功し、のちにつづいたスチーブンソンらによる蒸気機関車の発展の道を開いた。しかし、当時は人びとの注目を集めることなく、不幸のうちに生涯を終えた。

トロツキー Trotskii, Lev Davidovich (1879―1940)
ロシアの革命家。学生時代から革命運動に参加、1900年にシベリア流刑となるが、海外に逃亡した。1917年に帰国して革命の指導者となり、政権樹立後は、外務人民委員、陸海軍人民委員を歴任。しかし、経済政策についてレーニンと対立、一国社会主義の建設を主張するスターリンをも批判した。1929年、国外追放ののちも、スターリン反対運動をつづけたが、メキシコで暗殺された。著書に『永久革命論』などがある。

* **ナイチンゲール** Nightingale, Florence (1820―1910)
イギリスの看護婦、病院改革者。少女時代より看護婦をこころざし、ドイツで看護学をおさめ、イギリスとフランスの病院で看護の実際を学んだ。やがて、ロンドンの女子病院の監督となり、1853年に始まったクリミア戦争には、野戦病院の看護婦総監督として多くの傷病兵の看護を献身的につとめた。帰国後は、看護学校の設立や衛生施設の改良に力をつくすとともに、病院、看護に関する本を著わし、人類愛にもえた生涯を90歳で終えた。

* **ナセル** Nasser, Gamal Abdal (1918―1970)
エジプトの軍人、政治家。中学生のころから民族主義運動に参加し、第2次世界大戦末期に自由将校団を結成。パレスチナ戦争で功績をあげ、1952年のクーデターに成功して共和制を樹立した。副首相、首相を歴任したのち、36歳で大統領となる。積極的中立主義を推進し、ソ連との経済的交流を強めスエズ運河の国有化やアスワン・ハイ・ダムの建設につとめ、第三世界の指導者としても重要な役割を果たした。

* **ナポレオン**〔1世〕Napoléon I (1769―1821)
フランスの皇帝、在位1804―1814、1815。コルシカ島に生まれ砲兵士官となる。フランス革命後、軍司令官としてイタリア遠征に成功し名声を高めた。1799年クーデターによって第一執政として実権を握り、ナポレオン法典を編さんしたのち皇帝となる。しかし、ロシア遠征の失敗のあと解放戦争に敗れ、エルバ島に流された。脱出してふたたび帝位につくが、ワーテルローの戦いで連合軍に敗北、流されたセント・ヘレナ島で死んだ。

ナポレオン〔3世〕Napoléon III（1808－1873）
フランス第2帝政の皇帝、在位1852－1870。1世の弟を父に、1世の義理のむすめを母に生まれた。1848年、第2共和制の大統領選挙に当選、3年後のクーデターで議会を解散し、翌年帝位についた。国内では産業革命を推進し、対外的にはクリミア戦争とイタリア戦争に勝利をおさめ、さらにアジア・アフリカ方面へと勢力を広げ、帝政の強化につとめた。しかし、メキシコ遠征の失敗のあと、プロイセンとの戦いに敗れて退位した。

＊ **ナンセン Nansen, Fridtjöf（1861－1930）**
ノルウェーの極地探検家、動物学者、政治家。1888年、グリーンランド横断に成功、5年後には「フラム号」で北極へ向かい、1895年4月に北緯86度14分に到達した。その後は北大西洋、北極海の海洋探検に参加したのち、政治活動に入り、スウェーデンからノルウェー独立に努力し、独立後は初代のイギリス公使をつとめた。第1次世界大戦後は、国際連盟の結成や難民救済などに力をつくし、1922年にノーベル平和賞を受賞。

ニクソン Nixon, Richard Milhous（1913－1994）
アメリカの政治家。第37代大統領、在職1969－1974。カリフォルニア州に生まれ、弁護士をつとめたのち、共和党の下院議員、上院議員を歴任し、1953年にアイゼンハワー大統領のもとで副大統領となる。1969年、大統領に就任すると、法と秩序の維持をとなえ、実業界中心の保守的な内政を行ない、外交面では中国との関係改善、ベトナム休戦を実現したが、再選後の1974年、民主党本部盗聴事件との関係を追求されて辞任した。

ニコライ〔1世〕Nikolai I（1796－1855）
ロシアの皇帝、在位1825－1855。兄のアレクサンドル1世の急死により即位、典型的な専制君主として知られている。内政では政治警察を組織して革命思想をおさえ、外政では、領土の拡大をめざして、1830年にはポーランドの反乱を弾圧し、さらに1849年にはハンガリー革命を鎮圧、その力は「ヨーロッパの憲兵」と評された。しかし、この力の政策が1853年にクリミア戦争をひき起こし、2年後、敗戦での失意のうちに死んだ。

ニコライ〔2世〕Nikolai Ⅱ（1868－1918）
ロシア最後の皇帝、在位1894－1917。アレクサンドル3世の長男として生まれ、1891年、皇太子のとき日本を訪問して大津事件で負傷した。即位したのち、アジアへの進出をはかったが、日露戦争の敗北と血の日曜日事件により、国内各地に革命をひき起こした。その後、国会を開設して、帝政の維持につとめたが、1917年の2月革命で退位させられ、シベリアに送られて、いまのスベルドロフスクで家族とともに銃殺された。

ニジンスキー Nijinsky, Vaslav（1889－1950）
ロシアの舞踊家、振付師。ペテルブルクの帝室舞踊学校を卒業後、ディアギレフのロシア・バレエ団に参加して、圧倒的な人気を得る。『シェラザード』『ばらの精』などを好演して、バレリーナ中心のバレエ界に、男性舞踊家の位置を確立した。その後『牧神の午後』『春の祭典』などを振り付け、すぐれた才能をみせたが、第1次世界大戦後、早発性認知症になり、長い療養生活ののち、ロンドンで死去。近代バレエ界の不世出の名手。

ニーチェ Nietzeche, Friedrich Wilhelm（1844－1900）
ドイツの思想家、詩人。早くから古典教育を受け、25歳で、スイスのバーゼル大学古典学教授となる。しかし、プロイセン・フランス戦争に従軍して健康を害し、大学を退職。その後、44歳で精神を病むまで、著作活動をつづけた。従来のキリスト教的・民主主義的な倫理を奴隷の道徳とみなして、自律的な君主道徳にもとづく生の哲学をとなえた。『ツァラトゥストラはこう語った』『善悪の彼岸』など数多くの著書がある。

ニューコメン Newcomen, Thomas（1663－1729）
イギリスの技術者、発明家。本業は鍛冶屋・金物商であったが、当時最大の技術問題とされた鉱山や炭鉱の排水問題に関心をよせて、揚水機の改良に取り組んだ。1712年、ボイラーを機関から独立させ、蒸気の凝縮を利用した大気圧揚水機関の開発に成功。蒸気を用いたこの最初の実用的機関は、熱効率のよいワットの蒸気機関の登場まで広く使われ、イギリス石炭業の発展に大きく貢献した。

* **ニュートン** Newton, Isaac (1642―1727)

    イギリスの数学者、物理学者、天文学者。ケンブリッジ大学を卒業して同大学研究室に入ったが、数か月後にロンドンにペストが流行して1年半ほど帰郷、その間に、のちの研究・発見のきそをまとめた。大学へもどって反射望遠鏡を発明し、27歳で教授となり微分積分学を確立、45歳のとき名著『プリンキピア』によって万有引力の法則を発表した。このほか天体測定器六分儀なども発明、近代物理学の創始者とたたえられている。

ヌルハチ (1559―1626)

中国、清朝初代の皇帝、在位1616―1626。姓は愛新覚羅（あいしんかくら）、名がヌルハチ。中国東北部の建州女直族の首長の子として生まれる。兵をあげて建州女直、海西女直を攻め、女直族の統合に成功。1616年、ハンの位について国号を後金、年号を天命と定め、明朝との勢力争いをつづけた。連戦連勝して各地に進撃したが、1626年、明の武将袁崇煥（えんすうかん）に敗北したのち病死。国号を清とあらためたのは、名をホンタイジといった第2代皇帝太宗のとき。

* **ネルー** Nehru, Jawaharlal (1889―1964)

    インドの政治家。アラハバードの名家に生まれ、イギリスのケンブリッジ大学に学んだのち帰国。ガンジーの感化を受けて、インド独立運動に参加し、国民会議派議長として指導的立場をつとめる。第2次世界大戦後の1947年8月、インド連邦の独立とともに初代の首相・外相となり、死ぬまで要職にあった。独自の社会主義をめざし、国際的には非同盟政策をとりながら世界平和に貢献。著書に『父が子に語る世界史』がある。

* **ネルソン** Nelson, Horatio (1758―1805)

    イギリスの海軍軍人。わずか12歳で海軍に入って25歳で艦長となり、1793年以降、対フランスとの海戦を指揮し、ナポレオン1世のイギリス上陸を阻止した。右目と右腕を失うが、コルシカ島の攻略、アブキール湾の海戦を勝利にみちびき、1805年には、フランス・スペインの連合艦隊をトラファルガル沖で破り、イギリスの制海権を確立した。このときの海戦で戦死。国を守りぬいた英雄としてたたえられている。

ネ　ロ Nero, Claudius Caesar（37－68）
　古代ローマ皇帝、在位 54－68。前皇帝クラウディウスの妻アグリッピナの子。母が皇帝を毒殺したのち帝位につき、哲学者セネカの助けを得て善政をすすめるが、権力争いから母や妻を殺害した。その後、ローマ市の大火をキリスト教徒のしわざとして教徒を迫害、さらに有力者の追放、処刑、財産没収などを行なって暴君の代名詞となった。68 年、ガリアなどの属州各地で反乱が起こり、ローマ市を脱出後、自殺したといわれる。

ノビレ Nobile, Umberto（1885－1978）
　イタリアの航空技術者、北極探検家。鉄道技師のころ、軍の依頼を受けて、飛行船の建造を始めた。1926 年 5 月、アムンゼンらと飛行船ノルゲ号で北極横断飛行に成功し、陸軍少将の位と侯爵の称号をさずけられた。しかし 2 年後、飛行船イタリア号で北極点通過後に遭難、救援にきたアムンゼンが遭難した。ノビレは救出され、『イタリア号北極探検』を書き、第 2 次世界大戦後は、共産党所属の国会議員をつとめた。

＊**ノーベル** Nobel, Alfred Bernhard（1833－1896）
　スウェーデンの化学者、技術者、事業家。爆発しやすいニトログリセリンを安全に取り扱えるようにする研究をすすめ、ケイ藻土にしみこませる方法を考案してダイナマイトを発明。また、ゼラチン爆薬、無煙火薬バリスタイトなども発明、世界各地に火薬爆薬工場を建てて大富豪となった。しかし、ダイナマイトが戦争に使われることに心を痛め、遺産を世界平和と科学の進歩に役立てることを願って、ノーベル賞を後世に残した。

裴世清（生没年不明）
はいせいせい
　中国、7 世紀の隋の官吏。名門裴氏の出身といわれ、文林郎や鴻臚寺掌客などに任ぜられたといわれる。その後、外交関係の要職をつとめ、608 年に日本の第 1 回遣隋使小野妹子の帰国に同行して海を渡った。対馬・壱岐をへて瀬戸内海を航行して難波に着き、国威を誇示しようとした朝廷に盛大に迎えられている。隋の煬帝の国書や進物を朝廷に届け、妹子らの第 2 回遣隋使とともに帰国し、日本の実情を伝えた。

ハイゼンベルク Heisenberg, Werner Karl (1901-1976)
　ドイツの理論物理学者。1925年に行列力学の論文を発表して、シュレディンガーらの波動力学とともに、量子力学のきそを確立した。また、不確定性原理をとなえて、波動と粒子の二重性を解明し、量子論の完成に大きく貢献、1932年に、ノーベル物理学賞を受賞。第2次世界大戦中は、ドイツの原子爆弾製造計画に参加したが、戦後は核兵器に反対の立場をとった。哲学や音楽にも造詣が深く、多くの著書がある。

ハイデッカー Heidegger, Martin (1889-1976)
　ドイツの哲学者。リッケルトとフッサールに学び、独自の基礎的存在論を発展させ、実存主義的哲学を主張した。そして、哲学の基本的な問題は、存在の意味を明らかにすることと考え、1927年『存在と時間』を発表した。人間が世界のなかで存在していることと、時間のなかで存在していることを説明して近代哲学の進路をみいだしたとされる。ヤスパースとともに実存哲学の代表者で『形而上学入門』など多くの著作がある。

* **ハイドン** Haydn, Franz Joseph (1732-1809)
　オーストリアの作曲家。少年時代は教会の合唱団に加わり、その後、音楽教師などをつとめながら作曲の基礎を学ぶ。1761年から、約30年間にわたって貴族のエステルハージ家につかえ、多くの作品を書いた。ソナタ形式の確立者、古典派初期の代表的作曲家といわれ、モーツァルトやベートーベンに大きなえいきょうを与えたとされる。オラトリオの『天地創造』『四季』をはじめ交響曲『告別』『軍隊』などの代表作がある。

* **ハイネ** Heine, Heinrich (1797-1856)
　ドイツの詩人。ユダヤ人の子として生まれ、おじの援助によりベルリン大学で法律を学んだ。いとこのアマーリエとテレーゼに失恋すると、体験を恋愛詩集『歌の本』にまとめ、叙情詩人として名声を得た。その詩は、シューマンやシューベルトらによって作曲され、広く愛唱されている。1830年のフランス7月革命に感激し、翌年パリに亡命して評論『ロマン派』などを発表。代表詩集に『ドイツ冬物語』『ロマンツェーロ』がある。

＊バイロン Byron, George Gordon（1788－1824）

イギリスの詩人。ロンドンの貴族の家に生まれ、ケンブリッジ大学に学ぶ。1812年、大陸旅行の見聞をもとに長編詩『チャイルド・ハロルドの巡礼』を発表して評判を得た。その後『邪宗徒』『海賊』などの物語詩を書くが、不道徳な内容の詩と、多くの恋愛問題を非難されてイギリスを去り、ギリシアの独立戦争に参加してわずか36歳で病死した。ロマン主義の典型的人物とされ『ドン・ジュアン』などの風刺詩も評価されている。

ハウプトマン Hauptmann, Gerhart（1862－1946）

ドイツの劇作家。初め美術を学んだが、小説家の兄のえいきょうを受けて文学をこころざす。ホルツらの徹底自然主義運動に参加して『日の出前』によって認められ、その後『寂しき人びと』や、労働運動をテーマにした『織工』を発表して名声を高めた。また、幻想的な作品『沈鐘』や、喜劇の傑作といわれる『ビーバーの外とう』などを書き、さらに活動は詩、紀行、自伝などにも及んだ。1912年にノーベル文学賞を受賞。

パウロ Paulos（？－67頃）

キリスト教の聖人、伝道者。小アジアのタルソスで生まれ、初めは熱心なユダヤ教徒として、キリスト教徒に迫害を加えていた。しかし、エルサレムからダマスカスへ行く途中、復活したキリストの声を聞いて回心したといわれる。3度にわたる伝道旅行で、各地に信者を育ててキリスト教が世界的宗教となるきそをきずき、その後、ユダヤ教徒に捕らえられ、ローマ皇帝ネロのキリスト教弾圧に殉教死したと伝えられる。

パガニーニ Paganini, Niccoló（1782—1840）

イタリアのバイオリン奏者、作曲家。幼いときから父に音楽の手ほどきをうけ、のちにジェノバとパルマでバイオリンと作曲を学んだ。わずか9歳でデビューして、17歳のころにはイタリア各地を演奏して歩き、名声を得たという。その後、ヨーロッパの各都市を訪ね、超人的な技術と神秘的なふんいきで人気をよんだ。シューマン、リストらのえいきょうを受けて『バイオリン協奏曲』を作曲、演奏とともにバイオリンの王とよばれた。

巴 金（1905－2005）

中国の作家。四川省の大地主の家に生まれたが、反抗して南京から上海へ行き、1926年パリに留学した。アナーキズムのえいきょうを受けて小説『滅亡』を書き、帰国後、中国の大家族制度を批判した長編小説『家』を発表して、作家としての地位をきずいた。人民共和国成立後は、中国作家協会副主席などを歴任。文化大革命で思想的批判を受けたが、1977年復活している。幅広い創作活動で知られ、代表作に『寒夜』などがある。

パーキン Perkin, William Henry（1838－1907）

イギリスの化学者、化学工業者。王位化学学校でホフマンに学び、熱さましに使うキニーネを合成する研究をすすめた。18歳のとき、実験中に紫色のアニリン染料を発見、翌年から最初の人工染料の工業的製造を手がけ、合成染料の大量生産を始める。また、パーキン反応により香料クマリンの合成にも成功して、天然香料の合成化に大きく貢献、1883年にはロンドン化学会長をつとめ、1906年にナイトの称号を受けた。

パークス Parkes, Harry Smith（1828－1885）

イギリスの外交官。13歳のとき中国へ渡り、通訳となる。アヘン戦争に参加し、アロー戦争でも活躍した。1865年、上海駐在領事から日本駐在公使となり、各国の外交官の代表的存在として、関税率の改定を実現させている。さらに、江戸幕府の権威の弱体化を見抜き、討幕派に近づいて、フランス公使ロッシュと対立。明治政府成立後も、外交団首席として政府に圧力を加えつづけた。1883年、清国駐在公使となり2年後に死去。

ハクスリー Huxley, Aldous（1894－1963）

イギリスの作家、評論家。人間の猿類起源説を確立した生物学者T・ハクスリーの孫。第1次世界大戦後の知識人の姿を風刺した小説『クロム・イエロー』で注目を集めたのち、音楽的手法による『恋愛対位法』や、科学万能の社会を批判した『すばらしい新世界』を発表、名声を高めた。そして、個人と宇宙はひとつだとする人間観をえて、単なる風刺に終わらない作品を書きつづけた。代表作に『ガザに盲いて』などがある。

白楽天（はくらくてん）（772－846）

中国、中唐期の詩人。本名は白居易。幼いころから詩作にすぐれていたという。28歳のとき進士となってからは、各地の官吏をつとめ、左拾遺にまで昇進している。その間、腐敗した政治や社会を鋭く批判した『新楽府（しんがふ）』『秦中吟』などの諷諭詩を発表。また、玄宗と楊貴妃の悲恋をうたった『長恨歌』などの感傷詩も作った。やさしい言葉と理解しやすい内容の作品は広く愛され、日本の平安文学にも大きなえいきょうを与えている。

ハーグリーブス Hargreaves, James（1720頃－1778）

イギリスの発明家。1767年ころ、羊毛繊維の梳整機（そせい）を改良して数個の紡錘をもつ多軸紡績機械の発明に成功し、妻の名をとってジェニー紡績機と名づける。しかし、機械の普及により、失業を恐れた労働者におそわれたためリバプール近郊からノッチンガムへ転居、1770年になって特許権を得た。この紡績機は、死後になってイギリス国内で広く使われるようになり、産業革命の発展に大きなえいきょうを与えた。

ハーシェル Herschel, Frederick William（1738－1822）

イギリスの天文学者。ドイツのハノーファーに生まれ、音楽家をこころざしてイギリスへ渡ったが、天文書を愛読するうちに天文学にひかれ、天体望遠鏡の自作を始めた。1781年、18インチ反射望遠鏡で天王星を発見して世界的に有名となり、翌年王室天文官となっている。その後も天体観測をつづけ、2000個の星雲、800個の二重星を発見するとともに、恒星界の構造の研究など天文学の視野の拡大に大きな足跡を残した。

＊パスカル Pascal, Blaise（1623－1662）

フランスの宗教思想家、科学者。幼いころから数学に興味をもち、17歳で円錐曲線に関する「パスカルの定理」を発見、19歳のときには計算器を発明している。また、25歳で「パスカルの原理」を明らかにするなど、数多くの科学的業績をあげた。さらに、キリスト教の真理を求めるため『パンセ』を書き、人間の究極の矛盾をみつめた思想は「人間は考える葦である」の言葉とともに広く知られ、実存主義の先駆ともなった。

* **バスコ・ダ・ガマ** Vasco da Gama （1469頃―1524）
 ポルトガルの航海者。1497年7月、国王マヌエル1世の命令を受けて、リスボン港からインド航路発見に出発。アフリカ大陸西岸を進み、南端の喜望峰をへて、アフリカ東岸のメリンダに至り、さらに航海をつづけて、1498年5月にインドのカリカットに着いた。ポルトガルのインド貿易独占の道をひらいた功績により貴族となり、1502年には反乱鎮圧のため、ふたたびインドに渡る。1524年、インド副王として出向きコチンで客死した。

* **パスツール** Pasteur, Louis （1822―1895）
 フランスの化学者、細菌学者。ドールに生まれ、パリの教育大学に学び、化学の道をこころざした。その後、ソルボンヌ大学の教授をへて、1888年にパスツール研究所長となった。この間に、ぶどう酒の腐敗、カイコの微粒子病、ニワトリのコレラなどを予防する方法を発見して予防医学の道をひらき、さらに、炭疽病や狂犬病の研究をすすめてワクチンの有効性をしめし、免疫学の土台をきずいた。近代免疫学の創始者とされている。

パステルナーク Pasternak, Boris Leonidovich （1890―1960）
 ロシア、ソ連の詩人、小説家。モスクワ大学に学ぶ。リルケらの強いえいきょうを受け、1914年に処女詩集『雲の中の双生児』を発表。その後、歴史的、革命的な作品を書くうちに政治的批判を受け、一時は『シェークスピア戯曲集』などを翻訳。1958年には、長編小説『ドクトル・ジバゴ』でノーベル文学賞に指名されたが、国から反革命的内容の作品として受賞を辞退させられた。ほかに詩集『第二の誕生』『心晴れるとき』など。

ハチャトリアン Khachaturyan, Aram Iliich （1903―1978）
 ソ連の作曲家。貧しい製本屋の子としてグルジアの首都チフリスで生まれる。アルメニア人。モスクワのグネシン音楽学校でチェロと作曲を学び、のちモスクワ音楽院でミャスコフスキーに作曲を勉強した。『ピアノ協奏曲』などで成功をおさめ世界的な名声を得る。民族的作風を示した曲をつくったほか、不協和音の強烈な用法をつかった曲も作曲。代表作に『ガイーヌ』があるが、その一部『剣の舞』は最も有名である。

バック　Buck, Peal（1892－1973）
アメリカの女流作家。宣教師の子としてウェスト・バージニア州に生まれる。生後まもなく両親と中国に渡り、のち大学教育を受ける時に帰国。1917年結婚し、南京大学などで英文学を講じた。作家をこころざし『大地』『息子たち』『分裂した家』の三部作を発表。アメリカ人の自覚と中国民衆への愛情のこもった作品を発表し、中国への正しい理解を願って活動を続けた。1934年からアメリカに定住。1938年ノーベル文学賞を受賞。

＊バッハ　Bach, Johann Sebastian（1685－1750）
ドイツの音楽家。町楽師兼宮廷音楽家の子としてアイゼナハに生まれる。一族には音楽家が多く、幼児期から音楽に接した。1703年ワイマール宮廷バイオリン奏者となり、その後作曲や演奏を続けて、ケーテンの宮廷楽長、ライプチヒの聖トマス教会合唱長などを経験。宗教的な作品を多く生みだして、平均律や対位法などの作曲法をおこない、近代音楽の父と呼ばれる。代表作は『マタイ受難曲』『ブランデンブルク協奏曲』など。

ハーディ　Hardy, Thomas（1840－1928）
イギリスの作家、詩人。石工の子として、ドーチェスター郊外に生まれる。初め建築家になろうとしてロンドンに出たが、文学、美術に興味を持ち、詩や小説を書き始めた。小説が認められ、次つぎと作品を発表。生まれ故郷の田園を舞台に、気まぐれな運命によって人間の意志が無残にふみにじられる過程を描き出した。代表作に『テス』『日陰者ジュード』などがあり、叙事詩劇『君主たち』も有名。

パデレフスキー　Paderewski, Ignacy Jan（1860－1941）
ポーランドのピアノ奏者、政治家。ワルシャワ音楽院卒業後、ベルリンで作曲を、ウィーンでピアノを学び、デビュー後たちまちのうちに名声を得、ヨーロッパ、アメリカで演奏を行なった。母校の院長を務めたのち、祖国の独立運動の熱烈な闘士として活躍。1919年にポーランド共和国の首相に就任した。政界引退後は、アメリカへ渡り、作曲、演奏の両面で幅広く活動をした。ピアノ小品『メヌエット』は有名。

バード　Byrd, Richard Erelyn（1888－1957）
アメリカの極地探検家、海軍少将。バージニア州ウィンチェスターに生まれ、バージニア大学などで学んだあと、アメリカ海軍大学校を卒業。1919年に大西洋横断の初飛行、1925年グリーンランドへの海軍探検隊飛行長となり、1926年には飛行機で北極点上を飛んだ。そののち今度は南極探検隊を指揮して、1929年に初めて南極点上の飛行をおこなった。南極の航空写真地図の作成などではたした役割も大きい。

バニヤン　Bunyan, John（1628－1688）
イギリスの宗教作家。鋳掛け屋の子としてベッドフォードに生まれる。一時守備隊に入ったが、のち家業をつぎ、妻の持参した宗教書『天国への道』などで宗教心が芽生えた。その後、ますます信仰が深まり、聖書に親しみ、1653年ギフォードの教会に加入。非国教派の説教者として活躍したが、迫害を受けて逮捕され、長期に渡って監禁された。代表作には『天路歴程』『聖戦』などがある。

バーネット　Burnett, Frances Eliza Hodjson（1849－1924）
アメリカの女流児童文学作家。イギリスのマンチェスターに生まれる。父が事業に失敗してアメリカに渡る。結婚ののち、生活のために文章を書き始め、次男のビビアンをモデルに『小公子』を書き、大成功をおさめた。この作品は子どもだけでなく、おとなの間にも多くの読者を得た。また『小公女』『秘密の花園』などの作品もあり、日本でも翻訳され、たいへん親しまれている。

ハーバー　Haber, Fritz（1868－1934）
ドイツの化学者。薬種業者の子として、ブレスラウに生まれる。ベルリンなどの大学で学び、その後カイザー・ウィルヘルム物理化学・電気化学研究所の所長となった。気体反応の熱力学と電気化学に関して主な業績があり、その最大のものに、窒素と水素からアンモニアの接触合成をする研究がある。1918年ノーベル化学賞を受賞したが、ユダヤ人であったためナチス政府に1933年追放されて、スイスで死去した。

バーバンク Burbank, Luther（1849－1926）

アメリカの園芸育種家。マサチューセッツ州ランカスターに生まれ、陶器の製作などの合い間に、自分の家の農園でジャガイモの新品種の作出に成功。1875年からカリフォルニア州サンタ・ローザに移り、交配や集団選抜を手法として、多数のすぐれた品種を育成した。著書に『方法と発見』12巻などがあるが、バーバンクジャガイモ、たねなしスモモ、とげなしサボテンなどの育成により、一躍その名を有名にした。

＊パブロフ Pavlov, Ivan Petrovich（1849－1936）

ソ連の生理学者で、条件反射学を確立した人。牧師の子として、リヤザンに生まれ、ペテルブルク大学で医学を学ぶ。陸軍軍医学校をへて、ライプチヒ大学へ留学。帰国してのち軍医学校教授などをつとめ、1924年ソ連科学アカデミー付属生理学研究所長に就任。消化液の分泌における神経支配の研究で、1904年ノーベル生理・医学賞を受賞し、その頃から条件反射の現象についての研究を始めた。犬のだ液の実験は有名である。

ハーベー Harvey, William（1578－1657）

イギリスの医学者、生理学者。ケント州フォークストンに生まれ、ケンブリッジ大学卒業後、イタリアのパドバ大学に留学して、医学を学んだ。帰国後は、病院につとめ、また王立医科大学で講義もおこなう。講義や論文で、血液循環理論のもとになっている研究を発表。当時はキリスト教の教えにそむく、まちがった考え方とされたが、むしろ近代医学の基礎をきずいたといえる。著書に『血液循環の原理』。

ハマーショルド Hammarskjöld, Dag（1905－1961）

スウェーデンの政治家、経済学者。首相の子として生まれ、ウプサラ大学で経済学を学び、ストックホルム大学教授、国立銀行総裁、外務省、国連首席代表などを歴任ののち、第2代国連事務総長に就任。朝鮮戦争、ハンガリー動乱、中東紛争などの解決をめざして努力した。コンゴ動乱の解決のため現地におもむく途中、北ローデシアの山中で飛行機事故にあって死亡。死後ノーベル平和賞を贈られている。

ハリー　Halley, Edmund（1656－1742）

イギリスの天文学者。ハレーともいわれる。ロンドンに生まれる。オックスフォード大学で学び、セント・ヘレナ島で南天の恒星観測をおこない天文学者としての活動を始めた。1682年大彗星を発見し、長円軌道を持つ周期彗星であることを証明、『彗星天文学総論』を著わした。その後、この大彗星はハリー彗星と呼ばれる。1719年には2代目のグリニジ天文台長に就任。その他、友人ニュートンの研究を助けたことでも有名である。

バリー　Barrie, James Matthew（1860－1937）

イギリスの作家、劇作家。スコットランドに生まれ、エジンバラ大学を卒業。ジャーナリストとなってロンドンへ出る。最初故郷の田舎を題材に小説を書き『青年牧師』などを発表。文名を得たのち劇作にも手をそめて『お屋敷町』『あっぱれクライトン』『ピーター・パン』などを次つぎに書きあげ、人気を博した。特にいたずら好きで勇かんな永遠の少年ピーターを主人公にした『ピーター・パン』の物語は有名である。

＊バルザック　Balzac, Honoré de（1799－1850）

フランスの作家。裕福な官吏の子としてツールに生まれる。パリ大学で法律を学んだが、両親の反対を押し切って作家になることを決意。しかし名声を得るまでに10年あまりもかかり、出版業、印刷業などを手がけてはすべてに失敗し、ようやく歴史小説『みみずく党』で名をなした。やがて1848年までに『人間喜劇』全91編を創作。生涯におびただしい数の戯曲、評論、雑文を書いた。近代写実主義小説の確立者である。

バルトーク　Bartók, Béla（1881－1945）

ハンガリーの作曲家、ピアノ奏者。音楽好きな一家に生まれ、早くからピアノを母に学び楽才を発揮した。ブダペスト音楽院ではピアノと作曲を学び、多くの作曲家から影響を受けたが、その後ハンガリー民謡の採集を始め、民謡を取り入れた現代風の民族音楽をつくりあげていった。晩年はナチスの圧迫を逃れてアメリカへ亡命したが、白血病に倒れて貧困のうちに生涯を閉じた。代表作に『バイオリン協奏曲』などがある。

バレリー Valéry, Paul(1871−1945)

フランスの詩人、評論家。南フランスのモンパリエ近郊の美しい土地に生まれる。少年の頃から文学に親しみ、のちにジッドやマラルメとも親交を結んだ。期待される詩人として出発したが、精神的危機によって、その後詩作から遠ざかり、論文『レオナルド・ダ・ビンチ方法序説』などを発表。ようやく詩作を再開して、『海辺の墓地』などで、高度な象徴詩の世界をきずいた。また多方面な活躍から、20世紀最高の知性とたたえられる。

ハンセン Hansen, Alvin Harvey(1887−1975)

アメリカの経済学者。ウィスコンシン大学を卒業し、のちにハーバード大学教授となる。最初、景気変動理論の研究を手がけ、ケインズの影響を受けたあとは、ケインズ理論を展開させ、資本主義の慢性的不況に基づいて、長期停滞論、修正資本主義的な二重経済論をとなえた。著書に『財政政策と景気循環』『貨幣理論と財政政策』『ケインズ入門』などがあり、アメリカにおけるケインズ学派の第一人者である。

ハンター Hunter, John(1728−1793)

イギリスの外科医。スコットランドのロング・コールダーウッドに生まれ、ロンドンに出て医学者である兄の研究室にはいる。やがて外科学の研究に熱中し、いくつかの病院で学び、セント・ジョージ病院の外科医となった。一時軍務に服したが、のちにロンドンで開業。1万余りの解剖標本を収集して、比較解剖学に関する世界初の施設、標本陳列館を設けた(第2次世界大戦で焼失)。ジェンナーは、門下生である。

バン・ダイン Van Dine, S, S.(1888−1939)

アメリカの推理作家。本名はウィラード・ハンティントン・ライト。ハーバード大学を卒業したのち、新聞や雑誌の評論家として活躍。『近代絵画論』などの著作が出版されたが、その後発表した『ベンスン殺人事件』から、本格長編推理小説を手がけ『グリーン家殺人事件』『僧正殺人事件』など次つぎと作品を世におくった。推理小説界では、ポー以来のすぐれた作家といわれ、多くの読者を世界中に得た。

バンチ Bunche, Ralph Johnson (1904－1971)

アメリカの政治家。デトロイトで黒人奴れいの孫として生まれる。苦学してカリフォルニア、ハーバード大学を卒業し、1938年にハワード大学教授となった。植民地問題や人種問題について研究を深め、第2次世界大戦中から国務省につとめて、その後国際連合でパレスチナ戦争平和解決の調停者として活躍した。この業績によって、ノーベル平和賞を受賞。アメリカの黒人問題にも、強い関心を示し、キング牧師らと行動を共にした。

班 超（はん ちょう）(32頃－102)

中国、後漢の将軍。学者の子として陝西省咸陽に生まれる。兄の班固とともに洛陽に出、書写によって母を養う貧しい生活を送る。武人として名をあげる決意をして、竇固(とうこ)に従って匈奴戦で活躍。以後31年間この西域にとどまり、多くの功績をあげた。94年にカラシャールを討伐して、西域50余国の平定をなしとげている。不利な条件にもかかわらず「虎穴に入らずんば虎子を得ず」と攻略に進軍した話は有名。

ハンニバル Hannibal (前247－前183)

カルタゴの将軍。父とともにイベリア半島に渡り、父の死後スペインにおけるカルタゴ軍の総司令官となる。第2次ポエニ戦争を起こしてローマに遠征。スペインからアルプスを越えてイタリアに侵入し、カンネーの戦いで大勝した。しかし、ザマの戦いでローマ軍に大敗したのちは、国家の再建と改革をはかるが、やがてシリアへ亡命、のがれられずビチニアで自殺した。アレクサンドロス大王と並ぶ古代の名将。

ハンムラビ Hammurabi (生没年不明)

バビロン第1王朝第6代の王、在位前1728頃－前1686頃。王位についてから約30年の間にメソポタミアを統一して強力な統一国家を建設した。また城や神殿を築き、運河を開き、貿易を活発にするなど、国力の充実をはかったので、バビロニア王国のもっとも栄えた時代となった。アッカド語を国語に採用し、また法律をまとめた『ハンムラビ法典』をつくったことでも有名。法典中の『目には目を』という言葉はよく知られている。

ピアリー Peary, Robert Edwin（1856－1920）
アメリカの北極探検家、人類最初の北極点到達者。ペンシルベニア州のクレッソンに生まれメーン州で育ち、ボードイン大学を卒業。海軍測量技師となり、ニカラグア運河工事調査に従事した。1886年から5度にわたってグリーンランドの調査をおこない、その後なん度も北極探検をこころみて、ついに1909年4月初の北極点到達に成功した。この業績で、海軍少将に任じられるなどの栄誉を受けている。

* **ピカソ Picasso, Pablo Ruizy（1881－1973）**
スペインの画家。美術学校の教師の子としてマラガに生まれ、幼時から絵の才能を示した。1900年パリに出て象徴主義に影響を受け創作に専念。「青の時代」「ばら色の時代」を経て、黒人彫刻の影響を受けた時代があり、またブラックらとともにキュビスム運動をおこした時代もある。その後、新古典主義に移り、シュルレアリスムの影響も受け、めまぐるしく変ほうをとげる情熱的活動をおこなった。代表作『ゲルニカ』『泣く女』。

ピカール Piccard, Auguste（1884－1962）
スイスの物理学者。化学者ピカールはふたごの兄弟。バーゼルなどで学びベルギーのブリュッセル大学教授に就任した。1931年自作の気球で成層圏の観測をおこなう。この時、1万5781メートルの高度に達し、1945年、今度は潜水調査船バチスカーフを建造して、深海潜水実験を手がけた。これも、4049メートルの深さまで潜水。子のジャックもトリエステⅡ号にのって、マリアナ海溝で1万918メートルの潜水深度記録をつくっている。

ビクトリア〔女王〕Victoria（1819－1901）
イギリスの女王、在位1837－1901。ジョージ3世の子ケント公の娘として生まれる。おじウィリアム4世の死後即位。1840年アルバート公と結婚し、夫の助言にささえられて、立憲君主として善政をおこない、国民の敬愛を集めた。保守、自由党の2大政党による議会政治が正しくおこなわれていた時期であり、64年の長きにわたってイギリス史上最大の繁栄の時代を築いた。これをビクトリア時代という。

ピサロ Pissarro, Camille(1830－1903)

　フランスの画家。ユダヤ系フランス人の子として、西インド諸島のセントトマス島に生まれる。1855年渡仏。ドラクロアなどの影響を受け、コローに学んだ。普仏戦争中はロンドンにのがれ風景画を研究し、戦後はフランスにもどりモネやセザンヌらと交わって印象派展に参加した。平和な田園生活を描き、人の心を静かにやわらかくひきつける作品が多い。代表作には『干し草作り』『ルーアンの道』などがある。

＊**ピサロ** Pizarro, Francisco(1475頃－1541)

　スペインの探検家、インカ帝国の征服者。軍人の私生児に生まれ、ナポリ王国征服戦に参加したのち、アメリカ大陸に渡る。1513年パナマ地峡横断隊に加わり、パナマ市建設、コロンビア探検などをおこなうが、インカ帝国の情報を得、1531年部下約180人と遠征し、インカ皇帝を捕らえて殺し、インカ帝国を征服した。この地をスペインの植民地とし、新首都リマの建設を始めるが、同僚との争いで刺客に殺された。

＊**ビスマルク** Bismarck, Otto von(1815－1898)

　ドイツの政治家。プロイセンの生まれ。ベルリン大学で法律を学んだのち官吏となり、三月革命には反革命派として活躍。革命後、大使を経て、プロイセン首相となる。強力な経済力、軍事力を背景にして、いわゆる鉄血政策を打ち出した。小国家に分裂していたドイツを統一して、1871年ドイツ帝国を創設して首相となり、三帝同盟、三国同盟を結んで、ヨーロッパの外交を自由に動かした。有名な演説から鉄血宰相とよばれている。

＊**ビゼー** Bizet, Georges(1838－1875)

　フランスの作曲家。声楽教師の子としてパリに生まれる。幼時から音楽に親しみ、パリ音楽院でピアノと作曲を学んだ。1857年にローマ大賞を受賞。ローマに留学して、イタリアの歌劇を学び、そのころから作曲に専念した。しかし発表した曲は、最初は認められず、1875年初演の『カルメン』も当時不評であった。その後、しだいに認められ、まもなく国際的に知られるようになる。『アルルの女』『真珠採り』などが代表作。

* **ピタゴラス Pythagoras**（生没年不明）
  前6世紀のギリシアの哲学者、数学者。エーゲ海のサモス島で生まれ、そこに学校を開いたが成功せず、南イタリアのギリシア植民地クロトンで宗教学術団体を結成。そこで数学、自然科学、哲学などを教えたが、民主派の圧迫を受けて、メタポンチオンに逃れ、この地で没した。三平方の定理ともいわれる「ピタゴラスの定理」は有名だが、ピタゴラスひとりの発見というより、ピタゴラス派の仕事と考えるべきである。

ヒッチコック Hitchcock, Alfred（1899－1980）
  映画監督。ロンドン郊外に生まれ、ロンドン大学で美術を学んだのち映画会社に入社。脚本家、美術監督などを経験し1925年映画監督となる。『強請(ゆすり)』で注目され、その後次つぎに恐怖と不安を追求するサスペンス映画を発表していった。「ヒッチコック・タッチ」といわれ、代表作には『白い恐怖』『見知らぬ乗客』『泥棒成金』『知りすぎていた男』『鳥』などがある。自作に必ず一場面出演するのも評判をよんだ。

ピット Pitt, William（1708－1778）
  イギリスの政治家。ウィリアムは、大ピットとよばれ、オックスフォード大学卒業後、陸軍を経て下院議員となり、七年戦争勃発後入閣して事実上の首相として戦争を指導。植民地のフランス勢力をのぞき、イギリス帝国の基礎を作った。このことで「偉大な平民」とよばれて国民の支持を得た。次男は、小ピットとよばれ、やはり政治家で24歳で首相となり、アメリカ独立戦争後の財政と政治の回復に活躍した。

ヒッポクラテス Hippokrates（前460頃－前375頃）
  医聖、または医学の父と呼ばれるギリシアの医師。医者の子としてコス島に生まれる。父から医学を学び、その後小アジアやギリシアの各地をまわり、知識を広めて哲学者や学者と親交を深めた。故郷にもどり、診療につくかたわら著作を始める。その後第2、第3の旅行をおこない、生涯3回の大旅行で見聞を広め、経験と観察をもとにした治療法を生みだした。人格的にもすぐれた人物で、理想的医学者とみなされてきた。

* ヒトラー Hitler, Adolf（1889－1945）

ドイツの政治家、ナチス党の党首。税関吏の子としてオーストリアに生まれ、芸術家をこころざしたが果たせず、政治運動に関心を持ち、第1次世界大戦に志願兵として出征。戦後ドイツ労働者党（のちのナチス党）に入り、1921年には党首についた。雄弁な演説によって人気を集め、ユダヤ人絶滅、反民主、反共産などを柱に独裁政治をおこなって、第2次世界大戦を起こした。連合軍の反撃にあい、最後は自殺した。

ビバルディ Vivaldi, Antonio（1678－1741）

イタリアの作曲家。バイオリン奏者の子としてベネチアに生まれ、父から音楽教育を受ける。若くして僧職につき、司祭になった。1703年からベネチア救貧院付属女子音楽学校につとめ、学校のために作品を書く。バイオリン奏者としても有名になり、ベネチアを中心にイタリアやドイツで演奏活動をおこなった。協奏曲やソナタなどの器楽作品に評価が高く、代表作には、合奏協奏曲『四季』がある。

ピブン Phibun, Songkram（1897－1964）

タイの軍人、政治家。バンコク郊外で生まれ、陸軍士官学校、陸軍大学を卒業し、フランスに留学。1932年立憲革命に参加して2年後国防相となる。1938年首相に就任し、第2次世界大戦中は日本に荷担して参戦した。戦後戦犯として捕えられたが釈放され、その翌年クーデターを起こし、首相となった。軍政をしき、反共親米政策をとったが、1957年のクーデターにより日本に亡命し、その後客死した。

ヒューズ Hughes, David Edward（1831－1900）

イギリスの電気技術者。ロンドンに生まれ、1838年渡米。一生の前半をアメリカで生活する。ケンタッキーのバーズタウン大学卒業。同大学の音楽、自然科学の教授をしているうちに、音の伝達、拡大に興味をもち、1855年印刷電信機、1878年炭素棒による接触抵抗型送話器を発明した。ともに広く用いられ、とくに後者はマイクロホンの原型となった。電気に関するすぐれた発明にたいして、ヒューズ賞がもうけられている。

ヒューム Hume, David（1711－1776）
イギリスの哲学者、歴史家。小貴族の子としてエジンバラに生まれる。大学で法律を学び、一時期商社につとめたが、1734年フランスに渡り哲学を研究した。帰国後『人生論』を著わして、その後も政治や哲学などに関する作品を発表。しだいに文筆家としての名が高まった。図書館司書を経て、外交官となり、J.J.ルソーと交友を深める。ロック、バークリーとともに、17～18世紀のイギリス古典経験論の代表者といわれている。

ピュリッツァー Pulitzer, Joseph（1847－1911）
アメリカの新聞経営者。ハンガリーに生まれ、のちアメリカに移住。1868年ドイツ語新聞『ウェストリッヘ・ポスト』の記者、州議会議員などを経て、『ディスパッチ』と『ポスト』を買収し、夕刊『ポスト・ディスパッチ』を刊行。これが大成功をおさめ、『ニューヨーク・ジャーナル』との間の猛烈な報道合戦は有名である。1890年ころから健康を害し失明同然となる。ピュリッツァー賞設置でもよく知られている。

ビュルガー Bürger, Gottfried August（1747－1794）
ドイツの詩人。「シュトルム・ウント・ドラング」時代の叙情詩人。物質的貧困と愛情問題に苦悩し、不幸な生涯を送った。ゲッチンゲン詩派の詩人たちに近く、ヘルダーの影響を強く受けた。民衆的で様式のととのった民謡調の『レノーレ』が代表作。18世紀を代表する詩人の一人であるとともに、ドイツにおけるバラード芸術の確立者であるといわれている。ホメロスなどの翻訳もあり、笑話集『ほら吹き男爵の冒険』は有名。

* **ピョートル〔1世〕 Pëtr I（1672－1725）**
ロシアの皇帝、在位1682－1725。大帝とよばれる。複雑な争いにまきこまれたまま10歳で即位。1695年、トルコと戦いアゾフを得て、海への出口をつかむ。変名で1697年家臣らとヨーロッパへ国情視察と軍事技術の研修に出発。帰国後、ロシアの制度をヨーロッパ風にかえていった。20年あまりつづいたスウェーデンとの戦いに勝ち、またロシアの近代化をおこなった。しかし、戦争、重税による国民の不満も大きかった。

ビョルンソン Björnson, Björnstjerne（1832—1910）

ノルウェーの詩人、劇作家、政治家。牧師の子として東部山地のクビクネに生まれ、幼時から才能を発揮した。イプセンらと知り合うと演劇改革運動に乗り出した。また新聞を創刊するなどして、ノルウェー独立と民主化のためにも活躍。戯曲『戦いの合間』などによって認められ、社会批判劇や純朴な農民生活を小説にえがいてノルウェー文学の旗手となった。1903年にはノーベル文学賞を受賞している。

ヒルティ Hilty, Carl（1833—1909）

スイスの思想家、法律家。ウェルデンベルクに生まれる。ドイツのゲッチンゲン大学やハイデルベルク大学で学び、故郷にもどって18年間弁護士をつとめた。その後ベルン大学で憲法や国際法を講義したり、陸軍裁判長、代議士、国際仲裁裁判所の委員などをつとめて活躍。強い宗教的信念と深い人間的理解によって、人びとの尊敬を集めた。著書に『眠られぬ夜のために』や『幸福論』などがある。

ヒンデンブルク Hindenburg, Paul von Beneckendorff und von（1847—1934）ドイツの軍人、政治家。普仏戦争などに参加し、次つぎと手がらをたてて昇進。一時退役をしたが、第1次世界大戦で、東部第8軍司令官に復帰して数かずの勝利をおさめて英雄となった。戦後、引退したが、1925年、共和国の第2代大統領になり、保守主義的政治を行なった。しかし、しだいにナチスの力に押され、ヒトラーに組閣を許した。晩年は、ナチス暴政の隠れみのに利用されていた。

ピント Pinto, Fernão Mendes（1509頃—1583）

ポルトガルの旅行家、著述家。1539年ころから、アフリカやアジアを旅行し、13回捕虜となる。そして17回売られるという波乱に富んだ生涯を送ったが、インド、アラビア、中国、日本での数かずの冒険や珍しい観察を書きつづった『巡歴録』が死後の1614年に発表され話題をよんだ。『巡歴録』には、多少オーバーなところもあるが、真実性については最近認められつつあり、各種の諸国語版が出ている。

閔　妃（びんひ）（1851－1895）

朝鮮李朝の高宗の妃で、希代の策略家。閔致禄の娘で、1866年王妃となった。反対派の大院君一派から実権をうばい、国王の親政としたが、その後、閔妃一門が実権をにぎり、日鮮修好条規を結び、開国後は開化派と対立。列強勢力を引き入れたその上に政権を保持していたが、日本の侵略により政権をうばわれ、三国干渉後、反日政策をとったため日本公使らに殺された。容姿端麗、資性明敏な人だったといわれている。

＊ ファーブル　Fabre, Henri（1823－1915）

フランスの昆虫学者、文筆家。貧農の子として南フランスに生まれる。コルシカ島のアジャクシオなどの中学校の教師をつとめ、レオン・デュフールの昆虫学の著作を読んで感銘。昆虫研究という一生の方向を決定した。ツチスガリの研究を発表するなどしたのち、1871年教師をやめて、貧困に悩まされつづけながらも『昆虫記』を出し続けた。およそ30年かかって10巻を完成、多くの人に読みつがれている。

＊ ファラデー　Faraday, Michael（1791－1867）

イギリスの物理学者、化学者。貧しい鍛冶屋の子としてニューイントンに生まれる。製本屋につとめ、仕事場の本を読んで科学に興味をもった。デービーの講演を聴いたのが縁で、王立研究所の実験助手となり、化学、物理の実験に才能をあらわした。1833年同研究所の教授となり、電磁気学の研究を行ない「ファラデーの法則」を発見し、また「ファラデーの効果」も発見。電気学の父といわれて、その業績がたたえられている。

ファリャ　Falla, Manuel de（1876－1946）

スペインの作曲家。スペインのカディスに生まれ、幼時からピアノを母に習う。やがて音楽理論を学んだのち、作曲家をこころざしてマドリードに出る。ペドレルなどに師事して1905年『はかない人生』を発表。歌劇賞にかがやき、また、ピアノ・コンクールでも1位となり、名声を得た。パリ留学中、ドビュッシーらと出会い、帰国後本格的な作曲活動をおこなった。民族主義的バレエ音楽『恋は魔術師』などが有名である。

ファン・アイク van Eyck

フランドルの画家兄弟。兄はフーベルト、Hubert van E.（？－1426）。弟はヤン、Jan van E.（1390 頃－1441）。二人の兄弟によって、それまでのテンペラ画法に代わる油彩画法が、初めて確立された。兄弟が協力して描いた、ベルギー、ガン市の聖バボン寺の祭壇画は、たいへん有名。また弟のヤンは、北方ルネサンス様式を完成し、イタリアルネサンスにも多くの刺激を与えた。ヤンの代表作に『アルノルフィニ夫妻像』がある。

フィヒテ Fichte, Johann Gottlieb（1762－1814）

ドイツの哲学者。麻織職人の子としてザクセンに生まれる。イエナ、ライプチヒ大学で神学を学んだのち、カント哲学に触れて『あらゆる啓示の批判の試み』を発表し有名になる。イエナ大学の教授に就任して『全知識学の基礎』を著わすが、1799年無神論争に敗れて職を追われた。フランス軍に支配されていたベルリンで『ドイツ国民に告ぐ』の公開講義を行ない、ドイツ国民の志気を高めた。ベルリン大学初代総長となる。

フィリップ〔2世〕 Philippe Ⅱ（1165－1223）

フランス国王、在位 1180－1223。カペー朝の名君で「尊厳王」と呼ばれている。封建君主として王の権力充実のために、先王の時代に失ったノルマンジー、アンジュー、ツーレーヌ、メーヌなどの諸地方をうばい返して、王領地を拡大した。また王位の世襲制を確立。集権的な政治支配を目指して、封建的政治をおしすすめていった。パリの街の発展にも力を注ぎ、旧ルーブル宮殿の造営は有名である。

フィリップ〔4世〕 Philippe Ⅳ（1268－1314）

フランス国王、在位 1285－1314。フランスに反抗的なフランドルとキエンヌの両地方とイギリスとの経済関係を断とうとして、両地域を攻撃したが失敗。財政たてなおしのため聖職者にも税金をかけた。その結果、教皇とはげしい争いになり、アナーニで教皇をおそい、教皇庁をアビニョンに移して直接支配した。国王評議会を中心とする中央行政機構を把握することによって、フランスは統一国家の形成がはじまった。

フィリッポス〔2世〕Philippos Ⅱ（前382－前336）
古代マケドニア王、在位前359－前336。アレクサンドロス大王の父。幼少年時代、テーベで3年間人質生活を送り、ギリシア文化などから影響を受けた。即位して第3次神聖戦争の機会をとらえてギリシアに介入。北部ギリシアの覇権が終わると、アテネとフィロクラテスの和約を結ぶ。またカイロネアで、アテネ・テーベ連合軍を粉砕してギリシアの政治的な独立を終わらせた。しかし、ペルシア討伐準備中に暗殺される。

フィルヒョー　Virchow, Rudolf（1821－1902）
ドイツの病理学者、人類学者、政治家。ポメラニアのシーフェルバインに生まれ、ベルリン大学で医学を学び、シャリテ病院につとめる。シュレジエン地方に流行した発疹チフスの調査で、流行の原因が労働者の貧困生活によることに怒りを覚え、政治に関心を持ち、三月革命に参加。その後大学の教授となり、病気の原因が細胞の変化にあるという細胞病理学説を唱えた。ドイツ人類学会や、プロイセン下院議員としても活躍した。

フェイディアス　Pheidias（生没年不明）
古代ギリシアの彫刻家。前500年から前490年ころ生まれたといわれ、前438年以後に没したらしい。アテネに生まれ、最初絵の勉強をしたが、やがて彫刻家になるためアルゴスのハゲライダスに師事した。「神々の像の制作者」とよばれるほど、多くのすぐれた神像を制作して、それらは、いずれも感情を越えた高い精神性をあらわしている。代表作『アテナ・パルテノス』は現存しないが、模作などで評価が高い。

フェリペ〔2世〕Felipe Ⅱ（1527－1598）
スペイン王、在位1556－1598。ローマ皇帝カール5世とポルトガル王女イザベルの子。幼いときからカトリック世界の中で育ち、反宗教改革の先頭にたって、新教国のイギリスやオランダと戦い、国内では、イスラム教徒の反乱をおさえた。1571年にトルコを破り、1580年には、ポルトガルを併合して広大な領地を継承、全盛をきわめた。しかし、その後スペインの誇る無敵艦隊がイギリス海軍に敗れ、影をおとした。

フェルナンド〔5世〕Fernando V（1452—1516）

カスチリャ王、在位 1474—1504。アラゴン王としては、フェルナンド 2 世、在位 1479—1516。他にシチリア王、ナポリ王。イサベル 1 世と結婚してアラゴン王に即位すると、カスチリャを統一して、現代スペイン国家の基盤をなした。その後イサベルと共同統治を行ない、宗教裁判を強化してユダヤ人追放を手がけた。また、コロンブスを援助して新大陸航路発見のために力をそそぎ、スペイン絶対王制の基礎を築く。

フェルマ Fermat, Pierre de（1601—1665）

フランスの数学者、法律家。モントーバン付近に生まれ、弁護士、地方議会議員の仕事のあいまに数学の研究を楽しんだ。アマチュアの数学者ではあるが、画期的な業績を残し、17 世紀最大の数学者であるといわれる。研究の多くは書簡に書かれただけで、子のサミュエルによって死後公刊された。微積分に関する業績のほか、フェルマの原理、解析幾何学の樹立、フェルマ型素数の推測など、注目すべき研究成果がある。

フェルミ Fermi, Enrico（1901—1954）

アメリカの物理学者。イタリアのローマに生まれ、のちにアメリカに帰化した。少年時代から物理学と数学に興味を示し、ピサ大学、ゲッチンゲン大学、ライデン大学で学び、ローマ大学理論物理学教授となる。フェルミ統計を発見し、電子による光放出、原子核の β 崩壊の理論などの業績をあげ、また中性子による元素の人工転換の実験に成功した。1938 年ノーベル物理学賞を受賞。その後アメリカで世界初の原子炉の運転に成功した。

フェルメール Vermeer, Jan（1632—1675）

オランダの画家。デルフトに画商の子として生まれたが、その生涯については、ほとんどわからない。またその評価においても死後 200 年ものちになってから高まり、現存する作品数は 35 点ほどしかない。代表作『デルフト風景』は、あたかも北欧の空気がにおいたつようである。他に『手紙を読む少女』『牛乳を注ぐ女』『レースを編む女』などの作品があるが、いずれもみごとな色調とやわらかい光にあふれている。

フォイエルバハ Feuerbach, Paul Johann Anselm von（1775－1883）
ドイツの刑法学者。イエナ近郊に生まれ、イエナ大学を卒業。1799年母校の講師となり、それをふり出しに、キール大学、ランツフート大学教授を歴任した。1805年バイエルンの司法省につとめ、その間に刑法制定事業に従事した。刑法典を生み出したことや、拷問が廃止されたことなど業績は多い。ドイツにおける近代刑法学の創立者といわれ、哲学者ルートウィヒは子どもである。主著『刑法改正論』など。

武　王（生没年不明）
中国、紀元前11世紀ころの周王朝の創始者。父文王のあとを継いで殷を討つため諸侯を集め、河南省で紂王の大軍を破った。これで殷は滅び、都を鎬京に定めて、周王朝を始める。弟の周公旦、召公奭、呂尚らの助けを得て、国の基礎を固め、諸侯を各地に封じた。父文王とともに、武王は聖王とよばれていたが、武王の死後国は乱れ、周公旦が、遠征の軍を出して周室を守ったと伝えられている。

フォークナー Faulkner, William（1897－1962）
アメリカの作家。ミシシッピ州の旧家に生まれる。教育はあまり受けなかったが、幼時から書物に親しみ、詩作などを始めた。高校中退後、第1次世界大戦に参加。除隊後ミシシッピ大学に入り、詩作に熱中した。大学も中退したのち詩集を出版し、そのご小説を手がけていった。『響きと怒り』『サンクチュアリ』『八月の光』などを発表して、1950年ノーベル文学賞を受賞。『自転車泥棒』は最晩年の作。

* **フォスター** Foster, Stephen Collins（1826－1864）
アメリカの作曲家。実業家の子としてペンシルベニア州ピッツバーク近郊に生まれる。少年時代から音楽の才能を示し、作曲を手がけた。また音楽教師について、ベートーベンの音楽などの研究も行なう。1849年『おおスザンナ』を発表。この曲の流行によって自信を得、歌曲作家となって『草けいば』や『オールド・ブラック・ジョー』などの曲を次つぎに書きあげた。しかし晩年は、飲酒、孤独、貧困のうちに死亡した。

フォッシュ　Foch, Ferdinand（1851−1929）
フランスの将軍。パリの理工科大学を卒業し、砲兵隊に入隊。陸軍大学戦略戦術教授を経て、校長、そして師団長となる。フランス内に進軍したドイツ軍を、マルヌ川河畔の戦いで破り、北部軍司令官に昇進。アルトワにおける攻撃、ソンムの戦いの指揮をした。1917年クレマンソー内閣の成立で全連合総司令官となり、元帥にもなる。1920年にはベルサイユ連合国軍事会議長、その後ドイツ非武装監視委員会会長に就任して活躍した。

* **フォード　Ford, Henry（1863−1947）**
フォード自動車会社の創立者、アメリカの自動車王。農民の子としてミシガン州に生まれる。早くから機械に興味を示し、デトロイトの機械工場、エジソン電灯会社につとめながら、蒸気機関で動く手製の自動車をつくった。その後、ガソリンエンジンによる世界で初めての自動車製作に成功。デトロイトにフォード自動車会社を創立し、流れ作業による量産方式で自動車の大衆化を行なう。

フォード　Ford, John（1895−1973）
アメリカの映画監督。両親はアイルランドから移住。メーン州ポートランドに生まれる。メーン大学卒業後、兄を頼って映画界入りし、小道具係を振り出しに、俳優、助監督を経て、監督となる。『アイアン・ホース』で認められ、ハリー・ケリー主演の西部劇を多く手がけた。『駅馬車』『怒りのぶどう』『わが谷は緑なりき』『黄色いリボン』と話題作は多く、再三アカデミー賞を受賞。作品にアイルランド気質がにじみでている。

フォーレ　Fauré, Gabriel（1845−1924）
フランスの作曲家。パミエに生まれ、幼時からオルガンに親しんだ。楽才を認められ、パリに出てニーデルメイエル学校でサン・サーンスに師事し、ピアノ演奏などを学ぶ。卒業後、いくつかの教会のオルガン奏者をつとめる。普仏戦争にも従軍したが、作曲家としても着実に名声を高めていった。両親の死によって構想された『レクイエム』は有名で、パリ音楽院では、ラベルやエネスコらの英才を育てることにも力を注いだ。

プガチョフ Pugachëv, Emeliyan Ivandvich（1742頃−1775）
18世紀ロシアの農民戦争の指導者、貧しいドン・コサックの子として生まれ、対プロイセンの七年戦争など3つの戦争に参加。しかし病気で帰国ののちは各地を放浪して、しだいにヤイク川のコサックの指導者となっていった。自らピョートル3世と称し、貴族の撲滅、農民の解放を宣言、反乱を起こした。参加者は10万人に達したともいわれたが、2年あまりののち鎮圧され、捕えられて四つ裂きの刑に処せられた。

溥　儀（1906−1967）
中国、清朝の最後の皇帝、在位1908−1912。宣統帝の名。3歳で清の皇帝に即位したが、辛亥革命で退位。北京を追われて日本公使館に逃れ、天津にかくれ住んだ。満州事変のあと、日本軍によって、1934年から満州国皇帝となる。第2次世界大戦後、満州国は滅び、日本に亡命の途中ソ連軍に捕えられ、ハバロフスクに抑留された。その後中国に引き渡されたが、9年後に釈放された。『わが前半生』という自伝がある。

フーコー Foucault, Jean Bernard Léon（1819−1868）
フランスの物理学者。出版業者の子としてパリに生まれ、医学をこころざすが、写真術の発明に刺激されて物理学の研究に進んだ。熱や光に関する各種の実験を行ない、媒質中（水）での光速度は、空気中よりもおそいことを実証し、光の波動説を確定。また振り子をつかって、地球の自転を実験的に証明できることを示した『フーコー振り子』も有名。この他にも数かずの光学の発達に寄与する発明発見などがある。

プーサン Poussin, Nicolas（1594−1665）
フランスの画家。ノルマンディーのレ・ザンダリーに生まれ、ガンタン・バランに学んだ。パリに出てラルマンなどに師事。リュクサンブール宮殿の装飾に雇われると、ローマへのあこがれが高まり、ローマに行ってイタリア・ルネサンス美術の研究を手がけた。ローマや想像の古代風景の中に、古典的人物を配した独創的な絵をかき、フランス近代絵画の祖といわれた。代表作に『アポロンとダフネ』『フローラの勝利』などがある。

ブーシェ Boucher, François (1703—1770)

フランスの画家。パリに生まれ、ルモアーヌに師事したが、まもなくワトーのデッサン版刻者として出発。イタリアにおもむき、チエポロから影響を受けて帰国した。アカデミー会員をへてのち、その会長となる。ギリシア神話に取材した女神や、上流階級の風俗などを好んで描き、フランス・ロココの典型的画家の一人となった。代表作に『ディアナの水浴』『ビーナスの勝利』などがあり、万能のテクニシャンであったという。

プーシキン Pushkin, Aleksandr Sergeevich (1799—1837)

ロシア近代文学の父、詩人、文章語の確立者。没落貴族の子としてモスクワに生まれる。ツァールスコエ・セロの学習院在学中から詩才をあらわし、革命的な詩『自由』などを発表したため南ロシアへ追放された。デカブリストの蜂起以後も、最後まで理想を捨てずに、あらゆるジャンルで活躍。ロシア国民文学を世界的水準にまで高めたが、妻をめぐる争いで決闘のすえ射殺された。『オネーギン』『大尉の娘』などが代表作。

フ ス Hus, Jan (1369頃—1415)

ボヘミアの宗教改革の先駆者。貧農の子としてフシネツ村に生まれ、プラハ大学で神学、文学を学び、カトリックの司祭となる。同大学教授、総長を2期つとめ、聖書を唯一の権威とし、宗教改革を主張した。そのため教皇から破門され、コンスタンツの会議によびだされ、異端者として火あぶりの刑にされた。しかし、誠実な教会改革の熱意とチェコ民族主義思想は、多くの支持を受け、のち信奉者によって、フス戦争へ発展した。

フック Hooke, Robert (1635—1703)

イギリスの物理学者。牧師の子としてワイト島に生まれる。オックスフォード大学のクライスト・チャーチで学び、ボイルに認められ、助手となって気体の法則の発見に寄与する。のちにグレシャム・カレッジの幾何学教授となった。業績は多く、物理学では「フックの法則」の発見があり、生物学では、コルクが細胞からできていることを自分で組み立てた顕微鏡で発見して「細胞」と名づけたことなどがあげられる。

プッチーニ Puccini, Giacomo（1858－1924）
イタリアの作曲家。音楽家の子としてルッカに生まれる。アンジェローニに音楽を学び、ミラノ音楽院に入学して作曲を学んだ。歌劇の処女作『ビリ』を発表したのち、次つぎにオペラを書きあげ、歌劇作曲家としての名声を得た。『トスカ』『蝶々夫人』の初演は不評であったが、じょじょに評価は高まった。特に『蝶々夫人』は長崎を舞台にした歌劇で、日本の旋律も取りいれた名作である。

＊**武　帝**（前156－前87）
中国、前漢第7代の皇帝、在位前141－前87。16歳で皇帝の位につき、半世紀以上も君臨した。中央集権政治を実現するために諸侯をおさえて、政治思想を儒教に統一。対外的には、北方の匈奴を討ち、大月氏国に張騫を派遣し、シルク・ロードをひらくなどした。治水事業も大規模におこない、農業を発展させたが、晩年にはたび重なる遠征などによって財政が苦しくなり、人民の不満をひきおこした。

＊**フビライ** Khubilai（1215－1294）
モンゴル帝国第5代皇帝、在位1260－1270。中国、元朝初代皇帝、在位1260－1294。第4代の兄モンケの時には、総督となって中国経営に力を注ぎ、モンケの死後皇帝の位について都を北京に移した。国号を元とあらため、その後南宋を滅ぼして中国を統一。さらにカンボジア、ビルマなど南方諸国にも侵略の手をのばした。大運河建設や貨へい統一なども行ないマルコ・ポーロも仕えたことがある。しかし日本攻略は失敗に終わった。

ブラウニング Browning, Robert（1812－1889）
イギリスの詩人。富裕な銀行家の子としてロンドン郊外に生まれる。早くから詩才をあらわし、ロンドン大学を中退。シェリーから影響を受けて、詩集『ポーリン』を発表。つづいて劇詩『パラセルサス』を書いて認められた。次つぎに作品を発表するなかで、女流詩人エリザベスと結婚。主にフィレンツェで幸福にすごした。代表作に『男と女』『指輪と本』『アソランドー』などがある。妻エリザベスも有名な詩人。

ブラウン Braun, Wernher von（1912−1977）
ドイツ生まれのアメリカのロケット技術者。子供のころから宇宙に興味を持ちベルリン工科大学卒業後、陸軍兵器局の技術者としてロケットの開発に従事。ロンドン空襲に使用したミサイルＶ２号を開発。第２次世界大戦後アメリカに帰化し、アメリカ初の人工衛星エクスプローラー１号の打ち上げを成功させた。次つぎにロケット開発に加わり、最大の功績は、1969年のアポロ11号による人類初の月面着陸に成功したことである。

ブラウン Brown, Robert（1773−1858）
イギリスの植物学者。牧師の子としてスコットランドに生まれ、エジンバラ大学で医学を学び、軍医となる。1801年からオーストラリア探検隊に参加して、インベスチゲーター号に乗船。約4000種の植物を採集して持ち帰った。その後、大英博物館の植物学部長となり、植物分類学に多くの業績を残した。また花粉を水の中に入れて顕微鏡で観察した時に発見した微粒子の運動「ブラウン運動」や、細胞核の発見などが有名。

ブラック Braque, Georges（1882−1963）
フランスの画家。ペンキ職人の子としてパリ近郊に生まれる。少年時代から絵を好み、パリに出て本格的に絵画を学ぶ。初め印象派の風景画を描いたが、しだいに自由な表現をのぞみ、フォービスムにむかった。セザンヌに影響を受けたのち、ピカソと知りあい、協力してキュビスムを創始。その後、物静かな落ち着きのある絵をかくようになった。代表作に『バイオリンと水差し』『ギターを持つ女』などがある。

ブラッグ Bragg, William Henry（1862−1942）
イギリスの物理学者。カンバーランドのウェストワードに生まれ、ケンブリッジのトリニティ・カレッジを卒業。1886年オーストラリアのアデレード大学の数学、物理学教授になったのをふり出しに、いくつかの大学、研究所につとめた。1912年から２年あまりにわたって、子のローレンスと共同で、Ｘ線による結晶の回折の研究をおこない、原子的構造を解明した。またＸ線分光器を考案し、父子で1915年ノーベル物理学賞を受賞。

* **プラトン Platon**(前427－前347)
　古代ギリシアの哲学者。貴族の子としてアテネに生まれる。ソクラテスの教えから大きな影響を受け、ソクラテスが死刑になると、堕落した政治に絶望して、ソクラテスの思想や教えを発展させるために『対話篇』を著わした。アテネでアカデメイアを開いて教育と著作に専念し、真の知識の上にのみ真の国家統治ができると考え、シチリアに理想国家を実現しようとしたが失敗した。アリストテレスは門人である。

ブラマンテ Bramante, Donato(1444－1514)
　イタリアの建築家。ウルビノ近郊に生まれ、そこで基礎修業を積んでミラノへ行き、スフォルツァ家に仕えて、サンタ・マリア・デレ・グラチエ教会の内陣部などを手がけ、その他多くの改築や室内装飾に腕をふるった。1506年、ローマ教皇の依頼でサンピエトロ寺院の改築にたずさわり、中央に大円蓋をいただくギリシャ十字の集中方式をとったが、工事初期に死去。ミケランジェロが受けつぎ、ルネサンス最大の記念碑となる。

ブラームス Brahms, Johannes(1833－1897)
　ドイツの作曲家。コントラバス奏者の子としてハンブルクに生まれる。幼時から父に音楽を学び、ピアノと作曲の本格的な勉強をしたのち、早くからピアニストとして活躍した。シューマンに認められ楽壇に進出し、1868年『ドイツ・レクイエム』を発表して、作曲家としての名声を得た。交響曲、協奏曲、室内楽曲など多くの作品を残し、バッハ、ベートーベンと並んで、ドイツ3Bといわれている。『ハンガリー舞曲』が有名。

ブラン Blanc, Jean Joseph Charles Louis(1811－1882)
　フランスの社会主義者。実業家の子としてマドリードで生まれる。パリで苦学をして法律を学び、やがてジャーナリストとして活躍。『労働の組織』を著わす。普通選挙制の実施を主張し、労働組合の結成を促した。1848年二月革命後、臨時政府に加わり、社会主義派を代表し、国立工場の創設などをおこなったが、6月事件後イギリスに亡命。帰国後は、議員として活躍した。『十年史』『フランス革命史』などの著作がある。

フランク Franck, César Auguste（1822−1890）
　ベルギー生まれのフランスの作曲家、オルガン奏者。リエージュに生まれ、ピアニストになるために練習にはげみ、1837年パリに出る。パリ音楽院で対位法、ピアノを学び、その後オルガン教師をして、パリに定住。作曲は長い間評価されず、ようやく50歳をすぎて傑作を書き始め、1890年『弦楽四重奏曲』で大成功をおさめた。しかし、とつぜん馬車の事故にあい死去。代表作に『交響曲ニ短調』『交響変奏曲』などがある。

プランク Planck, Max Karl Ernst Ludwig（1858−1947）
　ドイツの理論物理学者。キールの名門の家に生まれる。ミュンヘン大学に入学、のちベルリン大学に移って、キルヒホフ、ヘルムホルツに学んだ。その後、ミュンヘン大学などの講師を経て、ベルリン大学教授に就任。熱放射の理論的研究をおこない、量子仮説を導入し、のちの量子力学への道を開くこととなった。1918年ノーベル物理学賞を受賞。相対性理論のアインシュタインを大学に招くのにも力をつくしている。

* **フランクリン** Franklin, Benjamin（1706−1790）
　アメリカの印刷出版業者、思想家、政治家、科学者。ボストンに生まれ、父のろうそく製造などを手伝ったのち、兄の印刷屋に奉公。その後『ペンシルベニア・ガゼット』の経営を手はじめに、病院、図書館、大学、学術協会などをつくる仕事に加わった。また自然科学に興味を持ち、地震の研究、避雷針の発明などもおこない、その他、数えきれないほどの業績があるが、アメリカ独立に力をつくしたことでも有名。

フランコ Franco Bahamonde, Francisco（1892−1975）
　スペインの軍人、政治家。ガリシア地方に生まれ、アルカサル士官学校卒業後、モロッコの反乱軍をしずめて名をあげる。その他多くの功績により、33歳の若さで将軍に昇進。スペイン共和政府の参謀総長となったが、左遷されたのち、モロッコで反政府クーデターを起こし、それはスペイン内乱となる。勝利を手にして、独裁政権をつくり、首長に就任。1947年国民投票によって国家首長に決まり、強権の独裁政治を行なった。

フランス France, Anatole (1844－1924)

フランスの作家。古本屋の子として、パリ、セーヌ河畔に生まれる。上院図書館司書をつとめながら詩を書き始め、やがて小説も手がける。『シルベストル・ボナールの罪』で名声を得て、次々に作品を発表した。『ル・タン』紙に1886年からおよそ7年間文芸時評を連載。批評家としては印象批評家であった。代表作に『わが友の書』『鳥料理レーヌ・ペドーク亭』『赤い百合』などがあり、1921年ノーベル文学賞を受けている。

ブランデージ Brundage, Avery (1887－1975)

国際オリンピック委員会（IOC）の第5代会長、在職は1952－1972。アメリカに生まれ、イリノイ州立大学を卒業。学生時代からスポーツ選手として活躍し、1912年第5回オリンピック、ストックホルム大会では陸上競技五種競技で5位に入賞。1936年からIOC委員となる。純粋なアマチュアリズムの擁護者で、スポーツの商業主義とはげしく対立した。また、シカゴの億万長者でもあり、東洋美術のコレクターであることも有名。

ブランデン Blunden, Edmund Charles (1896－1974)

イギリスの詩人、批評家。教師の子としてロンドンに生まれる。クライスト・ホスピタル校卒業後、第1次世界大戦に従軍。戦功をたてて復員後は、オックスフォード大学に学び、『羊飼』などで田園詩人の地位を確立した。東京帝国大学で英文学を教えたこともあり、その後、編集者や教師をへて、オックスフォード大学詩学教授となった。多くの詩集のほかに、シェリー、ラムなどの研究、参戦記録『大戦余韻』も残した。

ブリアン Briand, Aristide (1862－1932)

フランスの政治家。ナントに生まれ、社会主義に共鳴して、弁護士、ジャーナリストとして運動に参加し、代議士となる。しだいに社会主義からはなれ、文部大臣、法相、外相をつとめ、1909年に首相に就任した。その後11回首相に選ばれ、1925年にはロカルノ条約締結、その翌年には、ドイツの国際連盟加入、そして1928年には不戦条約締結に力を注ぎ、協調外交による国際政治の安定をめざした。ノーベル平和賞を受賞している。

フーリエ Fourier, Charles（1772－1837）

フランスの社会思想家、社会主義者。富裕な商人の子としてブザンソンに生まれ、少年時代から、資本主義的商業に社会悪の根源があるのではと反感を持ち続けた。また暴力や革命も憎み、キリスト教的原罪の教義をも否定。自由な生産者の協同組合社会の実現を提案し、この理想社会を、社会の平和的改造によって実現できると確信した。著書に『家庭的農業的協同社会概論』などがあり、北アメリカのブルック農場の実践は有名である。

プリーストリー Priestley, Joseph（1733－1804）

イギリスの化学者、牧師。ヨークシャーのフィールドヘッドに仕立屋の子として生まれる。神学校卒業後、非国教派の牧師をつとめ、またウォリントンの学校で自然科学を教えた。その後ロンドンでフランクリンに会い、そのきっかけで電気に関する研究を始め『電気の歴史』を著わした。また、有名な酸素の発見、アンモニア、塩化水素の発見などもおこない、フランス革命後、アメリカに移住したのちも、自然科学に専念した。

ブリューゲル Bruegel, Pieter（？－1569）

フランドルの画家。1528年ころ、オランダの北ブラバンド州に生まれたらしい。絵の勉強をしたのち、フランスとイタリアに遊学。遊学途上アルプス風景に心を打たれ、多くの素描をこころみた。ローマに滞在したのち帰国。アントワープで制作を始め、結婚してからはブリュッセルに移り、ここを活動の本拠地とした。農民画家といわれ、油絵は40点ばかりであるが、『謝肉祭と四旬節のけんか』などの作品が特に有名である。

* **フルシチョフ** Khrushchëv, Nikita Sergeevich（1894－1971）

ソ連の政治家。ウクライナの貧しい炭坑夫の子として生まれ、炭鉱で働き、1918年共産党に入党。のち党機関で活躍し、1938年にはウクライナ共産党中央委員会第1書記に任命された。第2次世界大戦後は、ソ連共産党中央委員会幹部会員、スターリンの死後は、党第1書記に就任した。1956年、スターリン批判をして、世界に衝撃を与え、1958年から首相を兼任したが、農業政策の失敗などのため失脚した。

プルースト Proust, Marcel（1871−1922）
　フランスの作家。医師の子としてパリに生まれ、パリ大学で学ぶ。早くから文学をこころざし、詩文集『楽しみと日々』を出版したり、社交界、文学サロンに出入りしたが、持病のぜんそくが悪化して家にこもりきりとなった。発作に苦しみながら大作『失われた時を求めて』の第1編『スワン家のほうへ』を完成。第2編『花咲く乙女たちのかげに』で、ようやく文名が高まった。全7編のこの作品は、20世紀の代表的大作のひとつ。

プルターク Plutarch（50以前−120以後）
　古代ローマの哲学者、著述家。ギリシアのボイオチア地方の生まれで、アテネに遊学。プラトン哲学を学んだのち、エジプト、イタリアを旅行して、皇帝をはじめとする多くの名士と交わった。アカイア州の知事に任命され、ローマ市民権を得る。その後、デルフォイの神官となり、トラヤヌス帝、ハドリアヌス帝の時代には、アポロンの神殿の復興にもつくした。主著に『英雄伝』や『道徳論』などがある。

ブルータス Brutus, Marcus Iunius（前85−前42）
　共和政末期のローマの政治家。名門の出身で、共和政理念の保持者として知られている。キプロスで、カトーと共に活躍したのち、アッピウス・クラウディウス・プルケルの副官となってキリキアに行く。内乱では、シーザーに対してポンペイウス側で戦ったが、のち許されてシーザーのもとで出世していった。前44年3月15日、シーザー暗殺を実行して、このときシーザーが『ブルータス、おまえもか』と叫んだ言葉は有名。

＊ **フルトン** Fulton, Robert（1765−1815）
　アメリカの技術者。ペンシルベニア州リトル・ブリテンの農家に生まれる。初め画家をこころざしたが、その後機械の発明に興味をもち『運河航行の改良論』を書く。フランスに滞在し、潜水艇や水雷艇の実験をおこない、汽船航行に興味をもったのち、セーヌ川で蒸気機関を船に使う実験に成功。帰国して、ハドソン川に蒸気船「クラーモント号」を浮かべて、汽船時代の幕開けをなした。

ブルーノ Bruno, Giordano（1548－1600）

イタリアの哲学者。ナポリに近いノラで生まれ、ドミニコ派修道院に入り司祭にまでなったが、古代や自然学に興味を持ち、修道生活を捨ててヨーロッパ各地を遍歴した。反教会的な講義を各地で行なったため、ベニスで異端審問に付され、獄中生活7年ののち、ローマで火刑に処せられた。宇宙は無限であり、神性は全宇宙をつらぬく生命であるととなえ、人間の生き方をといた。主著『無限、宇宙と諸世界について』などがある。

ブレーク Blake, William（1757－1827）

イギリスの詩人、画家、神秘思想家。ロンドンの洋品店に生まれ、正規の教育は受けなかったが、デッサンや彫刻を学び、美術への関心を高めた。詩とさしえを版に彫り『小品詩集』を出版。版画店を開いて、彩飾印刷法を考案した。その後、自作の詩集『無垢の歌』をはじめとする多くのさし絵を描き版刻した。これらの絵画の幻想的、象徴主義的作風は、近来ことに高く評価されている。そのほかに『天国と地獄の結婚』などがある。

ブレジネフ Brezhnev, Leonid Iliich（1906－1982）

ソ連の政治家。労働者の子としてウクライナに生まれ、1931年共産党入党。独ソ戦の際、活躍してフルシチョフに認められ、戦後、党幹部となる。次つぎに出世して、フルシチョフ首相の腹心として1960年最高会議幹部会議長に就任。その後フルシチョフを失脚させて、党第一書記となり、最高実力者の地位についた。1968年には、チェコスロバキア軍事介入をして、社会主義圏に対し、強い姿勢をみせた。

＊ **フレーベル** Fröbel, Friedrich（1782－1852）

ドイツの教育者、幼稚園の創始者。牧師の子としてオーベルバイスバッハに生まれ、貧しい幼年時代を送った。イエナ大学で自然科学を学ぶ。中退ののち、ペスタロッチの影響を受けて教育に関心をもち、カイルハウの山村に学園を開いた。『人間の教育』を発表して注目をあび、世界で最初の幼稚園をつくり、保母の養成や、幼児用の教具のくふうにあたったが、プロイセン政府から幼稚園禁止令が出され、悲運のうちに死去した。

フレミング Fleming, John Ambrose（1849－1945）
イギリスの物理学者、電気工学者。ランカスターに生まれ、ケンブリッジ大学卒業。ロンドンのエジソン電灯会社の顧問をへて、ユニバーシティ・カレッジ電気工学科教授を務めた。電磁気学の研究で、電流、磁場、導体の運動の三方向に関するフレミングの法則は有名。マルコーニ無線電話会社の顧問にもなり、25年間、電信技術の発展にも貢献した。二極真空管の発明など、その他の業績も多い。

* **フレミング** Fleming, Alexander（1881－1955）
イギリスの細菌学者。スコットランドのロッホフィールドに生まれ、セント・メアリーズ医学校卒業後、A. ライトの研究室で細菌学を学ぶ。第1次世界大戦で軍医大尉として従軍したが、その時、殺菌剤の乱用について心をいため、研究を始める。偶然青かびが、ブドウ球菌を溶かす現象を発見し、その成分をとり出して「ペニシリン」と命名。ノーベル生理・医学賞を受賞した。ストレプトマイシンなどの発見のいとぐちとなる。

* **フロイト** Freud, Sigmund（1856－1939）
オーストリアの精神医学者、精神分析の創始者。モラビアのフライベルクに生まれ、ウィーン大学医学部卒業。脳の解剖学的研究などを行なったのち、パリに留学して、精神病院で研究に従事。催眠術を知り、人間の心には無意識が存在すると確信をもち、カタルシス法を確立した。しかし、欠陥を発見し、自由連想法による治療「精神分析」を打ちたて、この学問は、広い分野に応用されている。著書『精神分析入門』『夢判断』など。

プロコフィエフ Prokofiev, Sergei Sergeevich（1891－1953）
ソ連の作曲家。エカテリノスラフにユダヤ人の大地主の子として生まれる。ピアノ好きの母の影響で、幼いころから音楽に親しみ、作曲を手がけた。ペテルブルク音楽院で、リムスキー・コルサコフなどに師事。在学中から次つぎに作品を発表して『古典交響曲』で広く認められる。ロシア革命後は、一時欧米で活動し、1933年祖国に戻り、当局の批判を受けながらも『ピーターと狼』などの曲を残した。

フロベール Flaubert, Gustave（1821-1880）

フランスの作家。市立病院長の子としてルアンに生まれる。中学のころから小説創作を試み、パリ大学では法律を学んだが、神経症の発作に襲われ、以後文学に専念。最初は空想過剰で散漫な作風であったが、53か月かかって、実話にもとづき、写実的にえがいた近代写実主義文学の頂点ともいうべき『ボバリー夫人』を発表した。日本の自然主義文学にも、大きな影響を与え、文学史上、本格写実主義小説の創始者といわれる。

* **ブロンテ**〔姉妹〕Brontë

シャーロット、Charlotte（1816-1855）。エミリー、Emily（1818-1848）。アン、Anne（1820-1849）。イギリスの女流作家3人姉妹。ヨークシャーの荒涼とした寒村ホーアスの牧師の娘として生まれる。幼いときから空想の世界にひたり、創作を始める。シャーロットの代表作『ジェーン・エア』、エミリーは『嵐が丘』、アンは『アグネス・グレー』があり、ともに薄命であった。シャーロット、エミリーの作品の評価は高い。

文王（ぶんおう）（生没年不明）

中国、周王朝の祖。武王の父。季歴の子。父のあとをつぎ、王位についたが、太顚（たいてん）、閎夭（こうよう）、散宜生らのすぐれた人びとを起用したため、その声望を聞いて他の土地からも周に仕えようとする者が集まったという。一時殷の紂王に捕えられ羑里（ゆうり）に幽閉されたが、許されたのちは、いっそう徳治につとめた。死後、子の武王が即位し、殷を倒して周王朝を創始。「文武」とならび称され、理想の君主とされている。

ブンゼン Bunsen, Robert Wilhelm（1811-1899）

ドイツの化学者。ゲッチンゲンに生まれ、幼時から自然科学に興味を示した。ほとんど独学で木工や金工の技術を習い、大学卒業後国内国外各地を旅行。その後、カッセルの工科大学をふり出しに多くの大学の化学教授を歴任した。イギリスのロスコーとともに、光化学の「ブンゼン・ロスコーの法則」を発見。つづいて、ガス分析法、セシウム、ルビジウムを発見し、ブンゼンバーナー、ブンゼン電池など多くの考案をおこなった。

文　帝 （541−604）

中国、隋朝の初代皇帝、在位 581−604。楊忠の子。父は西魏の十二大将軍の一人で、父の功によって西魏を継いで北周で出世した。長女が北周宣帝の皇后になったため、外戚として政治の実権を握り、宣帝の子を譲り受けて隋朝を開いた。首都を長安として、官制、均田制などを定める。節倹を重んじた政治で、南北朝を統一して治績をあげた。しかし疑い深い性質で、一族などを多く殺害したため、最後は殺されたという。

文天祥 （1236−1282）

中国、南宋末の政治家。江西省に生まれ、20歳のとき進士に1番で合格した。元軍が南宋に迫ると義勇軍を率いて戦い、ついに南宋が元に降伏すると、宰相となって講和におもむいたが失敗。拘留中に南宋は滅び、その後逃げ出してあくまでも元軍にはむかった。しかし再び捕らえられ、元への仕官をすすめられたがことわり続けたため、3年後死刑になる。獄中書きあげた『正気の歌』は、日本の幕末に勤王の志士に愛唱された。

フンボルト　Humboldt, Alexander von （1769−1859）

ドイツの自然科学者、地理学者。貴族の子としてベルリンに生まれ、ゲッチンゲン大学や、フライベルク鉱山専門学校などで学ぶ。のち鉱山監督官となったが、数年後辞職し、中央、南アメリカの探検旅行をおこなう。『新大陸の赤道地方への旅行』などを著わし、また、ロシア皇帝に招かれて、ウラル、アルタイ、中央アジアへの旅行もした。その旅行で、初めての正確な地理の報告を残し、晩年は大著『コスモス』の著作に専念した。

ベクレル　Becquerel, Antoine Henri （1852−1908）

フランスの物理学者。物理学者の子としてパリに生まれる。エコール・ポリテクニクに学び、のち同校教授になる。偏光の現象、燐光、結晶による光の吸収や、地磁気の研究をおこない、その後、ウラン鉱石の出す放射線を発見。これは、ベクレル線と呼ばれるようになり、友人のキュリー夫妻のラジウムの発見をみちびいた。これらの業績によって、1903年ノーベル物理学賞を受賞。息子もまた物理学者である。

ヘーゲル Hegel, Georg Wilhelm Friedrich（1770－1831）

ドイツの哲学者。官吏の子として、シュツットガルトに生まれ、チュービンゲン大学神学科に入学。家庭教師をしたのち、イエナ大学の講師として、学問的業績をあげていった。『精神現象学』を発表。その後、ハイデルベルク大学教授となり『エンチュクロペディー』を出版。ベルリン大学に招かれてヘーゲル学派を形成し『法の哲学』をまとめ、ドイツ観念論を集大成して弁証法による壮大な哲学体系をうちたてた。

ベーコン Bacon, Francis（1561－1626）

イギリスの哲学者、政治家。貴族の子としてロンドンに生まれ、ケンブリッジ大学に学ぶ。エリザベス女王下に国会議員となり、ジェームズ1世のもとでは司法長官などについた。しかし汚職がもとで失脚し、晩年は研究と著述に専念。観察や経験にもとづく帰納法を用いて真の知識にいたらねばならないととといて、経験主義の祖となり、デカルトと共に近世哲学の開拓者とされる。著書に『新機関』などがある。

＊**ベサリウス** Vesalius, Andreas（1514－1564）

ベルギーの解剖学者。ブリュッセル生まれで、パリへ出て医学を学んだが、ガレヌスの解剖説に不満をおぼえ、パリを去ってルバンに帰り、独学で解剖学研究に専念。人体解剖を何度も実施した。パドバ大学の解剖学、外科学の教授となり、『人体の構造について』全7巻を出版して、ガレヌスの説の誤りを指摘した。この書は反響をよび、医学の近代化への出発点となる。聖地エルサレムへの巡礼の帰途、ザキントス島で没した。

ヘ　ス Hess, Victor Francis（1883－1964）

アメリカの物理学者。オーストリアのワルトシュタインに生まれ、グラーツ大学を卒業。ウィーンで物理学を研究し、シュワイドラーから放射能の分野で知識を得る。その後、ウィーン科学アカデミーのラジウム研究所につとめ、軽気球で高空観測をおこなった。このことで宇宙線を発見し、宇宙線研究の先駆となる。インスブルック大学などの教授となり、1934年にノーベル物理学賞を受賞した。ナチスに追われ1944年アメリカに帰化。

* **ペスタロッチ** Pestalozzi, Johann Heinrich（1746－1827）
  スイスの教育者。チューリヒに生まれ、チューリヒ大学に入学。愛国者団体や社会運動にも加わり、その後、ノイホーフで、貧民の子を集めて学校を開いたが失敗。終生、教育の実践と思索に専念する。フランス革命の余波がスイスに及んだ時、スタンツに孤児院を開き、子どもたちと寝食をともにした。またブルクドルフなどに国民学校を建て、教育に力を注いだ。『隠者の夕暮れ』『リーンハルトとゲルトルート』の著書は有名。

ベスプッチ Vespucci, Amerigo（1451/54－1512）
イタリアの航海者。フィレンツェの生まれ。メディチ家に仕え、セビリャ支店で働きながら、コロンブスの第2回めの航海の船を準備し、また自らも航海に出かけた。国王のために、ブラジルへ航海をしてリオ・デ・ジャネイロ湾を発見。アジアとは別の新大陸であると確信し、何度か航海を繰り返す。ワルトゼーミュラーが、ベスプッチの航海報告を刊行するさい、アメリゴという彼の名にちなんで、その大陸をアメリカと名づけた。

ヘッセ Hesse, Hermann（1877－1962）
ドイツの詩人、作家。宣教師の子として、シュワーベンに生まれる。難関を突破して神学校に入るが、束縛された寄宿生活に耐えかねて脱走。自殺を試みたうえに中途退学をした。いくつかの職につきながら文学修業を始め、詩集などを出版。『ペーター・カーメンチント』でようやく作家の地位が固まり、次つぎに作品を発表した。『車輪の下』『デミアン』などが有名で、1946年にノーベル文学賞を受賞している。

ベッセマー Bessemer, Henry（1813－1898）
イギリスの冶金技術者。ハートフォードシャーのチャールトンに生まれ、父の活字鋳造所で働きながら、多くの発明をおこなった。一生のうちに120以上もの特許を取るほどの発明家で、活字鋳造機、サトウキビ搾り機、光学ガラス融解炉、転炉製鋼法などがあげられる。特にベッセマー法とよばれる転炉吹精法は有名。1871年に、イギリス鉄鋼協会会長に就任し、またのちにはナイトに叙された。

* **ヘディン** Hedin, Sven Anders（1865－1952）

スウェーデンの地理学者、内陸アジア探検家。ストックホルムに生まれ、いくつかの大学で学んだのち、ベルリン大学でリヒトフホーフェンに地理学を学び、中央アジア探検を決意。数回に渡って中央アジアの学術調査をおこなった。1900年ロブ砂漠で古都楼蘭の廃墟を発見。また1934年には幻の湖ロブ・ノール遷移説を実証した。旅行記を75冊の本にまとめ、その他多くの学術報告を出して、秘境の解明に力を注いだ。

* **ベートーベン** Beethoven, Ludwig van（1770－1827）

ドイツの作曲家。音楽家の子としてボンに生まれ、父などに音楽教育を受ける。少年のころから宮廷のオルガン奏者になり、モーツァルトやハイドンなどにも学んだことがある。ピアニストとして活躍しながら、『交響曲第1番』を作曲。作曲家としての地位を得た。その後、耳の病気がすすみ音をなくしたが、絶望の時期を克服して、次つぎと名曲を生みだした。とくに交響曲『英雄』『運命』『田園』『合唱』は有名。

ペトラルカ Petrarca, Francesco（1304－1374）

イタリアの詩人。トスカナ州アレッツォの生まれ。モンペリエとボローニャ大学で法律を学び、卒業後教皇庁につとめた。ラウラ夫人との恋愛をきっかけに詩作を始め、教皇庁の蔵書を読んでは、古典の研究にひかれた。その後、ヨーロッパ各地を旅行し、古代の手写本を集め、ローマでは桂冠詩人の栄誉を受けている。ラウラ夫人の死後イタリア各地に住んだ。代表作に、叙情詩集『カンツォニエーレ』がある。

ペトロ Petros（生没年不明）

イエスの十二使徒のひとり。ガリラヤ湖北西岸のカペナウムの漁夫であったが、弟のアンデレとともに、イエスの弟子となった。気性の激しい人で熟慮せずに答弁し、すぐ行動に移す人柄であったが、イエスからは信頼を受けた。キリスト受難のときは逃げ出したが、復活したイエスを目撃したのはペトロが初めてで、回心したペトロはキリスト教会の歴史的創始者となり、指導的人物となった。ネロ帝の迫害がもとで殉教した。

ベネディクト　Benedict, Ruth（1887－1948）
アメリカの女流文化人類学者。バッサー・カレッジ卒業後、語学教師などをつとめたのち、コロンビア大学入学。アメリカ・インディアンの民話や宗教の研究をおこない、卒業後は同大学の人類学教授となり、人間の思想・行動の意味を心理学的にとらえようとした。主著に『文化の型』や、日本を対象として晩年に書かれた『菊と刀』がある。一連の国民性研究をおこない、総合人類学をとなえたことでも知られている。

ヘミングウェー　Hemingway, Ernest（1899－1961）
アメリカの作家。シカゴ郊外に医師の子として生まれ、幼い時から狩猟好きの父に連れられ森林などを歩く。高校時代に詩や短編を書き始め、卒業後新聞記者となる。第１次世界大戦に義勇兵として参加し重傷を負った。その後渡欧して、創作上の多くのものをつかみ、1926年に『日はまた昇る』、3年後に『武器よさらば』を発表。さらに、『誰がために鐘は鳴る』『老人と海』などの名作を著し、1954年、ノーベル文学賞を受賞した。

ヘラクレイトス　Herakleitos（前540頃－？）
ギリシアの哲学者。エフェソスの王家の出身であるが、相続せず、家は弟に譲ったといわれる。孤高の立場を守り、ホメロスやピタゴラスらの詩人や哲学者を非難して、宇宙のもとになるものは火と考え、火の変化によって万物が生まれるという説をとなえた。これは、のちにヘーゲルによって弁証法の１つの祖とされたが、当時の人びとには難解なものと思われ、「闇の人」とあだ名されたという。

ベラスケス　Velázques, Diego Rodríguez de Silva y（1599－1660）
スペインの画家。セビリャに生まれ、パチェコらに学ぶ。マドリードに出て、フェリペ4世の首席宮廷画家をつとめ、また宮廷役人としても出世した。ルーベンスにすすめられてイタリアに遊学し、ベネチア派の影響を受けて、明るい色調と軽妙な筆致を会得。晩年には空気遠近法を完成し、のちの画家たちに「画家の中の画家」と呼ばれたという。代表作に『女官たち』『バッカスの戴冠』『ビーナスとキューピッド』がある。

ペラン　Perrin, Jean Baptiste（1870－1942）
　フランスの物理化学者。リールに生まれ、パリ大学に入学して、コロイド溶液の研究を始め、逆に沈降現象やブラウン運動によって分子の実在を確認。またアボガドロ数の測定にも成功した。パリ大学理学部で物理化学講座を担当し、その後、生物物理学研究所所長、国際物理化学会会長をつとめる。1926年ノーベル物理学賞を受賞したが、第2次世界大戦ではアメリカに亡命しそこで死去した。分子論的研究、光化学などにも業績がある。

ペリクレス　Perikles（前495頃－前429）
　古代ギリシアのアテネの政治家。アテネの名門の生まれであるが、幼少期のことはほとんどわからない。哲学者アナクサゴラスや芸術家ソフォクレスなどと交わり、当時の新思想を身につけた。民主派の政治家として政界に入り、エフィアルテスと共にアレオパゴス会議の権力を奪って、民主的改革に成功。その後将軍を続け、スパルタとの和約も結び、ペリクレス時代という学問、芸術が盛んなアテネ全盛時代をつくった。

ベーリング　Behring, Emil von（1854－1917）
　ドイツの細菌学者。ハンスドルフに生まれ、ベルリンの陸軍軍医学校で医学を学び、卒業後、軍医をつとめながら、ヨードホルムが菌の放出する毒素を中和することを発見。コッホ研究所に入ると、北里柴三郎とともにジフテリア治療血清および破傷風血清を発見した。その後、ハレ大学などの衛生学教授となり、血清療法、特にジフテリアに対するその応用に関しての研究により医学の新分野を開拓し、1901年ノーベル生理・医学賞受賞。

ベーリング　Bering, Vitus Jonassen（1681－1741）
　ロシアの航海士、探検家。デンマークのホアセンスに生まれ、初めデンマークの海軍に入ったが、のちロシア海軍の士官となる。ピョートル大帝の命令で、アジアと北アメリカが陸続きかどうかを確かめるため、カムチャッカ海域の探検をした。1728年海峡を初めて通過。のち「ベーリング海峡」と命名される。その後、ふたたび探検を命じられ、アラスカ沿岸などを探検してアリューシャン諸島などを発見したが、途中病死した。

* **ベ　ル　Bell, Alexander Graham（1847—1922）**
アメリカの発明家。イギリスのエジンバラに生まれ、ロンドン大学で医学を学ぶ。ヘルムホルツの音響学に関心をもち、父とアメリカに渡り、発声学や生理学の研究をした。ボストン大学の音声生理学の教授となり、電話の実験を始め、電磁型送受話器の特許を得る。1877年ベル電話会社を設立。発明に与えられた賞金でボルタ研究所をつくり、聾唖教育と研究に力を注いだ。科学雑誌『サイエンス』の発刊や、航空機の研究も手がける。

ベルギウス　Bergius, Friedrich（1884—1949）
ドイツの化学者。化学工場主の子として、ブレスラウ近くに生まれる。ベルリンなどの大学で学んだのち、高圧化学工業の研究に力を注ぎ、石炭液化のベルギウス法に成功。この功績によって、ボッシュと共に、1931年ノーベル化学賞を受けた。また第2次世界大戦中は、代用食の発明と、石炭液化法がドイツの経済を助け、その後、高温高圧で木材から糖を製造する方法の研究をおこなった。

ベルグソン　Bergson, Henri（1859—1941）
フランスの哲学者。パリにユダヤ系音楽家の子として生まれ、高等師範学校卒業後、教授となる。フランス唯心論の伝統を継いでダーウィンらの進化論の影響を受け、生命の創造的進化を説いた。また直観主義、生命主義を主張したため「生の哲学」とよばれ、ニーチェと共に現代の生の哲学の支柱となる。1927年にはノーベル文学賞を受賞。主著に『時間と自由』『物質と記憶』『創造的進化』などがあり、世界に大きな影響を与えた。

ベルセリウス　Berzelius, Jöns Jacob（1779—1848）
スウェーデンの化学者。リンケピング近くに生まれウプサラの医学校卒業後、化学の道へ進む。鉱山王ヒシンガーの実験室で研究をおこない、電気化学的二元論を生み出す。のち否定されるまで、この考えは化学界を支配した。また、ヒシンガーと共にセリウムなどを発見。ケイ素、ジルコニウムなどを酸化物から取り出すことに成功した。元素の化学記号にラテン名の頭文字を用いることも考える。『化学教科書』は著名。

ヘルダーリン　Hölderlin, Friedrich（1770－1843）

ドイツの詩人。シュワーベンに生まれ、チュービンゲン大学神学部で学び、ヘーゲルと同級となる。神学よりも哲学、詩作に熱中し、ゴンタルト夫人との不幸な恋愛体験ののち、悲歌や自由韻律の詩を書いた。しかし、精神病にかかり後半生は廃人同様であったという。生前には一冊の詩集も出していないが『パンとブドウ酒』『パトモス』などの長詩により、現在高い評価を得ている。小説『ヒュペリオン』も有名。

ベルディ　Verdi, Giuseppe（1813－1901）

イタリアの歌劇作曲家。イタリア北部ブッセート郊外に宿屋の子として生まれる。早くから音楽を学び、『オベルト』をスカラ座で発表して好評を得て、オペラ作曲家としての道を開いた。妻子を亡くし、一時悲しみの底にいたが、『ナブッコ』によって立ち上がり、『リゴレット』『トロバトーレ』『椿姫』などの作品を次つぎと発表、名声を不動のものとした。ほかに、すぐれた管弦楽法で知られる『アイーダ』が有名。

ベルナール　Bernard, Claude（1813－1878）

フランスの生理学者。サン・ジュリアンに生まれ、初めリヨンの薬局につとめる。その後喜劇を書いて成功を収め、劇作家をめざすが、批評家の忠告により、医学の道へ進んだ。パリ大学一般生理学教授となり、肝臓の生理作用に関する研究で、その糖産出機能を明らかにするなど、多くの研究を手がけている。南米産の毒物クラーレを用いて筋肉の興奮作用を研究したことも有名。『実験医学序説』などの著書がある。

ベルニーニ　Bernini, Gian Lorenzo（1598－1680）

イタリアの建築家、彫刻家。彫刻家の子としてナポリに生まれ、幼いときから父に技術を学んだ。初期の代表作に『プルートとプロセルピナ』『アポロンとダフネ』を含む4体の大理石像がある。歴代の教皇に愛されて、彫刻以外にも、建築、装飾、噴水など多方面に才能を見せた。完璧な大理石彫法を発揮した彫刻『聖女テレサの法悦』、サン・ピエトロ大聖堂の建築、ローマ市街の噴水彫刻が特に有名。

ベルヌ Verne, Jules (1828－1905)

フランスの作家。港町ナントに生まれ、最初法律を学んだが文学にあこがれ、戯曲をたくさん書いた。雑誌に連載した『気球に乗って五週間』が大人気となり、以後科学冒険小説に専念。豊かな空想を加え、人間の知力の限界を探り、人類文化の将来を予言するような作品を、次つぎに発表した。代表作に『月世界旅行』『十五少年漂流記』『海底二万里』『八十日間世界一周』などがあり、近代ＳＦの先駆者といわれる。

ベルヌイ Bernoulli, Jacob (1654－1705)

スイスの数学者。ベルヌイ家は、17世紀末から100年間、多くのすぐれた数学者を出した。ヤコブは、弟のヨハンやヨハンの息子ダニエルらとともに著名である。ヤコブは、バーゼル大学の教授となり、『微分積分法試論』を出版。さらに等時性曲線や等周問題の研究をおこない、確率の計算を理論的に基礎づけた。ヨハンは、最速降下線の問題解決などの業績をあげ、ダニエルは、「ベルヌイの定理」を提唱したことで有名。

ヘルムホルツ Helmholtz, Hermann Ludwig Ferdinand von (1821－1894) ドイツの生理学者、物理学者、哲学者。ポツダムに生まれ、医科大学に学んだのち軍医となる。その後いくつかの大学に招かれ教授をつとめ、シャルロッテンブルクの国立物理学研究所所長に就任した。エネルギー保存の法則の発見者のひとりで、検眼鏡の発明、色覚に関する三原色説の形を整えたり、聴覚の共鳴説をとなえるなど、数多くのすぐれた研究をおこない、多彩な活躍をした。

ベルリオーズ Berlioz, Louis Hector (1803－1869)

フランスの作曲家。医師の子として南フランスに生まれ、パリ医学校に進んだが、グルックのオペラに刺激されて作曲をこころざし、パリ音楽院に入学。女優Ｈ・スミスソンに恋をして、代表作『幻想交響曲』を生みだし、フランス・ロマン派音楽の旗手として名を知られるようになった。経済的にめぐまれなかったが、次つぎと旺盛な作曲、指揮、評論活動をおこない、標題音楽を確立、近代音楽の道をひらいた。

ベルレーヌ Verlaine, Paul (1844−1896)

フランス象徴派の代表詩人。北フランスのメスに軍人の子として生まれ、パリ大学法学部に学ぶ。ボードレールにひかれて、1866年『サチュルニアン詩集』を出版して詩人としての第一歩を踏み出した。その後、詩集『みやびな宴』『よい歌』を出すが酒におぼれ、家庭をすててランボーとともに放浪。感情のもつれからランボーを傷つけて2年間入獄。代表作『言葉なき歌』を出したあと、ふたたび放浪、貧窮のうちに生涯を終えた。

* **ヘレン・ケラー** Helen Keller, Adams (1880−1968)

アメリカの女性社会福祉事業家。アラバマ州に生まれ、わずか1歳7か月で熱病により、視覚と聴覚と言葉を失う。7歳のときサリバン女史にめぐりあい、献身的な教育を受け、三重苦を克服した。1904年、ハーバード大学ラドクリフ・カレッジを卒業。その後、アメリカ全土および海外に講演旅行をつづけて、盲、聾、唖者の教育、社会施設改善の運動を進めて福祉事業に大きく貢献した。著書に『わたしの生涯』などがある。

ペロー Perrault, Charles (1628−1703)

フランスの詩人、童話作家、批評家。弁護士の子としてパリに生まれる。高級官吏をしながら詩を書き、アカデミー・フランセーズ会員となる。当時の作家は古代ローマ全盛時よりまさると論じて、「新旧論争」のきっかけとなったことは有名。17世紀フランスを代表する批評家でもあったが、彼の名を不朽にしたのは『ペロー童話集』である。『赤ずきん』『シンデレラ』『眠れる森の美女』『長靴をはいた猫』は特に親しまれている。

ベロッキョ Verrocchio, Andrea del (1435−1488)

イタリアの彫刻家、画家。フィレンツェに生まれ、ドナテロなどに学び、絵画の他に彫刻と金工の分野に力を注いだ。メディチ家から好遇され、多くの仕事を手がける。フィレンツェに大規模な工房を主宰し、その工房からはレオナルド・ダ・ビンチなどのすぐれた美術家が育った。初期ルネサンス彫刻の指導的地位にあり、青銅噴水『イルカを抱く少年』、青銅像『ダビデ』、晩年の作で『コレオーニ将軍騎馬像』などがある。

ヘロドトス Herodtos（前485頃－前425頃）
古代ギリシアの歴史家。小アジアのハリカルナッソスに生まれる。のちアテネに滞在し、ペリクレスやソフォクレスらと親しく交わった。その後南イタリアのツリオイへの植民市建設に参加し、そこで没した。この間、エジプト、メソポタミア、黒海沿岸などを広く旅行して、その体験をもとに『歴史』というペルシア戦争の原因をさぐる著書を完成。風俗、習慣、説話などがおりこまれ、古来話題の宝庫とされている。

ベンタム Bentham, Jeremy（1748－1832）
イギリスの思想家、法学者。ロンドンに生まれ、オックスフォード大学で論理学、法律学を学び、弁護士となったが、父の死で多くの遺産を得、その後学問に打ち込んだ。『道徳および立法の諸原理序説』を書き、最大多数の最大幸福をもたらすことが、人間とその社会の幸福であると考え、功利主義の哲学を説いた。これは、産業資本主義の基礎となり、イギリスの選挙法改正にも、影響を与えることとなった。

＊ヘンデル Händel, Georg Friedrich（1685－1759）
イギリスの作曲家。ドイツのハレに生まれ、幼時から楽才を示したが、父に反対され、大学では法律を学ぶ。しかし、ハンブルクのオペラ劇場に職を得ると音楽家として立つ決心を固めた。イタリアへ渡って、歌劇作曲家として成功。その後イギリスへ渡り、王室とも親しくなって、イギリスに帰化した。作曲は多方面にわたり、とくにオラトリオを得意とする。最大傑作『メサイア』をはじめ『水上の音楽』等が有名。

ヘンリー Henry the Navigator（1394－1460）
ポルトガルの王子。王位にはつかず、父、兄、甥の3人の王に仕えて、ヨーロッパ人の海外発展のきっかけをつくったポルトガルの実質的指導者。当時「恐怖の海」といわれていたアフリカ西海岸に探検隊を派遣して、その突破に成功。しだいに南下していき、西アフリカ航路を開いた。その後、事業は伸び悩みをみせたが、航海学校を造って、航海技術を教えるなど、喜望峰迂回の基礎条件をつくった。「航海王」といわれる。

ヘンリー〔4世〕Henry Ⅳ（1366－1413）

ランカスター家初代のイングランド王、在位 1399－1413。ランカスター公ジョン・オブ・ゴーントの長男に生まれる。いとこのリチャード2世に追われ、フランスにのがれたが、圧政に反抗し、帰国。挙兵して破り、議会の承認を得て即位した。治世中は、貴族の反抗や、スコットランド、ウェールズとの紛争など、困難も多かったが、議会を重視して、乗り切ったため、議会発達史上注目すべき時代を築いた。

ヘンリー〔8世〕Henry Ⅷ（1491－1547）

イングランド王、在位 1509－1547。ヘンリー7世の次男で、兄の夭折により、父の跡を継ぐ。兄の未亡人と結婚したが、男子の後継者に恵まれず、離婚して、アン・ブリンとの結婚を考えた。しかし、ローマ教皇の反対を招いたため、カトリック教会との決裂を意図し、首長令によって、イギリス国教会を設立。宗教改革を断行し、絶対王政を強化した。生涯に6度結婚したが、エリザベス1世は王とアン・ブリンとの間の子である。

ポー Poe, Edgar Allan（1809－1849）

アメリカの詩人、作家。旅役者の子としてボストンに生まれ、幼くして孤児となり、商人の養子となったが、しだいに義父と不和となる。バージニア大学中退後、詩を次つぎに発表したが、認められず、懸賞に応募した短編小説が名声を得るきっかけとなった。怪奇的・夢幻的な作品が多く、独特の美的世界を創造し、近代探偵小説の祖といわれる。『モルグ街の殺人』『黒猫』『黄金虫』、詩『大鴉』などの作品がある。

ボーア Bohr, Niels Henrik David（1885－1962）

デンマークの理論物理学者。コペンハーゲンに生まれる。コペンハーゲン大学で物理学を学び、まもなくイギリスに渡り、J.J.トムソンや、ラザフォードのもとで研究した。のちに、ラザフォードの原子模型の研究に取り組み、量子論をあてはめたボーアの原子模型をつくった。この功績によってノーベル物理学賞を受賞。以後、理論物理学研究所長になり、世界中の物理学者の多くを指導した。原子物理学の祖といわれる。

ポアンカレ Poincaré, Jule Henri（1854－1912）
　フランスの数学者、天文学者、物理学者。政治家レーモン・ポアンカレのいとこ。ロレーヌ州ナンシーに生まれ、少年のころから数学の才能を発揮。国立鉱山学校卒業後は、鉱山技師の仕事をするかたわら、数学の研究を進め、微分方程式に関する論文で学位を得て、大学講師、大学教授となった。研究の範囲は広く、数学、天文学、物理学の分野に渡り、すぐれた業績を残した。著書に『天体力学』『科学と仮説』などがある。

ポアンカレ Poincaré, Raymond（1860－1934）
　フランスの政治家。数学者アンリ・ポアンカレのいとこ。法律を学び、のち官界入りをする。ムーズ県から下院議員に当選。文相、蔵相などを歴任し、首相となる。挙国一致内閣を作り、対ドイツ強こう政策をとった。大統領に就任すると、第1次世界大戦を戦い抜いた。戦後も2度首相の地位についた。1928年、平価の切下げを断行して、財政とインフレの危機をのりこえたため、フランの救済者として名声をあげた。

ホイッスラー Whistler, James Abbott McNeill（1834－1903）
　アメリカの画家。マサチューセッツ州ローウェルに生まれる。少年期をロシア、青年期をフランス、その後イギリスに定住。パリではグレールに師事し、マネ、モネ、ドガなどと知り合い印象派の影響を受けた。ロンドン定住後は、日本の浮世絵などにひかれて、単純な色彩と構図の絵を描いた。おもな作品には『白衣の少女』や『カーライルの肖像』などがあり、東洋趣味を打ち出して設計したピーコック・ルームも有名。

ホイットニー Whitny, Eli（1765－1825）
　アメリカの機械技術者。マサチューセッツ州ウェストボロに生まれる。父の農場で釘の製造に従事し、イエール大学卒業後南部に旅行したことがきっかけになって、簡単な構造の綿繰り機を発明した。この機械の普及は、世界市場におけるアメリカ綿花に勝利をもたらした。その後、小銃の製造をおこない、マスケット銃製造の工場を建設し、アメリカ初の互換式生産法を採用して、のちの大量生産方式の基礎を築いた。

ホイットマン　Whitman, Walt（1819－1892）
アメリカの詩人。ニューヨーク州ロング・アイランドに生まれる。少年時代から社会に出て働き、独力で教養を身につけた。政治への関心を深め、ニューヨークへ移ってジャーナリストの活動を始める。その後、民衆の生態を観察し読書と思索にふける時期を経て、人間愛と平等の精神をうたった詩集『草の葉』を出版、アメリカ国民文学のもとを築く。奴れい制度に反対し、南北戦争中は傷病兵の看護につくした。

ホイヘンス　Huygens, Christiaan（1629－1695）
オランダの物理学者、天文学者。ハーグの名門の家に生まれた。ライデン大学、ブレダのカレッジで学び、早くから数学の研究で頭角を現わした。自ら製作した屈折望遠鏡を用いて、土星の環や第6衛星を発見。またガリレオのふりこの等時性を応用して振り子時計を発明した。これらの業績によって全ヨーロッパに名声を得、その後、ホイヘンスの原理を立て、光学の分野において、光の波動説を確立した。著書『振子時計』は有名。

ボイル　Boyle, Robert（1627－1691）
イギリスの化学者、物理学者。アイルランドに貴族の子として生まれ、イートン校卒業後、ヨーロッパを歴遊した。ガリレオの著書から、科学研究をこころざすようになったといわれ、父の遺産を受けついで研究に没頭。化学に原子論を取り入れ、実験と観察をもとにする研究を続け、一定の温度では一定量の気体の体積と圧力は逆比例するという「ボイルの法則」を発表した。王立協会会長にも選ばれ「近代化学の父」と呼ばれている。

ホーソーン　Hawthorne, Nathaniel（1804－1864）
アメリカの作家。マサチューセッツ州セーレムの清教徒の旧家に生まれる。ボウデイン大学卒業後、小説を書いて生活したが、認められない時代が長く続いた。『トワイス・トールド・テールズ』などの短編集で名を知られ、1850年に発表した『緋文字』で、いちやく有名になった。晩年は、領事となってイギリスに住んだこともあり、帰国後旅先で死亡した。児童文学の傑作に『ワンダー・ブック』がある。

* **ホー・チ・ミン** Ho Chi Minh（1890－1969）
　ベトナムの革命家、政治家。ベトナム中部のゲアン省に生まれ、早くから独立運動を決意。フランスに渡り、フランス社会党入りして、ベトナム植民地解放運動をおしすすめ、フランス共産党創立にも参加した。その後、ソ連をへて、ベトナムへもどり、独立総蜂起を目ざして、ベトミンを結成。太平洋戦争終戦と同時に、独立を宣言して、自ら大統領兼首相となった。インドシナ戦争や、南北ベトナム戦争にも戦いぬいた。

ボッカチョ Boccaccio, Giovanni（1313－1375）
　イタリアの作家、人文主義者。フィレンツェ近郊のチェルタルドに私生児として生まれる。商業の見習いのためにナポリへ出たが、法律の勉強や文学に興味を持った。のち『デカメロン』を書き始め、文壇からは認められなかった反面、一般では爆発的人気を得た。晩年はふるさとにもどり、病気で亡くなった。少年時代から、ダンテを尊敬し、最古のダンテ研究書『ダンテ伝』を残した。

ボッシュ Bosch, Carl（1874－1940）
　ドイツの工業化学者。ケルンで生まれ、高等工業学校で冶金学、化学を学び、ライプチヒ大学で有機化学を専攻。卒業後、バーディッシェ・アニリン・ウント・ゾーダに入社して、空中窒素の固定に関する方法を研究。アンモニアの接触合成法（ハーバー・ボッシュ法）を確立した。また第１次世界大戦中は、アンモニアを合成して火薬用の硝酸をつくった。高圧化学の研究と開発に対して、ノーベル化学賞を受賞。

ボッチチェリ Botticelli, Sandro（1455 頃－1510）
　イタリアのルネサンス期の画家。フィレンツェの皮なめし工の家に生まれ、フィリッポ・リッピに師事し、つぎにベロッキョとポライウォロから写実主義を学んだ。『フォルテッツァ』や『聖セバスチアヌス』などを描き、その後しだいに、繊細で流れるような線による、甘美で詩的、感傷的な独特の世界へとかわっていった。代表作に、『春』『ビーナスの誕生』『受胎告知』などがあり、宗教画が多い。

ホッブズ Hobbes, Thomas（1588－1679）
イギリスの政治思想家、哲学者。ウィルトシャーに生まれ、オックスフォード大学でスコラ哲学を学んだ。卒業後、ヨーロッパに渡り、数学や自然科学を研究。ガリレオやデカルトらと親しく交わった。ピューリタン革命直前フランスへ亡命し、皇太子の数学教師となる。1651年『リバイアサン』を書いて、専制君主制を理想的な国家形態と主張。しかも教会の権威も批判したため、教会から非難され、帰国してクロムウェルに従った。

ボードレール Baudelaire, Charles（1821－1867）
フランスの詩人。パリに生まれたが、早く父を失い、再婚した母と義父に育てられた。高等中学を退校処分になり、のちに文学をこころざした。また実父の遺産を相続すると浪費生活をつづけ、自由奔放に生きた。はじめ美術批評家として認められ、愛好するポーの作品の翻訳などを手がけた。初めて出した詩集『悪の華』は、のちの近代詩に大きな影響を与えるものとなったが、当時は2、3の詩人を除いてはだれにも理解されなかった。

ボナール Bonnard, Pierre（1867－1947）
フランスの画家。パリ郊外セーヌに生まれ、父のすすめで法律を学んだが、画家をこころざして、美術学校に通った。ゴーガンや日本の浮世絵版画に強い影響を受け、初期には渋い色彩によって描いていたのが、しだいに明るい色彩に変わり、独特の画風をつくった。その画風は、アンチミストとして評価を受ける。ますます色彩は豊かになり「色彩の魔術師」と呼ばれた。代表作に『化粧』『男と女』『ネコと夫人』などがある。

ボーボアール Beauvoir, Simone de（1908－1986）
フランスの女流作家。パリの上流家庭に生まれ、ソルボンヌ大学に学び、のち哲学教授資格を得た。サルトルらと交友し、実存主義哲学を身につける。教師生活を数年続けたあと、作家生活に入り『招かれた女』を発表。次つぎと作品を出し、その活動の旺盛さは、共同生活者サルトルに劣らない。女性論『第二の性』で、大きな反響を世界におよぼした。その他の作品に、『他人の血』『レ・マンダラン』『娘時代』などがある。

ボーマルシェ Beaumarchais, Pierre Augustin Caron de（1732—1799）
フランスの作家、劇作家。パリの時計商の子として生まれ、宮廷にも出入りができた。劇作を開始して、いくつかを発表。裁判の腐敗をあばいた『回想録』で文名をあげ、喜劇『セビリャの理髪師』で成功をおさめた。その後、アメリカ独立戦争に介入、劇作家協会創立、ボルテール全集刊行、フランス革命中の亡命など、波瀾の生涯を送った。戯曲は、喜劇『フィガロの結婚』も有名である。

ホメロス Homeros（生没年不明）
古代ギリシアの詩人。伝説的な詩人で、生没年、生誕の地についてははっきりしない。盲目の吟遊詩人であったとも伝えられ、著作についても、いくつかの説がある。ギリシアとトロイの戦争をうたった『イリアス』と、その戦争の帰りにおこったことをうたった『オデュッセイア』は、二大叙事詩といわれ、以後のヨーロッパの文学のみなもととなった。しかし、この二大叙事詩も、それぞれ作者が違うという見方もされている。

ボルタ Volta, Alessandro（1745—1825）
イタリアの物理学者。北イタリアのコモの生まれ。化学や電気現象に興味をもち、コモの王立学院を卒業後、やがて母校の物理学教授となる。その後パビア大学、パドバ大学の教授を歴任し、ガルバーニの発見した動物電気の現象に注目し、電気の研究をはじめる。そして電堆および電池を発明した。初めて電流をつづけてとりだすことを可能にした。電圧単位ボルトは、彼の名を記念してつけられたものである。

ボルデ Bordet, Jules（1870—1961）
ベルギーの細菌学者。ソアニーに生まれ、ブリュッセル大学で医学を学び、卒業後はパリのパスツール研究所で、細菌学を専攻した。ブリュッセルに戻って、同地にパスツール研究所を創立し初代所長となる。その後、ブリュッセル大学細菌学教授となり、免疫学、血清学を研究し、ジャングーとともに補体結合反応、百日咳菌を発見。著書『免疫に関する諸発見』により、ノーベル医学・生理学賞を受賞した。

ボルテール Voltaire（1694-1778）

　フランスの思想家、作家。パリの市民階級の生まれで、イエズス会の学校に学ぶ。上流を誹謗した詩を書いたとして投獄され、獄中で完成した悲劇『エディップ』で有名になる。のちにイギリスへ渡り、その自由で進歩的な空気に触れた。帰国後、イギリスの近代思想を理想とした『哲学書簡』を発表してパリを追われ、愛人のシャトレ夫人のもとで、著述と研究にすごす。その後、ドイツをへて晩年はスイスの国境に近い寒村に住んだ。

ホルバイン Holbein, Hans d. J.（1497/98-1543）

　ドイツ、ルネサンスの代表的画家。アウグスブルグ生まれで、父は同名の画家。そして兄も画家である。父と画家ブルックマイラーから教えをうけた。バーゼル、北イタリア、ロンドンをまわって、さし絵や肖像画をかき、のちにヘンリー8世の宮廷画家となった。代表作に『マイヤー市長の聖母』『エラスムス像』『ヘンリー8世像』などがあげられるが、それらはみな衣装の材質感までみごとに描きだしている。

ボロディン Borodin, Mikhail Markovich（1884-1951）

　ソ連の政治家、コミンテルンの活動家。ビチェブスクに生まれ、ラトビアで少年期を過ごし、ユダヤ人ブンドをへて、ボリシェビキに移る。スイス、イギリス、アメリカに亡命してロシア革命後に帰国、外交面で頭角をあらわした。その後孫文に招かれて、中国におもむき、国民党政治顧問となるが、クーデターで失脚し帰国。以後、労働人民委員代理をつとめ、のちスターリンに粛清されたが、死後復権された。

ポンピドー Pompidou, Georges（1911-1974）

　フランスの政治家。カンタル県に生まれ、エコール・ノルマルを卒業。第2次世界大戦期まで、高校の教員生活を送る。その後、ド・ゴール内閣の官房入りをして、しだいに出世をしていった。アルジェリアの停戦交渉を担当して、和平に功績をあげる。1962年首相となり、連続4期つとめ、またド・ゴール政権のあとを受けついで大統領となり、経済の再建に成果をあげたが、現職のまま病死した。

ポンペイウス Pompeius Magnus, Gnaeus (前106-前48)
　古代ローマの政治家。初めは父ゆずりの地盤をバックに軍人として頭角をあらわし、のちに政界にも登場した。アフリカ、スペイン、小アジアなどに出征して武名をますます高め、東方支配の基礎を確立。前60年には、クラッスス、シーザーと結んで第1回三頭政治をしいた。しかし、クラッススの死後、シーザーと対立し、元老院と手を組み、ファルサロスの戦にのぞむが敗れ、エジプトに逃亡後暗殺されたという。

マイケルソン Michelson, Albert Abraham (1852-1931)
　アメリカの物理学者。プロイセンのシュトレルノに生まれ、まもなくアメリカに移住。軍人の道を選ぶが、光学や音響学に興味をもち、ヨーロッパに留学して物理学を学んだ。帰国後、各大学で教授をつとめ、光の速さをはかる精密な機械を発明。また、地球とエーテルの相対運動についての実験をして、アインシュタインの相対性原理の基礎をつくったことでも知られている。1907年、アメリカ最初のノーベル物理学賞を受賞した。

マイヤー Mayer, Julius Robert von (1814-1878)
　ドイツの物理学者。ハイルブロンに薬剤商の子として生まれる。チュービンゲン大学で医学を学び、オランダの東インド会社の船医となる。そしてジャワに行ったとき、荒天の日の海水の温度が高いこと、熱帯での生活者の静脈血があざやかであることなどを発見し、エネルギー保存の思想を生み出した。しかし学界からは認められず、神経症にかかり、自殺未遂や精神病院入院をくりかえして、晩年になりようやく評価された。

マイヨール Maillol, Aristide (1861-1944)
　フランスの彫刻家。地中海岸バニュルス・シュル・メールに生まれ、初めパリの美術学校で絵を学ぶ。その後タペストリーの制作に熱中したが、視力が衰えたため、彫刻に転じた。『地中海』を発表して、彫刻家としての地位を確立。ギリシアを訪れてギリシア古典彫像に感銘を受け、豊かな丸みをおびた人体、滑らかな表面をもった女性像を多く手がけた。代表作に『3人のニンフ』『イル・ド・フランス』などがある。

マキアベリ Machiaveli, Niccolò（1469−1527）

イタリアのルネサンス期の歴史家、政治思想家。内政、軍事を担当するフィレンツェ政庁の役人になり、大使としても活躍したが、メディチ家のフィレンツェ復帰で失脚。その後、著作に専念し、『君主論』『ティト・リビオの最初の10巻についての論議』『フィレンツェ史』などを発表。特に『君主論』で、政治は道徳と区別されて考えられるものであることを主張し、強力な君主のもとでイタリアが統一されるべきだと説いた。

マクスウェル Maxwell, James Clerk（1831−1879）

イギリスの物理学者。弁護士の子としてエジンバラに生まれ、小さい時から才能を発揮し、大学入学前に卵形曲線の論文を書いた。エジンバラ大学、ケンブリッジ大学に学び、多くの研究論文を発表。その後アバディーン大学自然哲学教授となる。数かずの大学教授を歴任し、キャベンディシュ研究所の設立に参加したのち所長をつとめ、マクスウェルの方程式を導き、電磁気学を大成するなど、すぐれた業績を残した。

* **マーク・トウェーン** Mark Twain（1835−1910）

アメリカの小説家。ミズリー州のフロリダに開拓民の子として生まれ、早く父をなくしたため、印刷工やミシシッピ川の水先案内人などの職業についた。1867年『カラベラス郡の有名なとびがえる』を発表して作家としての名声を得る。鋭い社会観察と野性的でおおらかなユーモアで知られ、アメリカのフロンティア・スピリットをあらわした国民作家といわれ、代表作には『トム・ソーヤーの冒険』などがある。

マクドナルド MacDonald, James Ramsay（1866−1937）

イギリスの政治家。スコットランドの貧しい家に生まれ、若くして創立まもない独立労働党に参加した。労働代表委員会の結成とともに書記に就任し、労働党成立後は、下院議員として活躍。その後、党首をつとめ、第1次世界大戦ののちの1924年には、初の労働党内閣の首相となる。ヨーロッパの戦後処理と平和維持につとめ、内政面にも力を注ぎ、1929年、第2次労働党内閣を組織し、1931年には挙国内閣を成立させた。

マクミラン Macmillan, Harold（1894－1986）
イギリスの政治家。マクミラン出版社の経営者の子として生まれ、オックスフォード大学を卒業後、家業をついだ。のちに、保守党の下院議員から、空相、住宅相、国防相、外相、蔵相をへて、内閣の首相をつとめている。経済問題に関してのすぐれた分析力や、組織をまとめていく力は高く評価された。また、経済学に関する著書もあり、オックスフォード大学の総長になったこともある。

マコーレー Macaulay, Rose（1889頃－1958）
イギリスの女流小説家。ケンブリッジ大学英文学教授の家に生まれる。オックスフォード大学を卒業後、ユーモアにあふれ、印象の鮮明な作風をもつ小説を次つぎと発表した。初期の作品には、『ポタリズム』や『危険な年齢』『痴者は語る』などがあり、第2次世界大戦後は、野性的女性と文明社会との対立をテーマにした『世間という荒野』や『トレビソンドの塔』などを著して注目を集めた。『ミルトン論』などの評論も有名。

マザー・テレサ Mother Teresa（1910－1997）
カトリック教会の修道女。現マケドニアに生まれ、18歳の時志願してインドに渡る。カルカッタで始まったテレサの貧しい人々への献身的な活動はローマ法王に評価され、1950年に「神の愛の宣教者会」の創立を認可された。「死を待つ人の家」「孤児の家」などさまざまな施設づくりなど、何千人もの後進の修道女たちによって、聖女テレサの愛の理念は全世界に広められている。1979年にはノーベル平和賞を受賞。

マザラン Mazarin, Jules（1602－1661）
フランスの政治家。イタリアのペスチナに生まれ、ローマのイエズス会の学院を卒業。軍職、外交官をへてローマ教皇特使としてパリに赴任し、ルイ13世の宰相リシュリューにとりたてられてフランスに帰化。ルイ14世即位後、宰相となり国政をまかされた。絶対王政を確立しようとしたため貴族の反感をかい、フロンドの乱のときは一時亡命をしたが、乱を収拾してからは王国を安定させ、フランスの対外的優位を高めた。

マーシャル Marshall, Alfred（1842-1924）

イギリスの経済学者。ケンブリッジ学派の創始者。ケンブリッジ大学を卒業後、同大学のセント・ジョンズ・カレッジの特別研究員となり、はじめ数学と物理学を専攻し、のち形而上学、倫理学の研究をへて、経済学の道に入った。その後、ケンブリッジ大学経済学教授をつとめ、経済学の課題を、貧困の諸原因の研究、克服と考え、多くの著作をおこなった。また、ケインズなど多くの学者を育てたことでも知られる。

マスネー Massenet, Jules Emile Frédéric（1842-1912）

フランスの作曲家。リヨンの近郊のモントーに生まれ、パリ音楽院に入学して、ピアノや作曲などを学んだ。イタリアに留学後は、オペラの創作をつづけ『ラオールの王』を発表して、名声を高めた。その後『マノン』『ウェルテル』『タイース』などの作品を世に送り、作曲家としての地位をきずく。繊細で感覚的な作風の音楽は、オペラのほかに、管弦楽曲、歌曲、付随音楽、ピアノ曲、宗教音楽などにもあらわれている。

* **マゼラン** Magellan, Ferdinand（1480頃-1521）

最初の世界周航を行なったポルトガル人航海者。ポルトガル北部トラス・オズ・モンテス出身の小貴族。初めポルトガル王に仕え、アフリカ、インド航路に勤務。その後スペイン王カルロス1世に仕えて、1519年、5隻の艦隊で西航路によるモルッカ諸島への航海に出発した。1年半後、フィリピンに到達したが、原住民に殺され、遺志をついだエルカノら18人が帰国している。マゼラン海峡を発見し、太平洋を命名したことも有名。

マタイ Matth(a)eus（生没年不明）

十二使徒の一人。マタイとは、「神のたまもの」というヘブライ語。最初カペナウムの収税所勤務の取税人をつとめていたが、イエス・キリストに招かれて、弟子となった。パレスチナで布教をつづけたのち、エチオピア、パルチアでもおこなった。殉教して、遺体はイタリアのサレルノ聖堂に安置されたという。『新約聖書』の『マタイによる福音書』の著者といわれているが、聖書学者のなかには疑問視する人も多い。

* **マチス** Matisse, Henri（1869－1954）
フランスの画家。北フランスのル・カトーに商人の子として生まれる。初め法律を学び、法律事務所につとめたが、病気のときに絵画に興味をもち、美術学校へ通った。モローに師事して大胆に色彩を駆使した作品を描き、フォービスム（野獣派）とよばれるようになる。そして『生きるよろこび』などの傑作をつぎつぎと生んだ。1917年からは、ニースに住み、いっそう鮮やかな色彩を追求しつづけた。代表作に『自画像』などがある。

マッキンリー Mckinley, William（1843－1901）
アメリカの政治家、第25代大統領。オハイオ州に生まれる。南北戦争に従軍し、のちに弁護士や下院議員をつとめ、1890年には、マッキンリー関税法の起草をしている。オハイオ州知事をへて、共和党大統領候補に指名されて当選。産業資本に有利な政策を進めるかたわら、アメリカ・スペイン戦争を指導し、プエルト・リコやグアム、フィリピンを手に入れた。ハワイの併合にも成功したが、1900年の再選後、暗殺された。

マッチーニ Mazzini, Giuseppe（1805－1872）
イタリア統一運動の指導者。ジェノバの医者の子に生まれる。弁護士となったが、カルボナリ党の運動に参加して逮捕され、のちに、マルセイユに亡命。その後、青年イタリア党を結成して、共和政によるイタリアの統一をめざしたが失敗した。ついで、スイスに行き、青年ヨーロッパ党を創設。あくまでも統一共和国の成立を追い求めたが、具体的なプランをもたなかったために完成を見ることはできなかった。

マテオ・リッチ Matteo Ricci（1552－1610）
イタリアのイエズス会士。明朝末期の中国へ行き、キリスト教の布教をおこなったことで知られている。ローマで神学を学び、インドをへてマカオに着き、中国語を学んだのち入国した。広東省を中心に布教活動を進めるかたわら、西洋の学術の紹介や翻訳なども手がけた。のちに、北京に住むことを許されて、中国における伝道の先駆的役割を果たし、死ぬまで布教をつづけている。世界地図の『坤輿万国全図』などの著作がある。

マ ネ Manet, Edouard（1832－1883）

フランスの画家。パリの豊かな家庭に育ち、少年時代から絵を好んだ。しかし、父の反対にあい、一時船員となる。その後、クーチュールのアトリエで学び、作品を発表するが認められない時代がつづいた。モネ、ルノアール、セザンヌなどの画家と親交を結ぶようになると、印象派運動をおこし、明るい色調を主にした作品を描いている。『ナナ』『マラルメの肖像』『フォリー・ベルジュールの酒場』などの作品が有名。

マヤコフスキー Mayakovskii, Vladimir Vladimirovich（1893－1930）

ロシア、ソ連の詩人。グルジアのバグダジ村に生まれ、最初画家をこころざしたが、まもなく詩に転じた。革命前には、ロシア未来派の芸術運動の推進者として、『ズボンをはいた雲』などの作品を発表した。十月革命後は、革命をたたえた戯曲『ミステリア・ブッフ』などを発表して、ソビエト政権の宣伝に力をそそいだが、晩年は文学的にも、政治的にも孤立し、ピストル自殺した。

マラー Marat, Jean Paul（1743－1793）

フランスの革命家。イタリア人の父と、フランス人の母のもとスイスで生まれ、ボルドーやロンドンで医学を学んだ。1774年『奴隷制の鎖』を出版して、絶対主義を批判し、1789年7月に、フランス革命がおこると『人民の友』紙を発刊して、大衆の政治参加を強く求めた。3年後の八月十日事件後は、国民公会に選出され、山岳派に議席を置いている。徹底した人民主義を貫く政治姿勢をしめしたが、50歳のとき刺殺された。

マーラー Mahler, Gustav（1860－1911）

オーストリアの作曲家、指揮者。ユダヤ系の商人の子として、ボヘミアのカリシュトに生まれ、早くから音楽的才能を見せた。ウィーン音楽院に学び、その後指揮活動を始める。ブダペスト王立歌劇場、ハンブルク市立歌劇場などの指揮者を歴任するとともに、作曲家としての名声も高めていった。ワグナーやブルックナーのえいきょうのもとに作られた9つの交響曲が知られ、特に第1番『巨人』は多くの人に愛されている。

マラルメ Mallarmé, Stéphane （1842－1898）
フランス象徴派の詩人。パリに生まれ、幼時期に母を亡くし、祖父母に育てられた。高校時代ポーやボードレールのえいきょうをうけて詩に興味を持ち、詩作にふけるようになった。英語教師のかたわら自宅に「火曜会」を催し、バレー、クローデルらを育てた。傑作長詩『半獣神の午後』や、劇詩『エロディアード』などで、フランス近代詩人の最高峰に位置するとされる。また晩年の散文詩などを集めた『逍遙集』などが有名。

マリア・テレジア Maria Theresia （1717－1780）
ハプスブルク家の神聖ローマ帝国女帝、在位 1740－1780。カール6世の長女として生まれ、トスカナ大公と結婚後、父の急死により、ハプスブルク家の全領土を相続した。しかし、各国の反対にあい、オーストリア継承戦争など、苦難の道を歩む。皇帝となった夫に政治能力がなかったため、自ら、国政をおこない、すぐれた政治感覚をみせ、国の危機を救った。また、マリー・アントアネットの母としても知られている。

＊**マリー・アントアネット** Marie Antoinette, Josephe Jeanne （1755－1793）
フランス国王ルイ16世の王妃。マリア・テレジアの娘。14歳で政略結婚し、4年後に王妃となった。ベルサイユ宮殿のトリアノン館に住んで、はでな生活を続け、国民のひんしゅくを買った。フランス革命が起こると、ベルサイユからパリへ連れもどされ、不安な生活を市民監視のもとで送った。王とともに国外逃亡をくわだてたが失敗し、八月十日事件後は、タンプル塔に幽閉され、断頭台で処刑された。

＊**マルクス** Marx, Karl Heinrich （1818－1883）
ドイツの哲学者、経済学者、科学的社会主義の創始者。ユダヤ人弁護士の子に生まれ、ベルリン大学で哲学や歴史を学ぶ。やがて生涯の協力者となるエンゲルスにめぐりあい『共産党宣言』を共同執筆した。また、資本主義の不合理をあきらかにして、生産手段を社会の共有にすることが、貧富や階級の差のない社会をつくるという理論を『資本論』にまとめた。この理論はマルクス主義とよばれ、社会主義国建設のいしずえとなった。

マルケ Marquet, Albert (1875−1947)

フランスの画家。ボルドーに生まれ、最初装飾美術家をこころざして、パリの装飾美術学校に入ったが、その後、美術学校にかわりモローに師事。またマチスなどと親交を深めて展覧会に出品した。フォービスムの作品から、しだいに、色彩の調和を重んずる温雅な作風になり、以後は、ほとんど風景画を専門とするようになる。川、港、橋など水の見える情景を好み、『ポン・ヌフ』などの作品がある。

＊マルコーニ Marconi, Guglielmo (1874−1937)

イタリアの電気技術者、無線電信を実用化した功労者。ボローニャの富裕な実業家の子として生まれ、家庭教師について学ぶ。ヘルツの電磁波の発見に興味をもち、電波の断続による電信を着想。実験をかさね、無線電信装置を発明した。特許を得たのち、次つぎと電信の距離をのばし、大西洋をへだてた通信の実験にまで成功し、改良を加えて実用化した。1909年にノーベル物理学賞を受けている。

＊マルコ・ポーロ Marco Polo (1254−1324)

イタリア、ベネチアの商人、旅行家。ベネチアの商人の子に生まれ、父と叔父に従って、東方へ旅立ち、4年がかりで元に着いた。元のフビライ・ハンに才能を認められて、元に仕えて各地を旅行。その見聞したことをフビライに報告した。18年後、ようやく中国を離れ、ベネチアに帰るが、ジェノバとの戦争にまきこまれ捕虜となって投獄された。獄中、ルスティケロという物語作家に語ったものが、のちに『東方見聞録』となった。

マルサス Malthus, Thomas Robert (1766−1834)

イギリスの経済学者。サリー州に生まれ、ケンブリッジ大学卒業後、牧師になり、その後、東インド・カレッジの政治経済学、近代史の教授となる。『人口論』で、人口問題について考えを著わし、食糧は人口の増加に追いつかないので、貧しさをなくすには、人口の増加をおさえなければならないと主張した。イギリス古典経済学者に属すが、理論的、政策的には古典経済学者リカードらと対立した。

マルシャーク Marshak, Samuil Yakovlevich（1887－1964）
ソ連の詩人、劇作家、ソ連の児童文学の創始者。ボロネジ市の化学技術者の子として生まれ、小さいころから詩才を発揮。のちにゴーリキーに招かれてヤルタの中学に学ぶ。十月革命後、児童文学に関心をもち、詩集『檻の中の子供たち』を発表。その後は、『郵便』『ミスター・トウィスター』などの作品を書き、児童劇『12の月』（日本語訳『森は生きている』）は、世界各国で親しまれている。

マルタン・デュ・ガール Martin du Gard, Roger（1881－1958）
フランスの作家。パリ郊外のヌイイの富裕な家に生まれ、古文書学院を卒業。このころから小説に手を染め『生成』を発表するが、認められたのは『ジャン・バロア』からである。雑誌『ＮＲＦ』に参加し、ジッドとの親交が深まった。第1次世界大戦に召集され、帰還後『チボー家の人々』を執筆し、20世紀小説史に残る大作を完成した。1937年には、ノーベル賞を受賞。その他に『ルルー爺さんの遺言』など戯曲もある。

マルピーギ Malpighi, Marcello（1628－1694）
イタリアの解剖学者。クレバルクオレに生まれ、ボローニャ大学で哲学と医学を学んだ。その後、いくつかの大学教授となり、ボローニャ大学では25年間つとめた。顕微鏡を使って解剖学的、生理学的研究をおこなった。なかでも、カエルの肺と膀胱で毛細血管を発見し、血液循環経路を完成させたことは有名である。神経や網膜などの微細構造に関する重要な研究を多くおこない、顕微鏡学派の祖といわれる。

マルロー Malraux, André（1901－1976）
フランスの作家、政治家。パリに生まれ、東洋語学校に学ぶ。初めクメール文化の遺跡をさぐり、古彫刻の発掘をおこなったが、その後、インドシナの民族主義者の運動を助け、また、中国の国民政権に協力をした。帰国後東西の文明論『西欧の誘惑』や広東革命に取材した『征服者』を発表し、『人間の条件』で世界的名声を得た。反ファシズムの戦いに立ちあがり、スペイン内乱にも義勇軍に参加。体験をもとに多くの作品を残した。

マレンコフ Malenkov, Georgii（1902－1988）

ソ連の政治家。オレンブルグの官吏の子として生まれ、共産党に入党したのちは、順調に昇格し、党政治局員、副首相、そしてスターリン死後は、首相兼第一書記となった。しかし、まもなく党内の主導権争いに敗れ、フルシチョフが第一書記となってからは、実権をしだいに失った。首相辞任後は、発電所担当相をつとめたが、反党グループとして、党中央委員会から追放された。

マ　ロ Malot, Hector（1830－1907）

フランスの小説家。ルーアン近郊の公証人の子に生まれ、法律を学ぶ。30歳近くになってから文学に転じ、多くの作品を書いた。その数は70を超えたといわれる。たえず人道主義の立場で、家庭小説、少年少女小説にとりくんだ。なかでも不朽の名作となった『家なき子』は、ながい苦しみののちにしあわせをつかみ、その苦しみの中から強い独立精神がつちかわれる作品として評価が高い。新聞の文芸批評も手がけた。

マ　ン Mann, Thomas（1875－1955）

ドイツの作家。リューベックの名門実業家の子として生まれたが、父の死後没落し、ミュンヘンへ移る。火災保険会社につとめるかたわら小説を書きはじめ、『ブッデンブローク一家』で文名を確立した。その後、『トニオ・クレーガー』『ベニスに死す』『魔の山』などを発表したが、第1次世界大戦後、ナチスを攻撃し、フランスを経てアメリカへ亡命、民主主義をよみがえらせる呼びかけをした。1929年にノーベル文学賞を受賞。

*　**ミケランジェロ** Michelangelo Buonarroti（1475－1564）

イタリア、ルネサンス期の天才的美術家。フィレンツェ近くのカプレーゼで生まれ、早くから絵画や彫刻を学んだ。ローマに出て古典芸術に触れ、『ピエタ』を制作して名声を得、ローマとフィレンツェをしばしば往復しながら、次つぎに作品をつくりあげていった。『ダビデ』や、シスチナ礼拝堂の天井画『天地創造』、同礼拝堂の大壁画『最後の審判』など、はげしい力のこもった大作を残している。

ミチューリン Michurin, Ivan Vladimirovich（1855－1935）

ソ連の果樹園芸家、生物学者。中部ロシアのコズロフで園芸家の息子として生まれる。中学卒業後、鉄道員となったが、植物栽培が好きで、のちに果樹園の経営に専心した。独力で耐寒性の果樹品種の育成を行ない、リンゴ、ナシ、オウトウなど、多くのすぐれた品種をつくった。しかし、業績はしばらく認められず、ロシア革命後、ようやくレーニンによって認められ、国家的援助がうけられるようになった。

ミッチェル Mitchell, Margaret（1900－1949）

アメリカの女流作家。ジョージア州アトランタの生まれで、父は法律家、歴史家であった。南部の歴史や南北戦争の話を聞きながら成長。初め医学をこころざすが、母の死で、その後新聞記者を3年ほどつとめた。結婚ののち、10年あまりかかって、南北戦争と戦後の動乱の時代を生き抜く一人の女性を描いた歴史小説『風と共に去りぬ』を完成。たちまちのうちに超ベストセラーとなった。2作めはなく交通事故で死亡した。

ミュッセ Musset, Alfred de（1810－1857）

フランスの詩人、劇作家、小説家。パリに生まれ幼い時から詩才を発揮。若くしてユゴーを中心とするロマン派のサークルに属し、詩集『スペインとイタリアの物語』を発表してデビューをかざった。その後、劇の創作にあたったが、ジョルジュ・サンドとの恋愛と、その破局ののちは、内面をみつめる作品を発表した。『世紀児の告白』には、いわゆる「世紀病」の一典型がみられる。その他に戯曲『戯れに恋はすまじ』などがある。

ミラボー Mirabeau（1749－1791）

フランス革命期の政治家。侯爵の子として、ガーティネのビニョンに生まれる。軍職にはついたが、放蕩、駆落ち、投獄などの青年時代を送り、海外へ逃れ、ロンドン、ベルリンなどを転てんとしながら文筆生活を始めた。『プロイセン王国論』で名声を得、のち三部会に選出され、国民議会成立に貢献し、革命初期の指導的人物のひとりとなった。しかし晩年は国民の信用を失っていくなかで病死した。

ミ ル　Mill, John Stuart（1806－1873）
イギリスの経済学者、哲学者。経済学者の子としてロンドンに生まれ、幼いときからきびしい教育を受け、父の勤務する東インド会社に入社。勤務のかたわら経済学を研究し、新聞や雑誌に投稿して名を高めた。やがて、古典派経済学の学説をまとめて『経済学原理』を発表。また、思想の自由や婦人問題にも関心をよせ『自由論』『女性の解放』などの著書もある。晩年は労働者階級に同情を深め、社会主義者となった。

ミルトン　Milton, John（1608－1674）
イギリスの詩人。ロンドンに生まれる。ケンブリッジ大学在学中に『快活な人』『沈思の人』などを発表した。卒業後、近郊の寒村にこもって、仮面劇『コーマス』や詩『リシダス』を完成させた。清教徒革命がおこると、クロムウェルの共和政府の書記官となって活躍した。しかし、過労のため40なかばにして失明。失意のどん底にありながら口述筆記によって『失楽園』を著わし、イギリス詩壇に大きなえいきょうを及ぼした。

ミルン　Milne, Alan Alexander（1882－1956）
イギリスの小説家、童話作家。文才を認められて、雑誌『パンチ』の編集者となり、ユーモアに満ちた作品や明るくて楽しい喜劇作品を発表した。その後『わたしたちが幼かった日』や、『クマのプーさん』などの、子どもの心を引きつけてはなさない童謡や童話を書いた。推理小説『赤い館の秘密』も有名であるが、これらの作品は、自分のひとり息子のために書いたものである。

＊ミレー　Millet, Jean Francois（1814－1875）
フランスの画家。シェルブール近郊のグリュシーの農家に生まれ、パリでドラローシュについて絵を学んだ。美術館に通い、ドーミエから強い影響を受ける。『箕をふるう人』の発表がきっかけとなり、その後パリ郊外のバルビゾンに住み、農民の生活をしながら、農民の生活を主題とした作品を描き続けた。テオドール・ルソーらとともにバルビゾン派の画家といわれる。『種まく人』『落穂拾い』『晩鐘』が有名である。

ミロン　Myron（生没年不明）
古代ギリシアの彫刻家、クラシック様式の創始者。アッティカのエレウテライに生まれ、ハゲライダスのもとで彫刻の勉強をした。青銅彫刻に特にすぐれ、運動の頂点に達した緊張の瞬間の美を表わした『円盤投げ』は有名である。この他に『アテナとアルシアス群像』では、微妙な表情の差をとらえて心理や性格の表現も試みている。また『ラダス』や『牝牛』などの傑作があったと伝えられているが、模刻すら残されていない。

ムソルグスキー　Musorgskii, Modest Petrovich（1839－1881）
ロシアの作曲家。プスコフの大地主の家に生まれ、士官学校を出て軍務についたが、音楽家の友人を得て、作曲を学ぶ。また、1861年の農奴解放で自分が地主の子であることに悩み、すべての特権を捨てた。生活苦におちいる中で、すぐれたピアノ曲や歌曲を発表。『はげ山の一夜』『展覧会の絵』『蚤の歌』などが有名になった。農奴解放後、20数回の転職をくりかえし、そのうえ飲酒におぼれ、健康を害した。

ムッソリーニ　Mussolini, Benito（1883－1945）
イタリアの政治家、ファシスト党首領、首相、在職1922－1943。若いころから社会主義運動に参加し、しだいに頭角をあらわしていったが、第1次世界大戦後は、社会主義に対立するファシスト党を組織して過激な国家主義を唱え、党首となった。その後首相になると、公然と独裁政治をおこない、ナチスドイツのヒトラーとともに第2次世界大戦をひきおこした。戦争末期、パルチザンにとらえられて処刑された。

* **ムハンマド　Muhammad**（570/571－632）
イスラム教の創始者。英語読みでマホメット。クライシュ族のハーシム家の一員としてメッカに生まれた。幼くして両親を失い、祖父やおじに育てられたのち商人となる。40歳のころ、メッカ近郊の山中で、神の啓示を受け、布教活動を開始。しかし、大商人たちの反感をかい、メディナにのがれて政治的にも軍事的にも強力な支配者となり、のちに、メッカとの抗争に勝利して、イスラム教によるアラビア統一の基礎をきずく。

ムリリョ Murillo, Bartolomé Esteban (1618－1682)

スペインの画家。セビリャ近郊に生まれ、早くから孤児となって不幸な少年時代を送る。やがて画家をこころざし、ついに画壇の中心的存在にまでなった。一生セビリャに住み、修道院の壁画や教会のために絵の製作をおこなう。画風は黄金調をおびたあたたかいもので、聖母子像を好んで描き、「スペインのラファエロ」とまでいわれた。グレコやベラスケスとともに、17世紀スペイン絵画を代表する画家である。

ムンク Munch, Edvard (1863－1944)

ノルウェーの画家。レーテンの医師の子として生まれ、オスロのデザイン学校に学ぶ。早く母と姉を失い、自分も病弱であったため、最初は色調の暗い室内画などが多い。また、たえず生と死への不安が、その後の作品に一貫してえいきょうをおよぼすようになり、パリに出て印象派の画家たちと交わりながら、ますます内面化したものを強烈な色彩のもとに描き出した。代表作に『思春期』や『叫び』『マドンナ』などがある。

メアリー〔1世〕 Mary Ⅰ (1516－1558)

チューダー朝のイギリス女王、在位 1553－1558。ヘンリー8世と最初の王妃カサリンとの子として生まれた。熱心な旧教徒であるため、新教徒であるエドワード6世統治下では不遇であった。エドワードの死によって即位し、多数の新教徒を処刑して「流血好きのメアリー」と呼ばれた。スペイン皇太子と結婚し、スペインの対フランス戦争に協力したが、大陸最後の拠点カレーを失い国民の反感をかった。

メチニコフ Metchnikov, Élie (1845－1916)

ロシアの生物学者、細菌学者。ハリコフ近郊に生まれ、ハリコフ大学で動物学、ナポリで発生学を学んだ。オデッサ大学で動物学と比較解剖学の教授をつとめた。免疫説を提唱し、体内に入った細菌が白血球によってほろびることや、老衰の原因が、腸内の細菌毒素の生産によることなどを発表しノーベル生理・医学賞を受賞した。パスツールの研究所に入り、病理学、免疫学のすぐれた業績を残し、副所長をつとめた。

メッテルニヒ Metternich, Klemens Wenzel Nepomuk Lothar von （1773―1859）オーストリアの政治家。ライン地方の名門貴族の家に生まれ、大学で学んだのち、政界に入りドレスデンなどの駐在公使をへて、パリ駐在公使となる。打倒ナポレオンの機会をうかがい、対ナポレオン解放戦争の勝利後のウィーン会議では中心人物として活躍し、ヨーロッパ外交の指導者となったが、ギリシアの独立や、1848年の三月革命後は失脚し、ロンドンに亡命した。

* **メーテルリンク** Maeterlink, Maurice （1862―1949）
ベルギーの詩人、劇作家、エッセイスト。ガンに生まれ、法科大学を卒業後、パリに出て詩作にはげんだ。詩集『温室』を発表、ついで戯曲『マレーヌ姫』で認められる。象徴主義の詩や戯曲を数多く発表し、とくに児童劇『青い鳥』は名作として、世界中で親しまれている。また随筆家としても知られ『英知と運命』などの作品を書いた。生涯のほとんどをフランスで生活し1911年には、ノーベル文学賞を受賞している。

メリメ Mérimée, Prosper （1803―1870）
フランスの作家。パリの上流階級の家に生まれた。パリ大学で法律を学び、のちに役人となるが、スタンダールなどの芸術家仲間と交際を深めて、『クララ・ガズル戯曲集』を出版し、作家活動に入る。その後、歴史記念物監督官や上院議員などをつとめながら、大好評を博した『コロンバ』を書いた。1845年には、のちにビゼーの歌劇の原作となる『カルメン』を発表して、作家としての地位を不動のものとした。

メルカトル Mercator, Gerard （1512―1594）
オランダの地図学者。東フランドル地方に生まれ、ルーバン大学を卒業後、地図などの作成を手がけ、1538年に初めて世界図を、1541年には地球儀を製作した。またヨーロッパ全図も完成させている。1569年には「メルカトル図法」と呼ばれる投影法によって2つの地点間の方位が正しくあらわれる世界地図を作り、航海用として最初にもちいた。晩年まで多くの地図帳の製作をつづけ、地図学の向上に大きく貢献している。

メルビル Melville, Herman (1819－1891)
アメリカの作家。ニューヨークの名家に生まれたが、幼くして家が没落し、貧しい少年時代を送った。22歳のとき、捕鯨船に乗り組むが、マルキーズ諸島で脱走。放浪生活をつづけたのち帰国し、体験をもとに自然な生活をたたえた冒険小説『タイピー』を発表して、好評を得た。しかし、その後の作品『白鯨』はあまり認められず、税関吏をして生活をささえた。晩年はみじめで孤独であったが、死後、高い評価を得た。

* **メンデル** Mendel, Gregor Johann (1822－1884)
オーストリアの遺伝学者。果樹園に生まれるが、少年時代に家が落ちぶれ、貧困とたたかいながら中学校を卒業。ブリュンの修道院の修練士となり、司祭の資格を得た。その後、ウィーン大学で学び、修道院で生活するかたわら、庭にエンドウを栽培して、遺伝の実験を始め、1865年、『植物雑種の研究』を発表。しかし、当時は真価を認められず、死後、「メンデルの法則」として、遺伝学の先駆をなすものとして評価が高まった。

* **メンデルスゾーン** Mendelssohn-Bartholdy, Jakob Ludwing Felix (1809－1847) ドイツの作曲家、指揮者。ユダヤ系ドイツ人の大銀行家の子として、ハンブルクに生まれ、早くからピアノを学んだ。ピアノ奏者として活躍したのち、バッハの『マタイ受難曲』を指揮して、バッハを再評価するきっかけをつくった。指揮者として各地を回るとともに、すぐれた作曲をおこない、1844年に『バイオリン協奏曲』を発表。また、シューマンらとともにライプチヒ音楽学校を創設した。

* **メンデレーエフ** Mendeleev, Dmitrii Ivanovich (1834－1907)
ロシアの化学者。シベリアのトボリスクに生まれる。幼い時期から化学に興味を示し、師範学校卒業後、ペテルブルク大学に進み、本格的に化学の研究に入った。外国留学をへて母校の教授をつとめ、ロシアで最初の有機化学に関する教科書を書く。また『化学の基礎』を執筆中に、元素が、一定の法則によって性質があらわれてくることを発見して「元素の周期律」を発表、化学の進歩に大きく貢献した。

モ ア　More, Thomas（1478－1535）
イギリスの政治家、人文主義者。ロンドンで法律家の家庭に育ち、オックスフォード大学で学ぶ。有能な弁護士として名をあげて、政界にも進出。外交交渉にすぐれた手腕を発揮した。大法官にまで昇進したが、熱心なカトリック教徒のためヘンリー8世国王の離婚問題に反対し、反逆罪に問われて、ロンドン塔に閉じこめられ、処刑される。イギリス社会を批判した『ユートピア』の執筆者としても名高い。

モアッサン　Moissan, Henri（1852－1907）
フランスの無機化学者。鉄道員の子としてパリに生まれる。薬局で働いたのち、パリ自然史博物館でフレミーの助手になり、化学を学んだ。パリ高等薬学専門学校やパリ大学の教授をつとめ、1886年、低温で白金電極を用いてフッ素の遊離に成功。1906年には、ノーベル化学賞を受賞した。また金属の製造や、炭素から人工ダイヤモンドを合成するなどの功績をあげて、高温化学の建設者とよばれている。

＊毛沢東（もうたくとう）（1893－1976）
中国の政治家、中国共産党の指導者。中国大陸南部の湖南省の農家に生まれる。北京で李大釗（りたいしょう）にマルクス主義を学び、中国共産党創立大会に参加して、1923年に党の中央委員に選ばれた。1931年から党の指導者となり、太平洋戦争では抗日運動の先頭を切る。1949年、中華人民共和国の建国とともに、初代主席をつとめ、新生中国の建設に努力しつづけた。また、1966年に、文化大革命を発動したといわれる。

モーガン　Morgan, John Pierpont（1837－1913）
アメリカの銀行家、モーガン財閥の始祖。コネチカット州の富裕な家庭に生まれ、ドイツのゲッチンゲン大学を卒業。父がはじめた金融業界に進み、父とともにイギリスの資本を新興のアメリカ市場に投資させることに成功をおさめ、アメリカの鉄道業界で絶大な力を握った。また、他の産業にも金融支配の手をのばし、世界最大の金融資本家となるが、慈善事業にも深い理解をしめしていたことも知られている。

モーガン Morgan, Lewis Henry(1818-1881)

アメリカの人類学者。ニューヨーク州に生まれ、ユニオンカレッジで法律を学び、弁護士として活躍した。その後、ニューヨーク州会議員などをつとめるが、在学中から関心を寄せていたアメリカ・インディアン社会の研究に入り、自ら養子となったこともある。社会制度を人類史と関連づけて考え、技術の進歩による制度の改革を説明しようとした。また、親族名称の文化的比較でも知られ、著書に『古代社会』などがある。

モーガン Morgan, Thomas Hunt(1866-1945)

アメリカの遺伝学者、動物学者。ケンタッキー州に生まれ、ケンタッキー州立大学などに学び、その後コロンビア大学教授となる。その間キイロショウジョウバエを研究し、生物の遺伝形質である遺伝子が、対をなして染色体に配列していることを明らかにして、遺伝の染色体学説を発表した。進化の突然変異と選択の説明図式の確立でも知られ、1933年、ノーベル生理・医学賞を受賞している。

モジリアニ Modigliani, Amedeo(1884-1920)

イタリアの画家、彫刻家。名門の子としてリボルノに生まれ、美術学校で学んだのち、パリに出てモンマルトルを中心にボヘミアン的生活をつづけた。初めは黒人彫刻などを手がけたが、セザンヌやピカソらの感化を受けて、人間性豊かな作風をつくり上げ、1910年『セロを弾く人』を発表。しかし、アルコールと麻薬におぼれ、生前は、ほとんど認められなかったという。代表作に『裸婦』などがある。

* **モース** Morse, Samuel Finley Breese(1791-1872)

アメリカの通信技術者、画家。牧師の子としてマサチューセッツ州に生まれ、イエール大学卒業後、イギリスで絵を学び、帰国すると画家をめざした。肖像画を中心に創作して名声を得る。かたわら通信にも興味を持ち、研究をはじめ、1835年に電磁石を応用した最初の電信機を試作。改良を重ねるとともに、モールス符号を発明して、実用的な電信装置を完成にみちびき、通信の発展に大きな足跡を残した。

モーズリー Moseley, Henry Gwyn-Jeffreys（1887－1915）

イギリスの物理学者。博物学者を父に、ウェーマスで生まれる。オックスフォード大学に学んだのち、ラザフォードのもとで研究生活を送った。X線の本性、原子の構造に興味をいだき、さまざまな元素から発生するX線のスペクトルを系統的に研究し「モーズリーの法則」を確立。原子構造論に大きく貢献したほか、多くのX線解明に重要な業績を残したが、第1次世界大戦に志願兵として出兵して戦死した。

* **モーゼ** Moses（前 1350 頃－前 1250 頃）

旧約時代の最も偉大な宗教的・政治的人物。イスラエル人の子としてエジプトに生まれ、ナイル川のアシの茂みで、エジプト女王に拾われたという。やがてシナイ山でイスラエル人の神ヤーウェの啓示をうけて、エジプトで奴隷生活に苦しむイスラエル人を、脱出にみちびく。また、シナイ山でヤーウェを唯一神としてあがめる十戒をさずけられた。これがのちのユダヤ教、キリスト教の土台となった。

* **モーツァルト** Mozart, Wolfgang Amadeus（1756－1791）

オーストリアの作曲家。音楽家の子としてザルツブルクに生まれる。幼いときから天才ピアニストとよばれ、ヨーロッパ各地を演奏旅行した。また、9歳で交響曲を作曲。その後、ウィーンに住んで、本格的に作曲活動を始めたが、生活苦のうえに健康を害し、若くして世を去った。ハイドンとともに古典派の様式の完成者としてたたえられ『フィガロの結婚』『魔笛』『トルコ行進曲』など、多くの名曲を遺す。

牧　谿（生没年不明）

中国、宋末期から元初期にかけての画僧。蜀の出身。前身は不明だが、中年以降禅僧となったと伝えられる。生涯を浙江地方で過ごしたらしく、文人とも交流があった。若いころから絵をかき、竜虎、猿鶴、山水などを好んで題材としたといわれる。しかし、中国の画史上ではあまり高い評価はうけず、むしろ日本の水墨画に大きな影響を与えた。代表作に『観音・猿鶴図』『蜆子和尚図』などがある。

モ ネ Monet, Claude（1840－1926）

フランスの画家。パリで生まれ、ル・アーブルで育ち、ふたたびパリに出て、独学で画家となった。戸外での風景画を数多く手がけ、マネの影響を受けて、印象派の代表者的存在となる。光と色彩に細心の注意をはらい、豊かな感受性をささえに『サン・ラザール駅』『積みわら』『ルアン聖堂』などの名作を生み出した。一瞬の印象を鋭くとらえながら、同一主題を時間を追って描き出したことでも知られる。

モーパッサン Maupassant, Guy de（1850－1893）

フランスの作家。北ノルマンジーに生まれる。プロイセン・フランス戦争に従軍したのち、パリに出て下級官吏となった。文学を志望し、フローベルの指導を受け、1880年、『脂肪の塊』で作家への道を歩み、長編小説『女の一生』で、その地位を確立。自然主義文学の代表的作家として数かずの短編も書き、ルポルタージュ風の文体は、多くの読者を集めた。『ロックの娘』『オルラ』などの作品が知られる。43歳のとき精神病院で死亡。

モーム Maugham, William Somerset（1874－1965）

イギリスの作家。幼くして両親を失い、パリで不幸な少年時代を送る。ロンドンの医学校に学ぶが、作家をめざし『ランベスのライザ』を発表。卒業後、文筆生活に入り、次つぎと小説や戯曲を書き評判を得る。そして、自伝的な『人間の絆』や、画家ゴーガンの生涯をヒントにした『月と六ペンス』でさらに名声を高めた。わかりやすい文体と、話のおもしろさの中に、人間の本質を見つめた作品は幅広い読者に愛されている。

モリエール Moliére（1622－1673）

フランスの喜劇作家、俳優。パリの裕福な家に生まれ、初め古典と法律を学んだが、演劇を志向して劇団を結成した。しかし、パリでは成功せず、南フランス各地で巡業の旅をつづける。しだいに名声を得てパリにもどり、ルイ14世の前で上演するまでになった。劇作も手がけ、次つぎと喜劇を発表し、特に『女房学校』は大評判をおさめた。冷静な観察力で社会風俗を描き、人間の理性を追求した多くの作品は、人びとの拍手を浴びた。

モーリヤック Mauriac, Francois（1885－1970）
フランスの作家。熱心なカトリック教徒の母のもと、ボルドーで生まれた。ボルドー大学で学んだのち、パリに出て詩人としてスタートを切る。その後、小説を手がけ『癩者への接吻』を発表して名声を得た。悪に対して、人間としてキリスト教徒として、どう立ち向かうかを世に問う『愛の砂漠』『テレーズ・デスケイルー』などの作品を著わし、1952年には、ノーベル文学賞を受賞している。また、評論の分野でも活躍した。

モルトケ Moltke, Helmuth von（1800－1891）
ドイツの軍人。デンマークの貴族の出身で、のちにプロイセン軍に入り、参謀総長として活躍した。天才的な戦略能力によりデンマーク戦争や、対オーストリアおよび対フランス戦争で勝利をおさめている。ドイツの統一に貢献し、早くから鉄道のもつ軍事的役割の重要性を認め、近代技術を取り入れることを提唱したという。第1次世界大戦の作戦を指揮した甥のモルトケに対して、大モルトケとよばれる。

モロー Moreau, Gustave（1826－1898）
フランスの画家。建築家の子としてパリに生まれる。画家をこころざし、シャセリオーやドラクロアのえいきょうを受け、のちにはイタリアのルネサンス絵画に感化されたという。神話や聖書に題材を得た宗教的で幻想的な作品を多く手がけ、自由な表現と、豊かな色彩で『エディプスとスフィンクス』や『まぼろし』などを描いた。次の時代の画家たちの教育にも熱心で、門下生には、マチスやルオー、マルケらがいる。

モーロア Maurois, André（1885－1967）
フランスの作家、伝記作家、評論家。北フランスのエルブフに生まれる。ルアンの高等中学校で、哲学者アランの教えを受け、卒業後10年ほどは、家業の工場を経営していたが、その後第1次世界大戦に通訳官として参加。体験を『ブランブル大佐の沈黙』に著わして、文筆活動を始めた。多くの作品を発表したが、『シェリー伝』『ディズレーリ伝』『バルザック伝』などの伝記の分野で真価を発揮している。

モロトフ Molotov, Vyacheslav Mikhailovich（1890－1986）
　ソ連の政治家。中産階級の家庭に育ち、革命運動にめざめ共産党に入る。十月革命では、軍事革命委員として革命を指導する立場に立ち、その後、スターリンの側近として人民委員会議長や、外務人民委員を歴任した。また、1939年に独・ソ不可侵条約を締結し、第2次世界大戦中は、国家防衛委員会副議長として活躍し、ポツダム会談などにも参加した。スターリンの死後、フルシチョフと対立し、1961年には党から除名されている。

モンゴメリー Montgomery, Lucy Maude（1874－1942）
　カナダの女流児童文学作家。プリンスエドワード島に生まれ、幼くして母と死別し、祖父母に育てられた。少女時代のさびしい体験をもとに、1908年、『赤毛のアン』を発表して人気を博し、その後アンを主人公とした『アンの青春』『アンの愛情』『アンの幸福』など全10作のシリーズを次つぎと創作。豊かな自然を背景に、少女らしさをいきいきと表現した作品は、多くの人びとの心をとらえつづけている。

モンゴメリー Montgomery, Bernard Law（1887－1976）
　イギリスの軍人。ロンドンに生まれ、陸軍士官学校卒業後、第1次世界大戦に参加。第2次世界大戦では、ダンケルク撤収作戦、ノルマンジー上陸作戦などの指揮をして活躍した。また、北アフリカ作戦では第8軍司令官として、ドイツのロンメル軍を撃破したことは有名。戦後は、西ヨーロッパ同盟軍最高司令官会議議長や、ＮＡＴＯ軍副司令官をつとめたが、ベトナム戦争には批判的な立場をとった。

モンジュ Monge, Gaspard（1746－1818）
　フランスの数学者。ボーヌで行商人の子として生まれる。「黄金の少年」と呼ばれるほど才能を早くから認められ、消火ポンプや測量機械、ボーヌの正確な地図などを作ったという。若くして学校の教師となり、画法幾何学の出発点をきずき、その後パリ大学で水力学の講座を担当、フランス革命においても活躍した。エコール・ポリテクニクの創立に力をそそぎ、多くのすぐれた人材を養成したことでも知られている。

* **モンテスキュー** Montesquieu（1689—1755）
フランスの啓蒙思想家、法律学者。ボルドー近郊の古い貴族の家柄に生まれる。ボルドーで法律を学び、パリで多くの学者に接したのち、ボルドー高等法院の副院長をつとめた。そして、政治や文化を鋭く見つめた『ペルシア人の手紙』を発表して評判を得る。さらに10数年の歳月をかけて『法の精神』を完成させ、立法、司法、行政の三権分立が民主政治に必要なことを説き、フランス革命に大きなえいきょうをあたえた。

* **モンテーニュ** Montaigne, Michel Eyguem de（1533—1592）
フランスの思想家、モラリスト。ボルドー近郊の生まれ。大学では法律を学び、法官となったが、38歳のとき職を辞して、やしきのなかに「世すて人の塔」を建て読書と執筆の生活にはいる。そして書きためた随筆をまとめて『随想録』2巻を発表。さらに、ボルドー市長を2期つとめ、引退してから『随想録』の3巻目を出版した。混乱の世に生きる人間をみつめながら「われなにをか知る？」と自分に問いかけている。

モンドリアン Mondrian, Piet（1872—1944）
オランダの画家。アメルスフォールトに生まれる。アムステルダムの美術学校に学び、自然主義的作品を多く手がけた。ムンクのえいきょうをうけたのち、パリで新造形主義を提唱している。また、対象を思いきった抽象物にとらえ、画面構成上の抽象絵画の先駆的役割を果たしたともいわれ、水平線と垂直線の単純な構成の中に、観賞者の感情の入り込む余地をあたえない作風をきずきあげた。代表作に『樹』の連作などがある。

モンロー Monroe, James（1758—1831）
アメリカの政治家。第5代大統領。バージニアに生まれ、アメリカ独立戦争に参加した。その後、政治家となり、上院議員、駐英公使、バージニア州知事などをつとめ、1803年にはフランスに特使として渡り、ルイジアナの買収に成功。その後、マディソン大統領のもとで、国務長官となり、1816年に大統領に当選した。西半球をヨーロッパから自立させ、アメリカの立場を強めようとした「モンロー主義」の提唱者として知られる。

ヤスパース Jaspers, Karl (1883-1969)

ドイツの実存哲学者。オルデンブルクに生まれ、ハイデルベルクなどの大学で、医学、心理学を学ぶ。ハイデルベルク大学で心理学を教え、『世界観の心理学』を発表して、哲学的探究に進んだ。同大学の哲学教授になり、自らの「実存哲学」を体系的に発展させて『哲学』3巻を発刊。ドイツのナチス支配の時代には、教職を追われたが、第2次世界大戦後に復職し、ドイツの文化的再建に力をつくした。

耶律阿保機(やりつあぼき) (872-926)

中国、遼朝初代皇帝、在位916-926。契丹迭刺部(きったんてつちつぶ)の生まれ。痕徳菫可汗(こんとつきんカガン)に仕え、諸部族を征伐して軍功をあげる。特に華北に侵入して、漢人をとらえ、才能ある者を登用して、契丹の統合をしたことが有名。916年即位して、臨潢府(りんこうふ)を都とし、その後、ウイグル、タングートなどの諸部族を討ち、また渤海国をほろぼした。契丹に中国文化を取り入れようとした反面、ゆきすぎにも心を配り、強い民族意識を示したといわれる。

ヤング Young, Thomas (1773-1829)

イギリスの医学者、物理学者、考古学者。ミルバートンに生まれ、早くから数学や外国語に才能を発揮した。その後、ロンドン大学などで医学を修め、目の調節作用、乱視、色覚などの研究の道を切り開いた。また、光学的研究では、光の波動説を確立し、物理学上の弾性学においてヤング率を見いだし、さらに、エジプトの象形文字の解読にも成功するなど、さまざまな分野で大きく貢献している。

ユークリッド Euclid (生没年不明)

前3世紀のギリシアの数学者。プトレマイオス1世が治めていたアレクサンドリアで、数学の研究をしていたことが伝えられている。著書としては『幾何学原本』がよく知られており、それまでの幾何学研究の集大成とされ、ユークリッド幾何学とよばれるもととなった。それは、『聖書』に次ぐ読者数をほこったともいう。光学や音楽などに関する著作も多く、すぐれた才能の持ち主であったことがうかがわれる。

ユゴー Hugo, Victor Marie（1802－1885）

フランスの詩人、作家。ナポレオン軍の将軍の子としてブザンソンに生まれる。少年時代から文学を愛し、詩作にふけり、数多くの賞を得た。その後、戯曲や小説も手がけ『ノートル・ダム・ド・パリ』などの作品を発表。しかし、娘の死をきっかけに、10年間筆を折る。1852年、ナポレオン3世を批判して国外追放となり、18年間の亡命生活のなかで『レ・ミゼラブル』を完成し、ロマン主義最大の作家として、世界的文豪となった。

ユスチニアヌス〔1世〕Justinianus I（482－565）

ビザンチン皇帝、在位527－565。マケドニアの出身。伯父ユスティヌス1世の死後、皇帝となり、ニカの反乱を鎮圧して、専制権力を確立した。バルダン王国、東ゴート王国などを征服して、ふたたびローマ大帝国をきずきあげ、キリスト教信仰の統一も実現しようとしたといわれる。また、ギア・ソフィア大聖堂など、多くの教会を建設して、ビザンチン美術の先駆をなしている。『ローマ法大全』の編さんも有名。

ユダ Judas（生没年不明）

『聖書』の中にユダは4人いる。①マカベアのユダ。②主イエスの兄弟の一人。③タダイのユダ。④イスカリオテのユダ。④のユダは、ユダヤのケリオト出身で、キリストの弟子になり、主として会計を担当していたという。銀30枚で、キリストを裏切り、キリストが死刑宣告を受けるのを見て後悔し、首をくくって死んだと伝えられ、その名は「裏切者」「背教者」の代名詞としてもちいられている。

ユトリロ Utrillo, Maurice（1883－1955）

フランスの画家。ルノアールらのモデルでかつ画家のバラドンを母にパリで生まれた。ミゲル・ユトリロの養子となるが、少年時代から酒におぼれ、アルコール中毒になる。対症療法として、母に絵画制作をすすめられ、独学で画家の道へ入り、白の効果を生かした画風の時代をへて、色彩時代をむかえた。パリの町並みを叙情豊かに描いた作品が多く、代表作に『モン・スニ通り』『モンマニーの庭』などがある。

ユーリー Urey, Harold Clayton (1893−1981)

アメリカの物理学者。インディアナ州に生まれる。モンタナ大学で動物学を学ぶが、のちに化学に転じ、カリフォルニア大学でルイスに師事した。さらに、デンマークのボーアの指導のもと、理論物理学を修め、帰国後、各地の大学教授となる。1932年、液体水素の分留から分光学的に重水素を発見し、2年後ノーベル化学賞を受賞した。第2次世界大戦中は、原子爆弾の製造に参加したが、戦後は平和運動に力をつくしている。

ユリウス〔2世〕 Julius II (1443−1513)

ルネサンス期の代表的教皇、在位 1503−1513。教皇庁の粛正と教皇権の強化をはかり、教会国家の再建と拡大につとめた。カンブレー同盟や神聖同盟を結び、イタリアからフランス勢力を追いはらったが、スペインの勢力増大を招いたといわれる。政治以外にも学芸に関心を示し、ローマをルネサンス文化の中心地としたことでも知られ、ラファエロ、ミケランジェロなどの芸術家の保護や、サン・ピエトロ教会の再建は有名。

＊楊貴妃（ようきひ）（719−756）

中国、唐の玄宗皇帝の妃。四川省の生まれ。はじめ玄宗の子の寿王瑁の妃となったが、絶世の美しさが玄宗をひきつけ、玄宗に愛される。ところが、愛におぼれた玄宗が政治をかえりみなくなったため、国が乱れた。そして、安禄山の反乱がおこり、玄宗とともにのがれようとしたが、守っていた将兵にも、不満の声があがり、殺された。あわれな死を、多くの詩人たちが詠んでいる。

楊国中（ようこくちゅう）（？−756）

中国、唐の宰相。本名は釗（しょう）。学問はあまりないが、計数に才能を見せるとともに、楊貴妃の一族という縁もあり、玄宗皇帝に重用された。752年、李林甫の死後は政治の実権を握ったが、賄賂の横行で人心を乱し、また、遠征の失敗を皇帝にかくすなど、失政が多い。そのうえ、東北の国境防備をまかされていた安禄山と対立し、安史の乱を招いた。皇帝に従って逃亡をはかったが、楊貴妃とともに兵士に殺された。

雍正帝(ようせいてい)(1678−1735)

中国、清朝第5代皇帝、在位1722−1735。康熙帝の第4子で乾隆帝の父。即位したのち父帝のあとをうけついで政治をひきしめ、国の充実をはかった。また、地方の行政にも心をくばり、対外的にはチベットの動乱を平定して支配に成功。在位期間は短かったが、大きな政治力をもって、清朝の皇帝独裁体制を確立した。地方官から政治の実情を文書で報告させ、批評をあたえて送りかえしたことでも知られている。

煬帝(ようだい)(569−618)

中国、隋朝第2代皇帝、在位604−618。隋の文帝の次男に生まれる。幼いころから賢く、兄を失脚させて皇太子となり、父の死後、皇帝の位についた。大運河の建設などの土木工事により、交易を発達させたが、反面人民をこく使して苦しめた。対外的には、高句麗に大遠征軍を送ったが失敗している。各地での反乱をよそに、ぜいたくな生活を楽しみ、家臣に殺された。文才に恵まれ『飲馬長城窟行』などの詩作でも知られている。

ヨハネ Johannes(生没年不明)

十二使徒の一人。ガリラヤの漁師ゼベダイの子で、使徒ヤコブとは兄弟。はげしい気性の持ち主で「雷の子」とよばれたという。初めは洗者ヨハネにつかえ、のちにイエスに召され、ペテロやヤコブとともに、教会の中心的存在となった。イエスが十字架にかけられたとき、使徒の中でただ一人、イエスに従ったといわれ、また、『ヨハネ福音書』『ヨハネの手紙』を書いた人物として、カトリック教会では伝えられている。

ライト Wright, Frank Lloyd(1867−1959)

アメリカの建築家。ウィスコンシン州に生まれる。勤めながらウィスコンシン大学の土木科で学び、卒業後、有名な建築家サリバンの事務所に入り、のちに独立。住宅建築を中心に設計活動をおこない、風土との調和のとれた作品を数多く残した。日本建築のえいきょうも受けたといわれ、流れるような空間を特徴のひとつとしている。「落水荘」とよばれるカウフマン邸や、シカゴのロビー邸、日本の旧帝国ホテルなどが代表作。

* **ライト兄弟（きょうだい）** Wright

    アメリカの飛行機製作者。兄は、ウィルバー Wilber（1867—1912）。4歳下の弟はオービル Orville（1871—1948）。牧師の子として生まれ、オハイオ州で自転車店を経営。リリエンタールのグライダー実験に興味をもち、兄弟で飛行機の製作をめざした。はじめは、グライダーで実験を重ね、のちにガソリンエンジン付きの複葉機を完成。1903年12月、世界最初の動力飛行に成功し、人類の空への夢を実現させた。

ライプニッツ Leibniz, Gottfried Wilhelm（1646—1716）

    ドイツの哲学者、数学者、物理学者。ライプチヒに生まれ、ライプチヒ大学で法律と哲学を修め、イエナ大学で数学を学ぶ。卒業後、パリやロンドンで多くの学者に接して、自然科学の研究に入り、ニュートンとともに微積分学の基本定理の発見者となった。また、物理学では力学に活力の考え方を取り入れ、哲学においては『単子論』によって、ドイツ哲学の方向性を見いだすなど、多くの功績を残している。

ラーゲルレーブ Lagerlöf, Selma（1858—1940）

    スウェーデンの女流作家。ベルムランドに生まれ、文学好きの父や、郷土の伝説にくわしい祖母のもとで育ち、早くから文学を友とした。1891年、『イエスタ・ベルリング物語』が懸賞小説に入選、名声を得て作家生活に入った。郷土の自然や伝説をたくみに取り入れ、母性的な善意と愛に満ちた作品が、多くの人に愛されている。代表作に『ニルスの不思議な旅』があげられる。1909年、女性初のノーベル文学賞を受賞した。

* **ラザフォード** Rutherford, Ernest（1871—1937）

    イギリスの物理学者。ニュージーランドに生まれ、大学で物理学を修めたのち、イギリスに渡り、ケンブリッジ大学キャベンディシュ研究所に入る。放射線の研究をつづけ、原子は不変ではないとする学説をとなえた。そして、原子には核の存在があると考え、1911年、原子核の周囲を電子が回転している原子模型を提唱した。原子核の人工破壊にも成功。1908年には、ノーベル化学賞を受けている。

ラ・サール La Salle, Robert Cavelier（1643－1687）
フランスの探検家。青年時代カナダのモントリオールへ渡り、毛皮貿易の仕事につく。セントローレンス川をさかのぼってナイアガラまで達し、また五大湖地方を探訪した。ルイ14世から土地の領有や貿易の特許を得たのち、ミシシッピ川を下り、沿岸の地を、14世にちなんでルイジアナと名づけている。帰国後、植民希望者を集めて、ふたたびミシシッピ河口へ行くが、移民計画の失敗から、暗殺された。

ラシーヌ Rachine, Jean（1639－1699）
フランスの劇作家。コルネイユ、モリエールとともに、三大古典劇作家のひとりといわれる。パリ近郊に生まれ、幼いときに両親を失い、修道院できびしい教育を受けた。その後、パリで詩作を始め、のちに劇作を手がける。『アレクサンドル大王』で成功をおさめ、次つぎと作品を発表。『アンドロマック』で世界悲劇史上に名を残した。単純な筋の中に、人間の感情を深くみつめた作品は、多くの人の心をとらえた。

ラスキ Laski, Harold Joseph（1893－1950）
イギリスの政治学者。労働党の理論的指導者ともいわれる。マンチェスターにユダヤ系の豊かな貿易商人の子として生まれ、オックスフォード大学で学ぶ。卒業後、一時アメリカに渡り、帰国後は、ロンドン経済大学で、国家と権力に関する問題の研究をつづけた。初めは多元的国家論を主張したが、しだいにマルクス主義的な国家論にかたむく。しかし、個人の自由を尊重する考え方は、生涯変わらなかった。

ラスキン Ruskin, John（1819－1900）
イギリスの批評家、社会思想家。ロンドンの富裕な酒商の家に生まれる。父の趣味から、ヨーロッパの絵画、建築、彫刻などに接する機会が多く、また古典とロマン派の詩人の作品に親しんだ。オックスフォード大学卒業後、美術評論の分野で活躍し、『近代絵画論』などを著わしている。のちに、美を破壊する社会に抵抗するため、関心は経済や政治問題に向けられ、社会改良を進めるため『この最後のものまで』などを発表した。

ラスプーチン Rasputin, Grigorii Efimovich (1864/1865−1916)

ロシアの修道僧。シベリアの農家に生まれる。30歳代のころ修道僧となって各地を歩き、神秘的なまでにたくみな弁説で、予言や病人の治療をおこない評判を得る。名声は上流社会にまで及び、宮廷に出入りするようになり、やがて政治的な発言も目立ち、大臣の任免にまでえいきょうをあたえた。しかし、皇帝に反対するものに利用されるのをおそれたドミトリー大公ら、君主制主義者によって殺害された。

*ラッセル Russell, Bertrand (1872−1970)

イギリスの哲学者、論理学者。ウェールズ地方の貴族の家に生まれ、ケンブリッジ大学に学び、母校の講師となった。第1次世界大戦中は反戦運動のため、職を失う。その後、著述活動と社会運動につとめ、第2次世界大戦では、はげしくナチス・ドイツを非難し、戦後は原水爆禁止や平和運動に力をつくした。また、記号論理学と分析哲学の発展に大きく貢献したことでも知られ、1950年に、ノーベル文学賞を受賞している。

ラッフルズ Raffles, Thomas Stamford (1781−1826)

イギリスの政治家。若いときから東インド会社に入り、マライのペナンで働く。マラッカの重要性を総督に進言して、ジャワ占領をはかり、成功後は副総督にとりたてられる。自由主義的政策で統治をおこなったが、ロンドン協定でジャワがオランダにもどされたのちは、シンガポール占領に力をそそぎ、自由港の建設を進めた。アダム・スミスの理論を実践して、近代植民地理論の先駆者となった。

ラディゲ Radiguet, Raymond (1903−1923)

フランスの詩人、小説家。パリ近郊に生まれる。早くから詩人コクトーらに認められた。16歳から18歳にかけて書いた小説『肉体の悪魔』は、早熟な少年と人妻との微妙な恋愛心理を、冷静な筆づかいで描き話題をよんだ。また『ドルジェル伯の舞踏会』も、フランス心理小説の傑作といわれる。しかし、20歳の若さで腸チフスのため生涯を閉じた。ほかに詩集『燃える頬』などが知られている。

ラ・ファイエット La Fayette, Marie-Madeleine Pioche（1634－1693）
フランスの女流小説家。小貴族の娘としてパリに生まれ、ラ・ファイエット伯爵と結婚した。控えめな性格だが、その高い教養とすぐれた才知は、上流社会の中で評判となった。実感的な描写と、冷静な心理分析を駆使して描かれた『クレーブの奥方』は、フランス恋愛心理小説の古典的名作とたたえられている。いつも真実を尊重した人柄そのままに『モンパシェ公爵夫人』などの作品を残した。

ラ・ファイエット La Fayette, Marie Joseph（1757－1834）
フランスの軍人、政治家。オーベルニュの貴族の家に生まれる。若くして軍人となり、アメリカ独立戦争に義勇兵として参加し大活躍をした。フランス革命では自由主義貴族の代表として、立憲王政を守り抜くことにはげみ、反対者に弾圧を加えた。人権宣言の起草をしたことでも有名。しかし、革命が進むと引退して、国外に亡命した。王政復古後にふたたび政界にもどり、ルイ・フィリップ王のもとで国民軍司令官をつとめる。

* **ラファエロ** Raffaelo, Sanzio（1483－1520）
ルネサンス全盛期を代表するイタリアの画家。ウルビノに生まれ画家の父から絵を習い、のちにペルジーノに弟子入りした。21歳でフィレンツェに出て、ダ・ビンチやミケランジェロの作品から、画面構成や明暗法などを学びとり、気品のある独自の画風の完成をめざした。その後、ローマでユリウス２世につかえ、バチカン宮殿の壁画などを手がけている。聖母子像を多く描き『小椅子の聖母』『マヒワの聖母』などが有名。

ラ・フォンテーヌ La Fontaine, Jean de（1621－1695）
フランスの詩人。シャンパーニュ地方に生まれる。結婚ののち妻子を見捨ててパリに出た。文人と交遊し、宮廷詩人にまでなるが、その後、友人宅を渡り歩く生活をつづけている。夢想家的性格で、多くの逸話を残すが、文学に対しては、いつも熱意をもっていた。古代風な恋愛詩『アドニア』風流な小話集『コント』が知られ、さらに、イソップらの作品から題材を得た『ラ・フォンテーヌ寓話集』は不朽の名作となった。

ラフマニノフ Rachmaninov, Sergey Vasilievich (1873−1943)

ロシアの作曲家、ピアノ奏者。幼いときから父にピアノを習い、モスクワ音楽院などで本格的にピアノや作曲を学ぶ。1901年『ピアノ協奏曲第2番ハ短調』で作曲家としての地位を確立し、ロシア革命のときはアメリカに亡命して作曲と演奏をつづけた。チャイコフスキーの流れをくむロマン派最後の作曲家として、叙情豊かな音楽性を持ち、代表作に『パガニーニの主題による変奏曲』などがある。

ラプラス Laplace, Pierre Simon (1749−1827)

フランスの数学者、天文学者。ノルマンジー地方の農家に生まれ、軍人養成学校で数学を学ぶ。18歳のころパリに出て、ダランベールに才能を認められ、行列論、確率論、解析学などの研究を始めた。これらの数理論を適用して太陽系の安定性を公表。また、政治にも関与して、ナポレオン政権の内務大臣などもつとめている。ニュートンの『プリンキピア』にも匹敵する重要な『天体力学』の著者としても有名。

ラブレー Rabelais, François (1494頃−1553頃)

フランスの作家。ツーレーヌ地方に弁護士の子として生まれたが、生涯については不明な点が多い。フランシスコ修道院に入り、ギリシア語などを学び、その後、モンペリエ大学で医学の道へ入ったという。そして『ヒッポクラテスおよびガレヌス文書』を刊行し、医学者としての名声を得たのち、フランス・ルネサンス文学最高傑作といわれる『ガルガンチュアとパンタグリュエルの物語』を発表した。

ラベル Ravel, Maurice (1875−1937)

フランスの作曲家。小さいときからピアノを学び、パリ音楽院に進んで、ピアノ、作曲などを修めた。古典的な音楽書法と、新しい作曲技法を身につけ、在学中から『シェエラザード』などを発表。卒業後、ピアノ曲やバレー音楽を手がけ、細心の注意を払った作曲法と大胆な管弦楽法で認められた。晩年には、アメリカに渡り、自作の曲を指揮して好評を博し、名声を高めている。代表作に管弦楽曲『ボレロ』ピアノ曲『鏡』など。

* **ラボアジエ** Lavoisier, Antoine Laurent（1743－1794）
フランスの化学者。パリに生まれ、はじめ法律家をこころざし、大学で法律を学んだが、在学中から科学に興味を持ち、ルエルのもとで化学を勉強した。パリ市街の夜間照明の考案で賞を受け、アカデミーの会員となる。その後、燃焼の問題に関する研究にとりくみ、新燃焼理論を確立したのをはじめとして、数かずの化学上重要な発見をおこなった。近代化学の父といわれている。フランス革命中、徴税請負人の前歴によって処刑された。

ラマルク Lamarck, Jean Baptiste Pierre Antoine de Monet de（1744－1829）
フランスの博物学者、進化論の先駆者。バザンタンの貴族の家に生まれ、神学校、軍隊をへて、銀行員となったが、植物園見学が刺激となって、医学と植物学を学ぶ。『フランス植物誌』を出版し、その後パリ植物園の無脊椎動物学教授となった。動物の分類学と進化論にすぐれた業績を残し、その進化論は、ダーウィンの『種の起源』より50年も早かった。しかし認められず、不遇の中で死んだ。

ラ　ム Lamb, Chales（1775－1834）
イギリスの随筆家。ロンドンの生まれ。家が貧しく大学進学をあきらめ、南海商会をへて東インド会社の会計係をつとめた。詩人コールリッジと交友し、詩壇への野望を燃やしたが、姉の精神病の看護のため、勤めを辞められなかった。勤務と姉の世話のかたわら、姉と共著で『シェークスピア物語』を発表、好評を得た。その後『エリア随筆』によって、不動の地位をきずく。晩年は、自分も精神病に悩み、暗い生活を送った。

ラモー Rameau, Jean Philippe（1683－1764）
フランスの作曲家、理論家。ディジョンに生まれる。オルガン奏者の父から音楽教育を受け、早くからハープシコード奏者、オルガン奏者として活躍。『和声論』を出版してのちは、パリに定住した。死ぬまでの30年あまりの間に、30数曲の歌劇を作曲し、歌劇作曲家としての名声を得た。晩年は、フランス楽団を統率する宮廷室内楽作曲家になり、貴族に列せられるにいたった。代表作品『優雅なインド人』『タンブーラン』など。

ランケ Ranke, Leopold von (1795－1886)

ドイツの歴史家。チューリンゲンのウィーエで牧師の子として生まれる。ライプチヒ大学で神学、文献学を学び、教員となる。『ローマ・ゲルマン諸民族』によって認められ、ベルリン大学に招かれる。その後講義をおこないながら、多くの著作を発表し、歴史学を独自のものとして、研究視野を開拓した。ドイツ近代歴史学の父とよばれている。主著に『世界史概観』などがある。

ランシング Lansing, Robert (1864－1928)

アメリカの国務長官。ニューヨーク州に生まれ、アマースト大学を卒業。その後弁護士となる。国際法の研究に著名で、『アメリカ国際法雑誌』の編集を助けて創刊した。ウィルソン大統領のもとで国務長官をつとめ、日本人のアメリカ移民に関して、日本との間に『石井・ランシング協定』を結ぶ。ベルサイユ条約調印のとき、ウィルソン大統領と意見がわかれ、病気で倒れたのを機に閣議を招集して、大統領の怒りに触れ、辞職した。

ランボー Rimbaud, Arthur (1854－1891)

フランスの詩人。シャルルビルの生まれ。早熟で早くから詩作をおこない、今日残されている作品は、すべて15歳から20歳の間に書かれたものである。17歳のとき、ベルレーヌに認められて、パリでともに放浪生活を送った。しかし破局に到達したのちは、文学に興味をもてなくなり、各地を流転する。生前は、ほとんど無名であったが、死後評価を得た。代表作に『酔いどれ船』『イリュミナシオン』『地獄の一季節』。

リー Lee, Robert Edward (1807－1870)

アメリカの南北戦争中の南部軍司令官。バージニアの名家に生まれ、ウェストポイント陸軍士官学校卒業。メキシコ戦争、士官学校校長、テキサス連隊長などを経験した。南北戦争に際して、連邦支持者だったが、故郷のバージニアが南部連合に参加すると運命をともにした。その軍事指導者としての奮戦ぶりは、全アメリカ国民に感銘を与えた。しかし北部軍に敗北ののちは、ワシントン大学の学長となり、南部子弟の教育のために生きた。

リカード Ricardo, David（1772－1823）
イギリス古典派経済学の完成者。ユダヤ人大商人の子としてロンドンに生まれる。父のもとで証券仲買業に従事し、のちに独立して成功、財をきずいた。アダム・スミスの『国富論』を読んでから経済学に興味をもち、学問を深めた。古典派の創始者スミスを継承、発展させた古典派の完成者といわれる。また、1819年、下院議員に選出され、経済問題に活躍した。主著に『経済学及び課税の原理』がある。

陸象山（りくしょうざん）（1139－1192）
中国、南宋の儒学者、思想家。江西省の生まれ。幼いときから学問に興味を持ち、進士に及第して官吏となるが、左遷ののちは郷里にもどって象山に住む。兄の説を大成して、朱子が「理」と「気」の二元論を取ったのに対して、理一元論を立てた。これは「理は唯一絶対である」という考え方で、天理、人欲などと区別するのは誤りであるとした。また、徳性とか直感的な真実を重視して、のちに王陽明に影響を与えた。

李鴻章（りこうしょう）（1823－1901）
中国、清末最大の政治家。安徽省に生まれ、曽国藩に学び、役人となる。太平天国鎮圧に参与し、ついで捻党の反乱をしずめて有力な政治家となる。多くの能力ある人物を幕僚として配下に持ち、洋務運動を中心的に推進して、近代的な軍隊の建設に努力した。外交面でも、諸条約などを一手に引きうけ、日清戦争後、来日して、下関条約を結んだ。その後、第一線をしりぞき、その政策などは、袁世凱に受けつがれた。

李　斯（りし）（？－前210）
中国、秦代の政治家。楚の上蔡に生まれる。荀子に学んだ政治家で、郡の小吏から身を起こし、始皇帝に仕えるまでに出世をした。始皇帝の全国統一後は、丞相となり、郡県制による中央集権政治を進言し、専制的な統一政策を推し進めた。儒家をはじめとする批判者を取り締まり焚書坑儒を進言した。また、鄭国渠（ていこくきょ）という運河の完成に努力した。始皇帝の死後は、趙高の暴政に反対したが捕えられ、処刑された。

225

李自成(りじせい)(1606－1645)

中国、明末の農民反乱指導者。陝西省の貧しい農家に生まれる。大飢饉がおこり農民の反乱が続発すると、反乱軍に加わり、やがて頭角を現わした。首領高迎祥の死後、闖王(ちんおう)となって跡をつぎ、苦戦をしたが民衆の力を得て、西安まで進み、大順国を樹立。やがて北京を攻略し、明王朝を滅ぼした。新王朝建設の努力なかばで、呉三桂の清軍に敗れ、自殺したと伝えられる。農民反乱軍の軍規は厳しく、単なる暴動ではなかった。

リシュリュー Richelieu, Armand Jean du(1585－1642)

フランス絶対王政の基礎を築いた政治家。小貴族の家に生まれ、パリ大学で神学を学ぶ。聖職について司教となり、全国三部会で熱弁をふるって認められ、政治家としての頭角をあらわした。ルイ13世のもとで、しだいに出世をし、宰相にまでなる。政策は、国王を中心とする中央集権を整備し、フランスをヨーロッパに君臨させることであった。30年戦争に介入して、フランスの優位をきずき、ルイ14世時代の絶対王政確立の準備をした。

李承晩(りしょうばん)(1875－1965)

大韓民国初代大統領。貴族の家に生まれたが、反政府運動に活躍し逮捕される。その後アメリカへ渡って、プリンストン大学で学び、一時帰国したが、ふたたびアメリカに亡命して独立運動に参加。上海に韓国臨時政府が樹立すると大統領に選出された。しかし内紛のため辞任し、ハワイで反日運動を展開。1948年大韓民国の初代大統領になった。その後4選されたが、専横なふるまいのため、反対勢力が増大し、辞任してハワイに亡命した。

リスト Liszt, Ferencz(1811－1886)

ハンガリーのピアノ奏者、作曲家。ライディングに生まれ、幼いときからピアノを始めた。わずか9歳で演奏会を開き、その後ウィーンに出て、ピアノと作曲を本格的に学ぶ。ベートーベンからも認められ、パリでデビューし、ロンドンでの演奏も成功した。何度か激しい恋にもおちいり、数かずの作品を発表。ピアノ技法の拡大と、交響詩の創造が特にすばらしく「魔王リスト」とよばれた。代表作に『ハンガリー狂詩曲』がある。

* **李成桂**(りせいけい)(1335−1408)

朝鮮、李朝の開祖、在位1392−1398。太祖とよばれる。高麗の武臣となり、たびたび外敵を破って武名を高める。倭寇の侵害をくいとめる討伐戦に大功を立てて、やがて中央の軍政に参加。1388年、遼東に行く途中、軍をかえして、反対派を倒し、新しい国王を立て、軍事権力を一手に掌握した。1392年郡臣に推されて新王朝の王位につき、国号を朝鮮とする。これは李氏朝鮮とよばれ、500年にわたってつづいた王朝のはじまりである。

リーチ Leach, Bernard(1887−1979)

イギリスの陶芸家。香港に生まれ、幼年時代京都の祖父母のもとで過ごす。一時イギリスに帰国し、ロンドン美術学校を卒業。来日すると東京でエッチングを教えたが、しだいに楽焼に興味をいだき、その後千葉県我孫子で製陶を始める。1920年イギリスに帰り、セント・アイブスに窯を築き、東洋陶器とイギリス伝統陶芸とを融合させた素朴で健全な単色絵陶などをつくった。ヨーロッパ陶芸界に大きな影響をおよぼした。

リチャード〔1世〕Richard I(1157−1199)

プランタジネット朝第2代のイングランド王、在位1189−1199。ヘンリー2世の第2子として生まれ、アキテーヌ公となったが、母や兄弟と組んで父王と争った。兄の没後、王位につき、第3次十字軍に出征。サラディンと勇ましく戦い、講和を結んで帰途についたが、オーストリア公に捕えられ、多額の身代金で釈放された。フランスのフィリップ2世と交戦中死亡。「獅子心王」とよばれたが、たびかさなる重税で、国民を苦しめた。

リチャード〔3世〕Richard Ⅲ(1452−1485)

中世末期ヨーク家最後のイングランド王、在位1483−1485。ヨーク家を開いたエドワード4世の弟で、兄の死後、その子エドワード5世が年少で即位すると摂政となった。幼い王をロンドン塔に幽閉し、ついで殺害ののち、自ら王となった。しかし、この事件で国民の支持を失ったうえに、イングランドの王位を主張しているランカスター家の一族ヘンリー・チュダーの来攻によって敗死した。これをもってばら戦争は終わりを告げた。

リットン Lytton, Edward George Earle (1803-1873)

イギリスの政治家、小説家。初代リットン男爵。ロンドンに生まれ、ケンブリッジ大学卒業後、文筆生活に入る。その後政界入りをして、植民地担当の大臣に就任した。文筆においては、詩から小説にかえて成功し、多くの通俗小説を残した。そのうちの数編は、明治初年以来、おもに政治的興味から日本に紹介され、日本の新文学の成立を刺激した。代表作に長編歴史小説『ポンペイ最後の日』などがある。

* 李 白 (701-762)

中国、盛唐の詩人。西域に生まれ、四川で成長した。生涯については不確かな点がおおいが、若い時から各地を歩き、こよなく酒を愛し、多くの人と交わった。玄宗に仕えて、宮廷で詩をつくり名声を得た。しかし、その後宮廷を追われ、晩年は不遇のうちに没した。杜甫とともに唐代詩歌革新をおこない、男性的で幻想的な詩をつくり、日本文学にも大きなえいきょうを及ぼした。杜甫が詩聖と呼ばれたのに対し、詩仙といわれる。

リービヒ Liebig, Justus von (1803-1873)

ドイツの化学者。ダルムシュタットに生まれ、いくつかの大学で学ぶ。その後、ギーゼン大学、ミュンヘン大学で講義をおこなった。新しい教育方法により、教育実験室をつくり、多くのすぐれた学者を育て、研究も広い領域にわたっておこなった。特に生物を形づくる有機物を正しい方法で初めて研究した。さらに化学知識を一般に広めようと、日刊紙に『化学通信』を連載して、理論をやさしく解説。また、化学肥料の研究も手がけた。

* リビングストン Livingstone, David (1813-1873)

イギリスの宣教師、アフリカ探検家。スコットランドに生まれ、グラスゴー大学で医学を学ぶ。のちロンドン伝道協会に入り、伝道師として南アフリカに派遣される。何度かの奥地探検で、なぞとされていた内陸各地を世界に知らせた。また奴隷貿易の犠牲者となっていた住民への伝道と文明化に情熱をもやす。ナイル川水源調査に出発後、ゆくえ不明となり、スタンリーの捜索で発見されたが、そのまま探検をつづけ、アフリカで没した。

リベラ　Rivera, Diego（1886－1957）
　メキシコの画家。グアナファトに生まれる。美術学校で学んだのち渡欧し、キュビスムの影響を受ける。またイタリア・ルネサンスの大壁画にも感銘を受け、帰国後、活発な壁画運動を展開した。とくに公共建築物の壁に、メキシコの神話、歴史、庶民生活を描いて、民衆に直接語りかける、たくましい量感と土俗的エネルギーに満ちた作品を残した。代表作に『社会主義と資本主義の岐路に立つ男』などがある。

リーマン　Riemann, Georg Friedrich Bernhard（1826－1866）
　ドイツの数学者。ハノーファーのブレーゼレンツに生まれ、ゲッチンゲン大学で哲学と神学を学ぶ。しかし、ガウスらの影響でベルリン大学で数学の勉強をした。短い生涯において、発表した論文は少なかったが、数学の各分野に画期的な業績を残した。『関数の三角級数による表現』で、リーマン積分の定義を、また『幾何学の基礎をなす仮説について』で、リーマン空間の概念を導入し、リーマン幾何学の基礎を築く。

リムスキー・コルサコフ　Rimsky Korsakov, Nikolai Andreevich（1844－1908）
　ロシアの作曲家。チフビンに生まれ、特に音楽のための学校教育は受けなかったが、幼時から楽才を示す。海軍兵学校在学中、ロシア国民音楽の創造を目的とした「五人組」を結成し、作曲を手がける。やがて、交響曲などの作品が認められて、1871年ペテルブルク音楽院教授となり、ストラビンスキーなどを育てた。代表作に、交響組曲『シェエラザード』、歌劇『サドコ』などがある。

柳宗元（りゅうそうげん）**（773－819）**
　中国、中唐の詩文家。長安に生まれ、若くして官吏となり、革新的進歩分子として王叔文の新政に加わったが、失敗して辺境に左遷された。13年あまりの辺境生活で、思想と文学を深化させ、ことに散文においてすばらしい才能をみせた。『永州八記』などの作品を残し、「唐宋八大家」のひとりに数えられている。また自然詩人としても、送別詩や寓言詩にすぐれ、王維や孟浩然らと並び称されている。

劉　備 (161−223)

中国、三国時代の蜀の初代皇帝、在位221−223。涿郡(たく)の生まれで、184年黄巾の乱に政府軍の一員として活躍した。その後、約25年の間は、しっかりした根拠地を持たず、後漢末の群雄の間を渡り歩く。『三国志』で有名な、関羽、張飛らの勇士を部下に得て、また軍師に諸葛孔明をむかえて、勢力をのばした。赤壁の戦いで、魏の曹操を破って蜀を建国、天下を三分した。人材をうまく用いたという評価がある。

＊劉　邦 (前256/247−前195)

中国、前漢王朝の創始者で高祖(こうそ)といわれる。在位前202−前195。農民の子に生まれる。始皇帝が死んで秦朝が乱れたとき、沛公(はい)を名のって挙兵、項羽と協力して秦と戦い咸陽を落として秦朝をほろぼした。そして、つぎには項羽と戦って垓下(がいか)にやぶり、ここに天下を統一して皇位につき、長安に都を移して漢帝国を開いた。内政では一族による封建制を断行して君主の権力を確立、外政では匈奴と和をむすんで、漢帝国のきそをきずいた。

リュミエール Lumière, Louis Jean (1864−1948)

フランスの化学工業家、映画発明家、製作者。ブザンソン生まれで、オーギュストの弟。父の経営する写真乾板工場で働くが、エジソンのキネストコープに刺激を受けて、兄と共に映写装置の研究を始める。シネマトグラフを発明し、有料公開をおこなった。当時の公開作品は主に実写映画で、上映時間も1分前後である。『リュミエール工場の出口』『列車の到着』などの作品があり、のちに天然色写真の考案なども手がけた。

呂　后 (？−前180)

中国、前漢の高祖劉邦の皇后。山陽郡単父県の生まれ。劉邦が名もない時に嫁入りし、苦楽を共にして、天下平定を助ける。劉邦が漢王朝を建てたのちも、政権の安泰に寄与するところが大きかった。劉邦没後、実子恵帝を即位させ、その死後は、呂氏一族を高位高官にとりたてた。社会は、一般に平穏であったと伝えられるが、呂后時代は、中央において生臭い権力争いが続き、呂后専横の話がいくつか残っている。

リリエンタール Lilienthal, Otto（1848－1896）
ドイツの航空技術者。プロイセンのアンクラムに生まれ、少年時代から飛行術に興味を持った。のちに弟グスタフと共に鳥の飛翔の研究から、グライダーづくりを手がけ、たび重なる飛行実験のすえ、350メートルの飛行に成功。また、その後は複葉機での実験も進めたが、グライダーで滑空テスト中に突風にあい墜落死した。このグライダー飛行は、ライト兄弟の飛行機開発にも大きなえいきょうをあたえた。

李　陵（りょう）（？－前74）
中国、前漢の武将。隴西郡（ろうせい）に生まれ、武帝に仕えて対匈奴戦線に騎都尉（きとい）として出兵。前99年、自ら部下を率いて前線へ出ることを願い匈奴単于（ぜんう）の軍と激戦を交えた。しかし武器、食糧が底をついたため捕虜となる。武帝は敗北を知ると軍才のない者として怒り、弁護にまわった司馬遷は投獄された。その後、匈奴の右校王として単于に重んぜられ、武帝の死後の帰国のすすめもことわり、北地にとどまって病死した。

リルケ Rilke, Rainer Maria（1875－1926）
ドイツの詩人。ボヘミアのプラハに生まれ、大学時代ミュンヘンに出てサロメ女史に恋し、感化をうけた。女史とのロシア旅行後、『時禱（じとう）詩集』を発表して詩人としての名声を得る。のちにパリに行き、ロダンに芸術の精神を学び『新詩集』や小説『マルテの手記』を発表。第1次世界大戦後はスイスに住み、『ドゥイノの悲歌』や『オルフォイスによせるソネット集』などを書き、深みのある作品は多くの人に愛された。

* **リンカーン** Lincoln, Abraham（1809－1865）
アメリカの政治家、第16代大統領、在職1861－1865。ケンタッキーの貧しい農家の子に生まれ、いろいろな職業につきながら独学で法律を学ぶ。弁護士になったのち、州議会議員、連邦下院議員などをへて、大統領に当選した。奴れい制度反対を主張したが、南北戦争へ事態は進み、奴れい解放宣言をおこなう。合衆国統一を回復した直後、暗殺された。『人民の、人民による、人民のための政治』を説いたゲッチスバーグの演説は有名。

林語堂(りんごどう) (1895−1976)

中国の作家、言語学者。福建省の貧しい牧師の子に生まれる。上海の大学を卒業後、アメリカ、ドイツに留学して言語学を学んだ。帰国後、北京大学教授をつとめたのち、自由主義的傾向を強め、雑誌『論語』などを創刊し、ユーモアと風刺に富んだ小品文を流行させた。代表作に、エッセー集『わが国土、わが国民』、長編小説『北京好日』『嵐の中の木の葉』など、欧米人になじみやすい作品が多い。

林則徐(りんそくじょ) (1785−1850)

中国、清朝末期の政治家。福建省に生まれ、各地で役人をつとめ、水利事業に功績をあげて名声を高めた。また、湖広総督時代にはアヘンの取り締まりに成果をみせ、正義派官僚として人望を集めている。広州に派遣されると、アヘンの密貿易をする商人をきびしく追求してアヘン2万箱あまりを没収し、外国のアヘン商人を追放した。イギリスはこれに怒り、アヘン戦争になった。戦争が不利になると、その責任を問われて左遷された。

リンドバーグ Lindbergh, Charles Augustus (1902−1974)

アメリカの飛行家。デトロイトに生まれ、ウィスコンシン大学で工学を学び、飛行学校に転じて、卒業後は郵便機のパイロットとなる。1927年、スピリット・オブ・セントルイス号で、ニューヨーク・パリ間約5800キロメートルを33時間30分で飛行し、一人乗り機初の大西洋無着陸横断に成功をおさめ、国民的英雄となった。また、フランスで生理学者カレルとともに人工心臓を発明したことでも知られる。

リンネ Linné, Carl von (1707−1778)

スウェーデンの博物学者。ラシュルトに牧師の子として生まれ、幼少年期から植物採集に熱中した。ルント大学で医学を学び、ウプサラ大学で植物学を研究。オランダで医学の学位を得たのち、帰国して医者となり、その後ウプサラ大学解剖学教授、植物学教授を歴任。植物、動物、鉱物の分類体系の整備につとめ、とくに生物を属名と種名で表わす二名法を確立したことは有名。著書に『自然の体系』などがある。

* **ル　イ**〔14世〕Louis XIV（1638－1715）
　フランスのブルボン朝第3代の国王、在位1643－1715。幼少のとき即位したため、母アンヌ・ドートリッシュが摂政となり、マザランが宰相となって国政を担当した。少年時代はフロンドの乱に悩まされたが、マザランの死後親政を始め、中央集権国家の確立と軍隊の強化につとめる。ベルサイユ宮殿を造営し、『朕は国家なり』というほどの強力な権力を手にしたが、晩年は財政難をまねき国力をおとろえさせた。

ル　イ〔16世〕Louis XVI（1754－1793）
　フランスのブルボン朝第5代の国王、在位1774－1792。1770年マリー・アントアネットと結婚。のち王位についたが、意志薄弱で決断力に欠けていたため、経済の立てなおしに失敗。そして国民の協力を求めるために開催した全国三部会が、フランス革命へと発展していく。マリー・アントアネットや廷臣の意見に左右され、国外逃亡を図って国民の反感をかい、1792年に王位を追われ、翌年、共和国への反逆を理由に処刑された。

ルイス Louis, Joe（1914－1981）
　史上最強といわれたアメリカの黒人のプロボクサー。アラバマ州に生まれ、父の死後、デトロイトに移りボクシングを始める。プロになり、J・ブラドックから世界ヘビー級のタイトルを獲得し、王座についてから、以後引退するまでの12年間に、25回のタイトル防衛を記録し、不敗を誇った。「かっ色の爆撃機」の異名をもち、最も偉大なボクサーとしてたたえられ、ボクシング殿堂入りを果たしている。

ルイセンコ Lysenko, Trofim（1898－1976）
　ソ連の農学者。ウクライナの農家に生まれ、キエフ農業専門学校を卒業した。アゼルバイジャン農事試験場に招かれ研究に従事したのち、オデッサ遺伝学研究所の所長となる。その間、春化処理によって冬まきコムギを春まきコムギに変えることに成功。しだいに政治的力を得て、農業アカデミー総裁にまでなる。遺伝は環境によって変えられるという説を主張し、メンデルの遺伝学説に反対したが、誤説と判明し総裁の地位を追われた。

ルオー Rouault, Georges Henri（1871－1958）
フランスの画家。パリの貧しい木工職人の子として生まれる。早くから芸術的才能をあらわしたが、昼間はステンドグラス職人として働き、夜間に学校で絵画を学ぶ。その後、モローに師事し、のちにモロー美術館の館長になった。太く黒い線や輝く色彩を主とした作品は、宗教的なものや、社会の底辺に生活する人びとなどを題材にして描かれ、人間性を追求したものと評されている。『郊外のキリスト』『悪の華』など。

ル　カ Lucas（生没年不明）
福音史家、『新約聖書』の「ルカ福音書」と「使徒行伝」の著者とされる人物。シリアのアンチオキアの異教徒の家に生まれる。異教から改宗してキリスト教徒になり、その後使徒パウロの弟子となって各地で伝道をつづけパウロの死までよき同行者となった。ギリシア語に明るい教養人で、独身を守りキリストのために殉教したと伝えられており、また、医者であり、画家でもあったといわれる。

ルクセンブルク Luxemburg, Rosa（1870－1919）
ドイツの女性革命家、マルクス主義経済学者。ポーランドに生まれ、若くして革命運動に加わる。ドイツ社会民主党に入り、ポーランドの革命運動を指導しながら、修正主義論争で頭角を現わす。そしてロシア革命に参加し逮捕、投獄された。第１次世界大戦中は、反戦活動を指導し、スパルタクス団を結成している。ドイツ共産党を創立したが、闘争のさい右翼軍人に殺された。レーニンに「偉大な鷲」と評されたことは有名。

ル・コルビュジェ Le Corbusier（1887－1965）
フランスの建築家。スイスのラ・ショー・ド・フォンに生まれる。ヨーロッパなど各地を旅して都市建築について学び、パリで事務所を設立。やがて国際的な合理主義建築思想の旗手として、次つぎに都市計画や著作を発表した。屋上庭園や建築の脚まわりの開放、骨組みの壁体からの独立、平面と立面の自由な構成などを近代建築の原則として提唱している。パリのスイス学生会館や、東京上野の国立西洋美術館の設計が有名。

ルース Ruth, Babe（1894－1948）

アメリカのプロ野球選手。ボルチモアに生まれる。少年院で野球を覚え、ボストン・レッド・ソックスに入団。初めは投手だったが、ニューヨーク・ヤンキースに移ると、外野手として活躍した。1927年、1シーズン60本の本塁打を打ち、人気を博す。選手引退までに、本塁打714本、打点2209点、四球2056個の記録を残し、通算打率は3割4分2厘にのぼっている。左打ちの独特のフォームで多くのファンを魅了した。

ルーズベルト Roosevelt, Theodore（1858－1919）

アメリカの政治家、第26代大統領、在職1901－1909。ニューヨーク州に生まれ、ハーバード大学卒業後、政界入りし、海軍次官を務めたのち、ニューヨーク州知事となる。マッキンレー大統領が暗殺されると、副大統領から大統領になり、公共の利益のための政策を進めた。再選後は労働者保護立法などに力を入れ、外交面でもパナマ運河地帯の獲得などの積極策をとり、日露戦争の調停にも活躍した。1906年、ノーベル平和賞を受賞。

＊**ルーズベルト** Roosevelt, Franklin Delano（1882－1945）

アメリカの政治家、第32代大統領、在職1933－1945。ニューヨークに生まれ、ハーバード大学を卒業。弁護士を経て政界入りし、海軍次官などを務めた。ポリオに侵され左下半身不随となったが、くじけずにニューヨーク州知事となり、4年後には、ニューディール政策を唱えて、大統領に当選。その経済政策は、国民多数の信頼を得て、4期連続大統領に選ばれ、第2次世界大戦では、連合国の指導者として活躍した。

＊**ルソー** Rousseau, Jean Jacques（1712－1778）

フランス啓蒙期の思想家、文学者。ジュネーブに生まれる。母の死、父の失踪など、苦しく貧しい少年時代ののち、放浪生活の青年時代を送る。バラン夫人と出会い、保護のもとに、哲学や文学を学ぶ。懸賞論文に『学問芸術論』を出品して当選。その文明批判が多くの人の関心を集めた。その後、自由で平等な社会づくりをめざして『社会契約論』や『エミール』などを発表。フランス革命などにも大きなえいきょうをあたえた。

ルソー Rousseau, Théodore（1812−1867）

フランスの画家。パリに生まれる。フランス全土を歩いて、単なる風景画にとどまらない、自然の生命力が伝わるような絵の完成を目ざした。フォンテンブロー付近の風景を好み、多くの作品を残している。パリを出てバルビゾンに移ると、写実的な中にロマンチックな感情をふくめた風景を手がけ、バルビゾン派の中心人物として活躍した。代表作に『フォンテンブローの森はずれ』『ランド地方の沼』などがある。

* **ルター Luther, Martin（1483−1546）**

ドイツの宗教改革者。アイスレーベンに生まれ、エルフルト大学で法律を学ぶ。突然修道院に入り修行をつんで、司祭になり、のちに大学で神学を教えた。ローマ法王が、サン・ピエトロ寺院再建の資金を集めるために、免罪符を買えば罪から免れるとして売り出すと「九十五か条の論題」を発表して批判した。聖書だけが正しいよりどころであり、人は神を信ずることによって救われるのであると主張、これが宗教改革のきっかけとなった。

ルドン Redon, Odilon（1840−1916）

フランスの画家、版画家。ボルドーに生まれる。少年時代に絵の手ほどきを受けたのち、銅版画家ブレダンと知り合い、版画の制作を始めた。また、ドラクロアにえいきょうされ、幻想的な夢のような世界を絵画にすることをめざし、象徴主義の画家といわれている。詩人マラルメをはじめとして、芸術家との親交はあったが、画家としては孤独であった。代表作に、油絵『単眼の巨人キクロプス』、石版画集『夢の中で』などがある。

ルナール Renard, Jules（1864−1910）

フランスの作家。フランス中部の小さな村に生まれる。パリの高校卒業とともに作家活動に入り、28歳のとき、『ねなしかずら』を発表。その後、幼時の不幸な境遇をテーマにした自伝的小説『にんじん』を書き、名声を得る。つねに自然と人間をあたたかい目で見つめつづけ、簡潔で情感豊かな作品は、多くの人に愛された。少年期から書きつづけた『日記』は、すぐれた日記文学として高い評価を得ている。

* **ルノアール** Renoir, Pierre Auguste（1841－1919）

フランスの画家。中部フランスのリモージュに生まれ、パリに移ってから、少年時代製陶工場で絵付の仕事をした。モネやシスレーと親しく交わり、しだいに画家として仲間に加わっていった。印象派運動を準備し、第1回展には『桟敷席』を出品、ますます光り輝く色彩表現を展開した。『ムーラン・ド・ラ・ガレット』は有名だが、のちには、完全に印象派から離れ、豊かな色彩表現による円熟した作風を確立した。

ルビンシテイン Rubinshtein, Anton Grigor'evich（1829－1894）

ロシアのピアノ奏者、作曲家。ベッサラビアにユダヤ人の子として生まれる。モスクワに移ってのち、ピアノを習い、パリではリストに師事して、イギリス、ドイツなどに演奏旅行をおこなった。ベルリンで作曲を学び、帰国後は、交響曲、ピアノ曲など多くの作品を発表した。ペテルブルク音楽院を発足させ、その院長をつとめ、ロシア音楽界の水準を高めることに貢献した。チャイコフスキーは弟子である。

ルブラン Leblanc, Nicolas（1742－1806）

フランスの化学者。イスーダンに生まれ、薬剤師の弟子をへて、パリで医学を学ぶ。その後オルレアン公の主治医となる。フランス科学アカデミーが、植物資源によらないソーダ製法の募集をおこなうと、それに応じて食塩を硫酸で処理して硫酸ナトリウムとし、それを石灰石と石炭とともに焼いて炭酸ナトリウムを得るルブラン法を発明した。化学工業の発展に貢献したが、革命後は、失意と窮乏のうちに自殺した。

ルーベンス Rubens, Peter Paul（1577－1640）

フランドルの画家。ドイツのジーゲンに生まれ、アントワープに移住したのち、絵画を学んだ。若くして画家になり、その後宮廷画家として、ローマ、スペインなどをまわり充実した時期を過ごした。名声は次つぎに高まり、多くの弟子に協力を得ながら、独特の豊麗、壮大な芸術を展開させていった。リュクサンブール宮殿大広間の大壁画『マリー・ド・メディシスの生涯』は、バロック絵画の集大成でもあるといわれている。

レ　イ　Ray, Man（1890－1976）
アメリカの写真家、画家。フィラデルフィアに生まれ、ニューヨークで画家として出発。その後、ニューヨーク・ダダの中心として活躍したが、パリに移ると、今度はパリのダダ運動に参加した。またシュルレアリスムのグループにも加わった。写真にも興味を持ち、カメラなしの写真のレーヨグラムを創作し、ソラリゼーションの現象を利用した写真などの新技法を開拓し、写真の表現領域を大きく広げた。

レイモント　Reymont, Wtadystaw Stanistaw（1867－1925）
ポーランドの作家。農村のオルガン弾きの子に生まれ、若いときには演劇に熱中した。鉄道に勤めながら、文筆活動を始める。ルポルタージュ『ヤスナーゴーラへの巡礼』で認められ、その後、農民の心理を印象主義的手法で描いた『再会』や、銀行家や工場主の生活とモラルを暴露した『憧れるもの』『約束された土地』などを発表した。代表作は歴史的名作となった『農民』で、ノーベル文学賞を受賞している。

レーウェンフーク　Leeuwenhoek, Antonie van（1632－1723）
オランダの博物学者で、代表的顕微鏡学者。デルフトに生まれ、商業を営みながら独学で研究を続けた。自分でガラスや水晶を研磨して、倍率の高い単レンズ顕微鏡をつくった。この顕微鏡を用いて、原生動物や微生物を観察、さらに生物界をミクロの段階にまでおしすすめる観察をおこなった。このほかに、筋肉の横紋、昆虫の複眼、動物の精子などの観察により、数多くの重要な事実を明らかにした。

レ　オ〔10世〕Leo X（1475－1521）
ルネサンス時代の教皇、在位1513－1521。フィレンツェの名門メディチ家の出身。早くから枢機卿となって、政治や軍事に手腕をみせた。教皇に選出され、教皇主権の強化をおこなったが精神的、美的生活を好んで、ミケランジェロなどの芸術家を保護した。聖ピエトロ大聖堂改築のため資金を集めようとして、ドイツで免罪符を販売させたために、ルターの非難を受け、のちには、宗教改革を招くこととなった。

* **レオナルド・ダ・ビンチ** Leonardo da Vinci（1452－1519）
  イタリアの美術家、科学者。フィレンツェ付近のビンチ村で生まれ、少年のころからフィレンツェに出て、ベロッキョのもとで、絵画、彫刻、建築を学んだ。驚くほどの才能を早くから発揮し、イル・モロの招きで、ミラノに滞在し、名画『最後の晩餐』の他に、築城、兵器設計、土木事業などの仕事にたずさわった。その後、『モナリザ』などを描くが、解剖学や力学や数学の方面でもすぐれ、万能の天才といわれた。

レザノフ Rezanov, Nikolai Petrovich（1764－1807）
  帝政ロシアの事業家、外交官。ペテルブルクに生まれ、漁業、貿易、植民の特権を持つ、ロシア・アメリカ会社を設立して、アラスカ沿岸のロシア植民地を経営した。ラクスマンについで第2回めの遣日使節として、日本人漂流民を伴って長崎に来航。通商条約締結を希望したが、拒絶された。部下を派遣して、樺太などの日本人村落を攻撃させ、これは北方領土問題の緊急性を、当時の日本にわからせることとなった。

レジェ Léger, Fernand（1881－1955）
  フランスの画家。北フランスのノルマンディーに生まれる。最初、建築を学んだが、絵画に興味をいだいてから、多くの画塾に通った。印象派などに影響を受けたのち、ピカソやブラックと知り合い、キュビスムに変わり、明るい色と幾何学的な構図を特徴とする絵を発表した。バレーの舞台装置や、前衛映画などの仕事にも意欲的なところをみせ、教会のモザイク画やステンドグラス、製陶やタペストリーなど、仕事は幅広い。

レスピーギ Respighi, Ottorino（1879－1936）
  イタリアの作曲家。ボローニャに生まれ、音楽家の父から手ほどきを受け、音楽学校に入学した。ペテルブルクの王立歌劇場のビオラ奏者となり、リムスキー・コルサコフに指導を受けた。ベルリンでブルッフに作曲を学び、作曲家としても名を知られるようになる。オペラ中心のイタリア音楽に器楽を復興させ、現代イタリア音楽の先駆をなした。代表作に『ローマの泉』『ローマの松』『ローマの祭』などがある。

* **レセップス** Lesseps, Ferdinand Marie（1805−1894）
 フランスの外交官、スエズ運河の建設者。ベルサイユに生まれ、外務省に勤務して、エジプト各地をまわる。エジプトの太守サイードに招かれて、スエズ運河建設を計画し、万国スエズ海洋運河会社を設立。1859年から1869年までかかって、運河を完成した。その後パナマ運河の建設に関与し、パナマ運河会社の社長に就任したが、工事に意外にもお金がかかり、経営も乱れて失敗した。晩年はめぐまれなかった。

レッシング Lessing, Gotthold Ephraim（1729−1781）
 ドイツの作家、思想家。ザクセンのカーメンツに生まれ、ライプチヒ大学神学科に学び、このころから演劇に熱烈な興味をもった。著述家として出発、悲劇『ミス・サラ・サンプソン』で注目を浴び、演劇評論なども発表した。評論『ラオコーン』ドイツ喜劇史上の傑作『ミンナ・フォン・バルンヘルム』喜劇『エミリア・ガロッティ』が有名である。市民文化の基礎を築き、人間味のあるドイツ古典主義への道を開いた。

* **レーニン** Lenin, Vladimir Iliich（1870−1924）
 ロシアの革命家、ボリシェビキ共産主義の指導者、ソビエト連邦の創設者。シンビルスクに生まれ、カザン大学に入学するが学生運動に参加して退学処分を受ける。その後弁護士となり、マルクス主義思想に共鳴して運動を開始した。シベリア流刑、スイス亡命をへて、2月革命直後に帰国。10月革命を指導して、世界初の社会主義国家を成立させ、ソビエト政府首班に選出された。著書に『何をなすべきか』『国家と革命』などがある。

レーピン Repin, Iliya Efimovich（1844−1930）
 ロシアの画家。ハリコフ市近郊で生まれる。ペテルブルクに出て、苦学しながら帝室アカデミーに学んだ。そこで自由主義思想の画学生たちと知り合い、ロシア民衆の生活に興味をいだき始めた。ボルガを旅し『ボルガの舟ひきたち』を完成。その後ヨーロッパに留学し、帰国後『宣伝家の逮捕』『イワン雷帝とその子イワン』などを発表した。多くの作品の中には、帝政ロシアの社会悪に対する抗議の精神が色濃くにじみ出ている。

レマルク Remarqe, Erich Maria (1898－1970)
ドイツの作家。オスナブリュックで生まれ、第1次世界大戦に従軍し、数かずの危険に遭遇。戦後、教員、ジャーナリストをへて、戦争体験をもとに『西部戦線異状なし』を発表し、一躍世界的人気作家となった。反戦思想のためナチスの迫害を受け、スイスに移り、のちアメリカに亡命し市民権を得た。動乱の時代を背景に、人間の運命をえがいた作品を多く手がけ、代表作に『凱旋門』『愛する時と死する時』などがある。

* **レントゲン** Röntgen, Wilhelm Konrad (1845－1923)
ドイツの物理学者。ドイツ西部のレンネップの生まれ。チューリヒ工科大学で学び、卒業後も大学に残り、クント教授の助手をつとめた。そのご各地の大学教授を歴任。50歳のとき、ガラス管を使って真空放電の実験中、目に見えない光線を発見、X線と名づけた。また、誘導体に生ずる電流の研究なども進め、実験物理学の分野で大きく貢献し、1901年には、最初のノーベル物理学賞を受賞した。

* **レンブラント** Rembrandt, van Rijn (1606－1669)
オランダの画家。ライデンに生まれ、14歳で大学に入るが中途退学して、幼いころからの夢を実現させるため画家の道に進んだ。肖像画家となったのち、『トゥルプ博士の解剖学講義』を発表して有名となる。平面的な絵画にあきたらず、光と影をもちいて、人間の内面までも描くことにつとめ、新鮮な画風が人びとの心をとらえた。代表作のひとつの『夜警』は、情景のドラマといわれるほどの名作。ほかに『ユダヤの花嫁』など。

ロイド・ジョージ Lloyd George, David (1863－1945)
イギリスの政治家。マンチェスターに生まれ、早く父を失い、おじに育てられ弁護士になる。自由党下院議員に選出されたのちは、商相をへて、蔵相に就任。富裕層への増税、社会保障制度の基礎づくりをおこなった。第1次世界大戦には、軍需相として徴兵制を実現したが、首相の戦争指導を批判して辞職。のちに、みずから連立内閣を組織して、イギリスを勝利にみちびき、パリ和平会議に全権として出席した。

老子(ろうし)(生没年不明)

中国の戦国時代の思想家、道家の開祖。楚の国の人といわれ、周王室の蔵書室の管理人をしていたとする説もあるが、くわしいことは不明。孔子とならぶ大哲学者だが、孔子の説である儒教に反対して、無為自然の道を説き、自給自足の生活を理想とした。この考えがまとめられたものが『老子』で、道家や道教の中心的経典になっている。思想は、荘子に受けつがれて、「老荘思想」として発展した。

老舎(ろうしゃ)(1898−1966)

中国現代の作家。北京に生まれ、師範学校卒業後、教員となる。そのごイギリスに留学して、ロンドン大学で英文学を専攻しながら創作を始め、ユーモア作家として知られた。帰国後も、次つぎと作品を発表し、日中戦争中は文芸界抗敵協会の役員として活動。ペーソスをまじえたユーモラスな筆づかいで、北京の庶民生活をつづったが、文化大革命中、批判され自殺した。『駱駝の祥子(シアンツー)』『竜鬚溝(りゅうしゅこう)』などの作品が有名。

*魯迅(ろじん)(1881−1936)

中国現代の文学者、思想家。浙江省の地主の家に生まれたが、少年時代に家が没落。貧困の中で学校に通い、留学試験に合格して、日本の仙台医学専門学校で学んだ。留学中、革命思想の影響を受けて、中国人を精神的に目ざめさせようと考え、文学の道に入る。帰国後、教員などをへて、小説や評論を発表。旧中国のあり方を鋭く批判するかたわら、中国人民の暗い現実を見つめ、『狂人日記』や『阿Q正伝』を書いた。

ロ ス Loss, James Clark(1800−1862)

イギリスの極地探検家。ロンドンに生まれ、早くから海軍に入り、18歳のときに、探検家のおじに同行して北西航路探検に向かった。その後、北極海を5回探検し、1831年には地球の北磁極を発見した。また、海軍から南極探検隊長を命じられると、3回にわたり南極へ行き、ロス海、ビクトリア・ランド、活火山エレバスなどを見つけ、『南方および南極地方の発見と調査の航海』と題する本を著わした。

ローズ Rhodes, Cecil John（1853－1902）
イギリスの植民地政治家。牧師の子として生まれ、南アフリカに移住したのち、ダイヤモンド鉱、金鉱を経営した。その後、政界に入り、北方地域への進出をくわだて、南アフリカ会社を設立。ケープ植民地首相になると、鉄道、電信事業なども経営して、南アフリカの経済界を支配する巨大な財を築いた。典型的な帝国主義者で、武力をもって侵略をつづけ、その地域に自らの名をとってローデシアと名付けたことも有名。

ロスタン Rostand, Edmond（1868－1918）
フランスの詩人、劇作家。マルセイユの商人の家に生まれ、パリ大学で学ぶ。詩集『ミュザルディーズ』を自費出版したのち、韻文悲劇『ロマネスク』を書いて成功をおさめた。そして、暗い自然主義の作品にあきていた観客の前に、陽気で感傷的なロマン主義にあふれた悲喜劇をつづった『シラノ・ド・ベルジュラック』を発表し、一気に劇作家としての名声を確立した。ほかに『サマリアの女』『鷲の子』などの作品がある。

＊**ロダン** Rodin, Auguste（1840－1917）
フランスの彫刻家。パリに生まれ、早くから彫刻に興味をもち、作品を発表するが、長いあいだ認められなかった。しかし、『青銅時代』が、モデルから直接型どりをしたのではないかと疑われるほど話題をよび、しだいに支持者がふえ、『地獄の門』の一部として構想された名作、『考える人』『接吻』などを生み出す。写実主義による形式美にとらわれていたそれまでの彫刻に生命力をあたえ、近代彫刻の父といわれる。

ロ　チ Loti, Pierre（1850－1923）
フランスの作家。漁港ロシュフォールに生まれ、幼いころから夢見がちな性格だった。船乗りの兄に感化され、異郷にあこがれ、海軍士官となり、世界各地をめぐる。その印象をもとに、官能的で異国情緒豊かな作品を手がけた。日本にも2度訪れ、明治時代の日本を鋭く観察し『お菊さん』『日本の秋』『お梅が三度目の春』などを書いている。絵画的描写にすぐれ、生まれた地方の自然を背景とした『氷島の漁夫』が代表作。

ロック　Locke, John（1632－1704）
イギリスの政治思想家、経験論哲学の代表者。地主の子として生まれ、オックスフォード大学で、哲学、自然科学、医学を学ぶ。卒業後、政治生活にはいるが、一時オランダに亡命し、名誉革命の成功とともに帰国。『人間悟性論』を発表して革命を支持し、経験主義哲学の代表者となった。また自由主義的な政治思想を説いた『統治二論』、教育の改革をとなえた『教育に関する考察』も、その後の民主主義に大きな影響を与えている。

ロックフェラー　Rockefeller, John Davison（1839－1937）
アメリカの実業家。ニューヨーク州に商人の子として生まれる。14歳のころオハイオ州に移り、その後、石油業界へ入った。スタンダード石油会社を設立し、合併などのあらゆる手段により営業を広げ、国内の精油所のほとんどを支配した。しかし、独占支配が問題になり、会社を解散させられたのちは、慈善事業に力をそそぎ、社会に貢献した。多額の基金でつくったロックフェラー財団は有名。

ロッシーニ　Rossini, Gioacchino Antonio（1792－1868）
イタリアの作曲家。音楽家を両親にペザロで生まれる。幼いころから音楽を習い、音楽学校に入学すると、チェロや作曲を学んだ。卒業後、『結婚手形』の上演以来、オペラ作曲家として活躍。『セビリアの理髪師』で大成功をおさめたのち、次つぎと作品を発表し、作曲家としての地位をきずく。イタリア・オペラの伝統を受けつぎ、豊かな音楽性とすぐれた舞台感覚で、人物を劇的に描き出した。ほかに『オテロ』など。

ロートレック　Lautrec, Henri de Toulouse（1864－1901）
フランスの画家。南フランスのアルビの伯爵家に生まれ、14歳のころ両足を骨折して不幸な少年時代を送る。絵画制作に生きがいを求め、パリに出てボナなどに師事し、素描家としての資質をみがいた。そして、鋭い観察と風刺的なデッサンで、対象物の本質を的確にとらえた描写の作品を発表して高い評価を得る。しかし、酒におぼれ、健康をそこね、わずか37歳で生涯を終えた。『フェルナンド・サーカスにて』などの作品が有名。

ロフティング Lofting, Hugh John(1886－1947)
アメリカの童話作家、さし絵画家。イギリスで生まれたが、アメリカに移住し、カナダで土木技師などの仕事をした。第1次世界大戦のとき、傷ついた軍馬が射殺されるのを見て心を痛め、動物語を理解する医者「ドリトル先生」の執筆を思いつく。戦地から子どもに、さし絵入りの手紙を送り、それをまとめたものがドリトル先生の一連の物語の出発となった。『ドリトル先生アフリカ行き』以後、12冊のシリーズ物語を発表した。

ロベスピエール Robespierre, Maximilien Marie Isidore de(1758－1794) フランス革命の政治指導者。北フランスのアラスに生まれる。三部会議員に当選したのち、ジャコバン・クラブに加入。その指導者として革命をむかえ、その後、パリ・コミューンに選ばれ、国民公会に選出されて、民衆運動を積極的におこなう。そして王政の廃止と国王の処刑を強行し、独裁政権をつくると恐怖政治を行ない反対派を次つぎに断頭台に送った。そのため、反対派にとらえられて死刑となった。

＊**ロマン・ロラン** Romain Rolland(1866－1944)
フランスの作家。裕福な家庭に生まれ、高等師範学校で歴史学を専攻したのち、ローマに留学。帰国してからは教師をするかたわら、創作意欲に燃え、劇作を手がける。やがて偉大な天才たちの評伝を書き、さらに大河小説『ジャン・クリストフ』の発表で名声を確立した。1915年、ノーベル文学賞を受賞。代表作に『ベートーベンの生涯』『ピエールとリュース』『魅せられたる魂』などがある。また、生涯世界平和のために闘った。

ロヨラ Loyola, Ignatius de(1491－1556)
聖人、イエズス会の創立者。北スペインのバスク地方のロヨラ城に生まれる。軍人としてフランス軍と戦闘中に傷をうけ、病床で回心して、宗教の世界に入った。マンレサの洞窟で修行をつづけ『霊操』のほとんどを書き、聖地を巡礼したのち、パリ大学に学んだ。そして同志とイエズス会を結成し、本格的に布教活動を始めた。とくに東洋への伝道に力をそそぎ、ザビエルも弟子のひとり。また教育活動の推進でも知られる。

ロラン Lorrain, Claude (1600−1682)
フランスの画家。シャンパーニュの貧しい農家に生まれ、幼くして孤児となる。やがてローマに行き、風景画家タッシの弟子になり、一時帰国ののち、生涯をローマで過ごした。自然の風景、とくに港や海ととりくんだものを好み、叙情あふれる画面構成で人気を博した。作品は「ふんい気の風景画」とよばれ、外国の国王らからも数多く注文があった。代表作に『クレオパトラの上陸』『シバの女王の乗船』などがある。

ローランサン Laurencin, Marie (1885−1956)
フランスの女流画家。パリに生まれ、アカデミー・アンベールに学び、ブラックやピカソなどと知り合う。キュビスムの影響を受けるが、形や色彩の単純化と様式化に自分の進路を見いだし、最初の個展で認められた。素朴でやわらかいタッチと、淡い色彩の組みあわせに特徴をもち、少女像を好み、幻想的で感傷的な作品を残している。女性らしい繊細な感覚を生かして、本のさし絵や石版画も手がけた。

ローランス Laurens, Henri (1885−1954)
フランスの彫刻家。パリの貧しい家庭に生まれ、室内装飾の仕事をつづけながら、夜はデッサン学校に通い、ほとんど独学で彫刻を身につけた。ブラックらにえいきょうを受けて、対象物を幾何学的に単純化したキュビスム感覚の作品を手がけたのち、裸婦を中心としたボリュームのある人像彫刻を発表。誠実な人柄そのままに、確かな技術の彫刻を生み出している。代表作に『大地と水』『生と死』などの大作がある。

ローリー Raleigh, Walter (1554頃−1618)
イギリスの軍人、探検家。青年時代はエグノー戦争や、北アメリカ探検に参加した。その後、宮廷につかえ、エリザベス1世の信頼を得て出世したが、バージニア植民地建設には失敗。南米オリノコ川地方の探検などにも出かけたが、スペインとの協調政策をとる、ジェームス1世にきらわれて投獄され、出獄したのち、ふたたびオリノコ川地方へむかいスペイン人と争ったため、帰国後、処刑された。

ローリングス Rawlings, Marjorie Kinnan（1896－1953）
アメリカの女流小説家。ワシントンに生まれ、ウィスコンシン大学を卒業後、新聞記者としてはたらいた。結婚後、フロリダで果樹園経営のかたわら創作活動を始め、フロリダ地方を舞台にした『黄金のりんご』を発表。また、少年と子鹿の愛情を通して成長の喜びと苦しみを描いた『子鹿物語』は、多くの人に愛され、ピュリッツァー賞を受けた。この作品は、第2次世界大戦後映画化もされ、大評判となった。

ロレンス Lawrence, David Herbert（1885－1930）
イギリスの作家。ノッチンガムシャーの炭鉱町に生まれ、苦学して大学を卒業。小学校教師をつとめながら創作を始め、処女作『白い孔雀』を出版した。恩師の妻とドイツに駆落ちしたのち、青春と母との決別の意味をこめて『息子と恋人』を書き、作家として自立。その後、『虹』『恋する女たち』を著わして、性の問題を描き、さらに『チャタレー夫人の恋人』で現代文明が無視していた本能と肉体のことをとりあげた。

ロレンス Lawrence, Thomas Edward（1888－1935）
イギリスの考古学者、軍人、探検家、作家。ウェールズ地方に生まれ、オックスフォード大学在学中に歴史と考古学を学び、中近東を歩く。卒業後メソポタミア発掘調査隊に参加し、第1次世界大戦では情報将校としてカイロに派遣された。戦後、アラビア人に扮し、遊撃隊を指揮してゲリラ活動などをおこない、アラビア独立のため、献身的な活動をして信望を集めた。「アラビアのロレンス」の名で知られる。

ローレンツ Lorentz, Hendrik Antoon（1853－1928）
オランダの物理学者。アルンヘムに生まれ、ライデン大学に学ぶ。学位論文が認められて、ライデン大学物理学教授となり、光の研究から、ローレンツ・ローレンツの式をみちびき、電子論を展開した。またエーチルに対する相対運動を論じて、アインシュタインの相対性理論の先がけとなり、電磁気学のもととなる数式ローレンツ変換を確立。放射に対する磁場の作用の研究で、1902年、ノーベル物理学賞を受賞した。

ロングフェロー Longfellow, Henry Wadsworth (1807－1882)

アメリカの詩人。ポートランドに生まれ、大学を卒業後、母校の教授となり、のちにハーバード大学近代語教授をつとめ、ヨーロッパ文学の翻訳紹介のほか、一般読者に親しみやすい健全な人生観を、わかりやすい表現でうたい、詩の大衆化をめざした。『夜の声』で名声を得たのち、『マイルズ・スタンディシュの求愛』などの作品を発表したが、教訓的すぎると評された。ほかに『ハイアワサの歌』など。

ロンサール Ronsard, Pierre de (1524－1585)

フランスの詩人。ロアール地方の貴族の家に生まれ、早くから宮廷につかえたが、病気で耳が不自由になり、文学の道へ進んだ。パリのコクレ学院で古代文学の研究を手がけ、フランス詩の改革をめざして「プレイヤード派」を結成。古代ギリシアの詩人ピンダロス風の叙情詩『オード集』を発表し、詩人としての地位を確立した。メランコリックな恋愛詩『エレーヌへのソネット』、哲学詩『賛歌集』などの作品がある。

ロンドン London, Jack (1876－1916)

アメリカの作家。サンフランシスコに生まれ、貧困の中で、さまざまな職業につき、放浪の生活をつづける。マルクスを読んで社会主義に目ざめ、ニーチェの超人思想にも共鳴を覚えた。そして、短編集『狼の子』を発表したのち、『野性の呼び声』を著わし、野性や本能に対する強い憧れをテーマにした作品が評判を呼ぶ。しかし、名声を求める本能と、自己の信ずる主義の板ばさみに苦しみ自殺をとげた。

ロンメル Rommel, Erwin (1891－1944)

ドイツの軍人。第1次世界大戦に従軍し、戦後ナチスに入党して、ヒトラーの親衛隊長となる。第2次世界大戦では、第7機甲師団長として、フランス戦線に活躍し、連合軍を大いに悩ませた。その後、アフリカ軍団司令官になり、北アフリカ戦線にのぞむが、エル・アラメインの会戦で敗れる。さらにノルマンジーで連合軍と戦って重傷を負い、療養中にヒトラー暗殺未遂事件に関連した疑いをかけられ、自殺した。

ワイスマン Weismann, August (1834-1914)
 ドイツの生物学者。フランクフルト・アム・マインに生まれ、幼いときから動植物を好み、ギーセン大学で、ロイカルトに生物学を学ぶ。その後、フライブルク大学教授をつとめ、ハエやミジンコの発生を研究したが、眼病のため理論家となる。生物の発生、遺伝、進化の問題の解明を手がけ「生殖質連続説」を完成。また、生物の進化は自然選択だけによるとした「新ダーウィニズム」の提唱者としても知られている。

ワイルド Wilde, Oscar Fingal O'Flahertie Wills (1854-1900)
 イギリスの劇作家、批評家、作家。ダブリンに生まれ、オックスフォード大学に進む。そして「芸術のための芸術」をかかげて審美主義に傾倒し、フランス語で書いた『サロメ』などの劇作や、小説、童話などを次つぎと発表し、名声を高めた。また、本格的な近代批評の先駆者としても知られる。しかし、晩年は貧困と病に苦しみ、失意のうちに生涯を終えた。代表作に風俗喜劇『誠が大切』、童話集『幸福な王子』など。

* **ワクスマン** Waksman, Selman Abraham (1888-1973)
 アメリカの細菌学者。ロシアのウクライナ地方に生まれ、22歳のころアメリカに渡った。ラドカース大学で農業を学び、卒業後は、農業試験場で土壌微生物の研究をつづけ、のちに母校の大学教授となる。そして放線菌の中から、結核菌に有効なストレプトマイシンをとりだすことに成功し、また、人工的に製造することも可能にした。1952年、ノーベル生理・医学賞を受賞。1957年には、日本ワクスマン財団を設立している。

ワグナー Wagner, Richard (1813-1883)
 ドイツの作曲家。ライプチヒに生まれ、幼いときから文学的才能を見せた。ライプチヒ大学で哲学と美術を学ぶが、音楽にも興味をもち、作曲を手がける。関心はしだいに歌劇にむかい、音楽中心の歌劇から、音楽や文学や演劇、その他の芸術をもふくんだ総合芸術としての楽劇の完成をめざした。そして、作詞、作曲、指揮、演出までもこなし、楽劇のための劇場も建てている。代表作に『タンホイザー』『ニーベルングの指環』など。

* **ワシントン** Washington, George（1732－1799）
 アメリカの初代大統領、在職 1789－1797。バージニア植民地に地主の子として生まれ、土地測量技師になったのち、フレンチ・インディアン戦争に参加。イギリス本国との間に紛争が起こると大陸会議代表となり活躍。独立戦争のときには、独立軍の総司令官をつとめ、忍耐力と冷静さで勝利へ導く。1789年、初代大統領となり、2期つとめた後三選を推されたが、民主主義を妨げると辞退。アメリカ建国の父として尊敬されている。

ワーズワス Wordsworth, William（1770－1850）
 イギリスの詩人。イギリス北部の湖水地方に生まれ、自然を友に成長した。ケンブリッジ大学卒業後、一時フランス革命に関心をよせたが、やがて失望。その後、詩人コールリッジと親交を結び、日常ひとびとが話す、話し言葉のなかに、力強い人間性を見つけて、イギリス・ロマン主義の出発点となる合作詩集『叙情民謡集』を出版した。「湖畔詩人」とよばれ、没後刊行された自伝的長詩『序曲』でも知られている。

* **ワット** Watt, James（1736－1819）
 イギリスの機械技術者、発明家。スコットランドに生まれる。ロンドンで機械工の技術を学んだのち、グラスゴー大学でニューコメン機関の修理を依頼されて改良を思いたち、シリンダーと復水器を分離した熱効率のよい蒸気機関を発明した。ボールトン・ワット商会を設立して、さらに蒸気機関の改良をすすめるとともに、彫刻機械や複写用インキを発明して、イギリス産業革命の原動力となる業績を残した。

ワトー Watteau, Jean Antoine（1684－1721）
 フランスの画家。舞台や装飾の画家に師事したのち、ルーベンスなどの名画に感化され、バロック芸術を、より優雅で洗練されたものへ高めようとした。華麗な色彩と流麗な詩情をえがき出した『シテール島への船出』で、「雅宴の画家」という肩書きを得る。結核のため、37歳の短い生涯を閉じたが、ロココ絵画の創始者といわれ、晩年の作品の、店の看板画『ジェルサンの看板』や、肖像画の大作『ジル』は有名。

「改訂新版」ご利用に当たっての注意事項

最近、外国人の「人名」などは、その人物の現地読みを採用する傾向にあります。そのため、初版では、イスラム教を開いた「マホメット」(英語読み)を採用しましたが、改訂新版では、「ムハンマド」(アラビア語)としました。

外国人名には、言語や地域によって、呼び方に大きな違いがあります。外国人名を、自国の言語の音に写すのはなかなか難しいためで、たとえばゲーテ(Goethe)を表記するのに、欧米では、ゴエテ、ギューテ、ギョーテ、グーテなど29種類もあるといわれています。

有名な呼び名が2つ以上ある場合、本書では、以下に掲げる → の名で、引いてください。

アイソポス→イソップ　アレキサンダー大王→アレクサンドロス　アウグスッス→オクタウィアヌス　カエサル→シーザー　ガリレイ→ガリレオ　キャプテン・クック→クック　キリスト→イエス・キリスト　クロンウェル→クロムウェル　ゴーギャン→ゴーガン　釈尊・釈迦・仏陀→シャカ　三蔵法師→玄奘　ジード→アンドレ・ジード　ジーゼル→ディーゼル　ツァラトゥストラ→ゾロアスター　テムジン→チンギス・ハン　ピーター大帝→ピョートル［1世］

なお、「英語読み」の人物が、→（他国の言語）ではどのように呼ぶか、主なものを以下に掲げますので、参考にしてみてください。

「アイザック」→イザク（フランス）、イサク（スペイン）「アーネスト」→エルンスト（ドイツ）、エルネスト（フランス）「アンナ」→アンネ（ドイツ）、アンヌ（フランス）「ウィリアム」→ ウィルヘルム（ドイツ）、ギョーム（フランス）「エリザベス」→エリーザベト（ドイツ）、イサベル（スペイン）「キャサリン」→カトリーヌ（フランス）、エカテリナ（ロシア）「ジョン」→ヨハン（ドイツ）、ジャン（フランス）、ジョバンニ（イタリア）、ファン（スペイン）、イワン（ロシア）「チャールズ」→ カール（ドイツ）、シャルル（フランス）、カルロス（スペイン）、カルル（ロシア）「フランシス」→フランツ（ドイツ）、フランソア（フランス）、フランチェスコ（イタリア）「フレデリック」→フリードリヒ（ドイツ）、フェデリコ（イタリア）「ヘレン」→ヘレーナ（ドイツ）、エレーヌ（フランス）、エレナ（イタリア）「ヘンリー」→ハインリヒ（ドイツ）、アンリ（フランス）、エンリコ（イタリア）「ポール」→パウル（ドイツ）、パブロ（スペイン）「マイケル」→ミハエル（ドイツ）、ミッシェル（フランス）「マーガレット」→マルガレーテ（ドイツ）、マルグリート（フランス）「メアリー」→マリア（ドイツ）、マリー（フランス）「ルイス」→ルードビヒ（ドイツ）、ルイ（フランス）

世界人名事典

ⓒ 1982年5月30日　初版第1刷発行
ⓒ 2012年6月30日　改訂新版第1刷発行

監修・著者　子ども文化研究所
編集発行人　酒井 義夫
改訂版校閲　鈴木れびじょん
印刷　モリモト印刷株式会社
製本　ハッコー製本株式会社

発行所　いずみ書房株式会社

〒181-8648　東京都三鷹市井の頭 5-8-30
☎ (0422)48-3601(代表)　FAX (0422)43-7356
http://www.izumishobo.co.jp

万一不良品がとどいた場合、お手数ですが本社サービス部あてお送り下さい。往復送料小社負担にてただちにおとりかえいたします。
ⓒ2012 IZUMISHOBO　Printed in Japan　ISBN978-4-901129-55-8